ΝΕΟΕΛΛΗΝΙΚΗ
ΓΡΑΜΜΑΤΙΚΗ

ΥΠΟΥΡΓΕΙΟ ΕΘΝΙΚΗΣ ΠΑΙΔΕΙΑΣ ΚΑΙ ΘΡΗΣΚΕΥΜΑΤΩΝ
ΠΑΙΔΑΓΩΓΙΚΟ ΙΝΣΤΙΤΟΥΤΟ

ΝΕΟΕΛΛΗΝΙΚΗ ΓΡΑΜΜΑΤΙΚΗ

ΑΝΑΠΡΟΣΑΡΜΟΓΗ

ΤΗΣ

ΜΙΚΡΗΣ ΝΕΟΕΛΛΗΝΙΚΗΣ ΓΡΑΜΜΑΤΙΚΗΣ

ΤΟΥ

ΜΑΝΟΛΗ ΤΡΙΑΝΤΑΦΥΛΛΙΔΗ

ΟΡΓΑΝΙΣΜΟΣ ΕΚΔΟΣΕΩΣ ΔΙΔΑΚΤΙΚΩΝ ΒΙΒΛΙΩΝ

ΑΘΗΝΑ

Η αναπροσαρμογή της «Μικρής Νεοελληνικής Γραμματικής» του Μανόλη Τριανταφυλλίδη στα σύγχρονα δεδομένα της νεοελληνικής και σχολικής πραγματικότητας έγινε από Ομάδα Εργασίας που συγκρότησε το Κέντρο Εκπαιδευτικών Μελετών και Επιμόρφωσης (ΚΕΜΕ). Την Ομάδα αποτέλεσαν οι :

ΑΛΕΞΑΝΔΡΟΣ ΚΑΡΑΝΙΚΟΛΑΣ, Πρόεδρος.
ΑΝΤΩΝΗΣ ΚΑΤΣΟΥΡΟΣ
ΚΑΛΛΙΟΠΗ ΜΟΥΣΤΑΚΑ
ΚΩΣΤΑΣ ΠΑΠΑΝΙΚΟΛΑΟΥ
ΙΓΝΑΤΙΟΣ ΣΑΚΑΛΗΣ
ΑΝΘΗ ΣΕΦΕΡΙΑΔΟΥ
ΗΛΙΑΣ ΣΠΥΡΟΠΟΥΛΟΣ
ΔΗΜΗΤΡΗΣ ΤΟΜΠΑΪΔΗΣ και
ΧΡΗΣΤΟΣ ΤΣΟΛΑΚΗΣ, μέλη.

Τις προτάσεις που υπέβαλε η Ομάδα Εργασίας, τις μελέτησε, τις ενέκρινε και έδωσε λύσεις σε προβλήματα που είχαν παρουσιαστεί, ειδική Επιτροπή, που είχε Πρόεδρο τον Μ. Στασινόπουλο, πρώην Πρόεδρο της Δημοκρατίας και ακαδημαϊκό, και μέλη τον Αλ. Καρανικόλα, Πρόεδρο του ΚΕΜΕ, Εμ. Κριαρά, Λ. Πολίτη και Αγ. Τσοπανάκη, ομότιμους καθηγητές Πανεπιστημίου και Π. Χάρη, αντιπρόεδρο της Ακαδημίας.

ΣΤΟ ΜΑΘΗΤΗ

Το βιβλίο που κρατάς είναι η Γραμματική της γλώσσας που ακούς παντού: στο σπίτι, στις συντροφιές, στο σχολείο. Την ίδια γλώσσα μιλάς κι εσύ· μ' αυτή φανερώνεις τις χαρές, τις λύπες, τις σκέψεις σου. Είναι μια γλώσσα γεμάτη δύναμη και ζωή. Είναι ίδια με εκείνη που μιλούσαν οι πατέρες μας και οι πατέρες των πατέρων μας, καθώς και εκείνοι που έζησαν πριν από αυτούς, με άλλα λόγια όλοι οι πρόγονοί μας. Οι ρίζες της χάνονται στα βάθη της ιστορίας μας. Ο κορμός της ωστόσο, στα χρόνια που πέρασαν, έμεινε ο ίδιος, αγέραστος και θαλερός, γιατί τέτοιος, αγέραστος και θαλερός, είναι και ο λαός που τη μίλησε και τη μιλάει*.

Πρόσεξε μόνο. Η γλώσσα αυτή, όπως στα παλιά τα χρόνια, έτσι και σήμερα ήταν και είναι ζωντανή. Και ξέρεις τώρα, γιατί πια είσαι μεγάλο παιδί, ότι οι ζωντανοί οργανισμοί δε μένουν αναλλοίωτοι. Αλλάζουν. Ολοένα παίρνουν καινούριες μορφές, χωρίς όμως να χάνουν την αρχική τους υπόσταση. Το ίδιο γίνεται και με τις γλώσσες. Μόνο οι νεκρές μένουν σαν τα απολιθώματα. Όλες οι άλλες αλλάζουν. Αλλάζουν όμως σιγά σιγά· τόσο σιγά, ώστε εκείνοι που τις μιλούν δεν το αισθάνονται. Έτσι και η γλώσσα μας, επειδή μέσα της σκιρτάει η ζωή, πήρε με τον καιρό διάφορα σχήματα, ώσπου έφτασε, μιλημένη αδιάκοπα από χείλη ελληνικά, στη σημερινή της μορφή, **τη νεοελληνική.**

Αυτή λοιπόν, τη **νεοελληνική γλώσσα** θα σε βοηθήσει αυτό το βιβλίο να μάθεις. Την ξέρεις βέβαια, γιατί είναι η γλώσσα σου, **η μητρική σου γλώσσα,** αλλά πρέπει να τη μιλάς και να

Η Γραμματική της γλώσσας μας

Η χρησιμότητα της Γραμματικής

---

* Συνοπτική επισκόπηση της ιστορίας της γλώσσας μας μπορείς να βρεις στο τέλος του βιβλίου σου, σ. 246-248.

7

τη γράφεις πιο σωστά, να την κατακτήσεις. Θα μάθεις τότε να αποφεύγεις τους ιδιωματισμούς, τις λέξεις δηλαδή που δεν ανήκουν στην κοινή γλώσσα παρά συνηθίζονται σε ορισμένους τόπους. Γιατί ίσως έχεις προσέξει ότι από τόπο σε τόπο η γλώσσα μας, όπως και κάθε γλώσσα στον κόσμο, παρουσιάζει μικρές διαφορές. Έτσι λ.χ. το *είχαμε* σε μερικές περιοχές το λένε *είχαμαν*. Αυτούς τους ιδιωματικούς τύπους θα τους παραμερίσεις και θα γνωρίσεις τον πιο κοινό γλωσσικό μας τύπο.

Θα μάθεις, ύστερα, να σκέπτεσαι σωστά, γιατί μαθαίνει να σκέπτεται όποιος μαθαίνει τη γλώσσα του. Η γλώσσα και η σκέψη γεννιούνται μαζί.

Θα μάθεις ακόμη ότι η γλώσσα μας δεν πορεύεται στα τυφλά. Έχει κανόνες που την κυβερνούν, έχει τους νόμους της, που όσο θα τους γνωρίζεις τόσο και θα την αγαπάς περισσότερο. Θα νιώθεις ότι κατέχεις θησαυρό.

Για να σε βοηθήσει όμως το βιβλίο αυτό να γνωρίσεις τη γλώσσα σου, πρέπει να το χρησιμοποιείς σωστά. **Είναι μεγάλο κέρδος να μάθεις να χρησιμοποιείς σωστά ένα βιβλίο.** Αυτό σημαίνει ότι ξέρεις να ανατρέχεις σ' αυτό και να βρίσκεις κάθε φορά ό,τι θελήσεις. Το βιβλίο τότε γίνεται ένα εργαλείο στα χέρια σου, γίνεται, αν θέλεις, φίλος σου. Γι' αυτό και θα πρέπει να γνωρίσεις τον τρόπο με τον οποίο είναι καμωμένο, να γνωρίσεις δηλαδή **τη σύνθεσή του.**

Η σύνθεση της Γραμματικής Τη Γραμματική σου την αποτελούν δύο τεύχη. Το πρώτο, αυτό που κρατάς στα χέρια σου, περιέχει τα γραμματικά φαινόμενα της κοινής δημοτικής, ενώ το δεύτερο περιέχει κείμενα και ασκήσεις, που αντιστοιχούν στα γραμματικά φαινόμενα που μαθαίνεις στο πρώτο.

Αυτό πάλι, το πρώτο τεύχος, συνοδεύεται από ένα **Επίμετρο** που περιέχει τον **Ορθογραφικό Οδηγό** και τον **Κατάλογο των Ανώμαλων Ρημάτων.**

Στον Ο ρ θ ο γ ρ α φ ι κ ό Ο δ η γ ό θα βρίσκεις τις λέξεις που παρουσιάζουν ορθογραφικές δυσκολίες. Σ' αυτόν λ.χ. θα βρεις τη σωστή γραφή καταλήξεων που δεν ακολουθούν τον κανόνα.

Στον Κατάλογο των Ανώμαλων Ρημάτων θα βρίσκεις τα ρήματα που παρουσιάζουν κάποια, έστω και μικρή, απόκλιση από τον κανονικό σχηματισμό. Είναι καταταγμένα σε ομάδες που λέγονται **κατηγορίες**. Κάθε κ α τ η γ ο ρ ί α περιέχει τα ρήματα που παρουσιάζουν την ίδια ανωμαλία. Όλες μαζί είναι δέκα και παραθέτονται πριν από τον Κατάλογο. Έτσι κάθε ρήμα μπορείς να το βρίσκεις και στον Κατάλογο, στην αλφαβητική του σειρά, και στην Κ α τ η γ ο ρ ί α στην οποία ανήκει. Αν λ.χ. θέλεις να δεις τους αρχικούς χρόνους του ρήματος *καταλαβαίνω*, δεν έχεις παρά να αναζητήσεις το ρήμα αυτό στην ορισμένη του θέση ανάμεσα στα ρήματα που αρχίζουν από το γράμμα **κ**. Με τον τρόπο αυτό βρίσκεις ότι οι χρόνοι του ρήματος *καταλαβαίνω* είναι οι ακόλουθοι: ενεστώτας *καταλαβαίνω*, αόριστος *κατάλαβα*. Αν πάλι θελήσεις κάτι περισσότερο, να δεις λ.χ. το λόγο για τον οποίο το ρήμα αυτό είναι ανώμαλο, τότε θα συμβουλευτείς την ένδειξη **Κ 7**, που είναι σημειωμένη πλάι στο ρήμα *(καταλαβαίνω Κ 7)*. Το **Κ** σημαίνει την κ α τ η γ ο ρ ί α, και το 7 δείχνει τον αριθμό της. Με άλλα λόγια θα ανατρέξεις στην έ β δ ο μ η κ α τ η γ ο ρ ί α. Εκεί θα πληροφορηθείς ότι το ρήμα είναι ανώμαλο, γιατί χάνει στον αόριστο τη συλλαβή -αιν-. Με τον ίδιο τρόπο δουλεύοντας μπορείς να μάθεις, όταν θέλεις, και για κάθε άλλο ρήμα του Καταλόγου.

Γενικά ο σκοπός του Ε π ι μ έ τ ρ ο υ είναι διπλός: να ελαφρύνει τη Γραμματική από τις πολλές λεπτομέρειες και να χρησιμεύσει για σένα σαν ένα είδος συμβούλου, που θα σου λύνει απορίες ορθογραφικές και άλλες.

ΠΡΩΤΟ ΜΕΡΟΣ

ΟΙ ΦΘΟΓΓΟΙ

ΚΑΙ ΤΑ ΓΡΑΜΜΑΤΑ

ΠΡΩΤΟ ΚΕΦΑΛΑΙΟ

ΦΘΟΓΓΟΙ ΚΑΙ ΓΡΑΜΜΑΤΑ

Οι φθόγγοι της ελληνικής γλώσσας

1. Όταν μιλούμε, μεταχειριζόμαστε λέξεις: *έλα, μητέρα, σπίτι, βιβλίο* είναι λέξεις. Κάθε λέξη σχηματίζεται από απλές φωνές. Έτσι η λέξη *έλα* σχηματίζεται από τις απλές φωνές *ε, λ, α.*

> Τις απλές φωνές που σχηματίζουν τις λέξεις τις ονομάζουμε **φθόγγους.**

2. Η γλώσσα μας έχει 25 φθόγγους, τους ακόλουθους:

   α, ε, ι, ο, ου, β, γ, δ, ζ, θ, κ, λ, μ, ν, π, ρ, σ, τ, φ, χ, μπ, ντ, γκ, τσ, τζ.

Τα γράμματα της ελληνικής γλώσσας

3. **Γράμματα** ή **ψηφία** είναι τα γραπτά σημάδια που παριστάνουν τους φθόγγους.

   Το *ε,* το *λ* και το *α* είναι γράμματα που τα γράφουμε, για να παραστήσουμε τους φθόγγους που προφέρουμε, όταν λέμε τη λέξη *έλα.*

4. Τα γράμματα που μεταχειριζόμαστε για να γράψουμε τους

φθόγγους της γλώσσας μας είναι 24 και όλα μαζί κάνουν το **αλφά-βητο** της ελληνικής γλώσσας ή το **ελληνικό αλφάβητο**.

Τα γράμματα του ελληνικού αλφαβήτου γράφονται από τα παλιά χρόνια με την ακόλουθη σειρά, που ονομάζεται *αλφαβητική σειρά:*

Α α	*άλφα*	**Η η**	*ήτα*	**Ν ν**	*νι*	**Τ τ**	*ταυ*
Β β	*βήτα*	**Θ θ**	*θήτα*	**Ξ ξ**	*ξι*	**Υ υ**	*ύψιλον*
Γ γ	*γάμα*	**Ι ι**	*γιώτα*	**Ο ο**	*όμικρον*	**Φ φ**	*φι*
Δ δ	*δέλτα*	**Κ κ**	*κάπα*	**Π π**	*πι*	**Χ χ**	*χι*
Ε ε	*έψιλον*	**Λ λ**	*λάμδα*	**Ρ ρ**	*ρο*	**Ψ ψ**	*ψι*
Ζ ζ	*ζήτα*	**Μ μ**	*μι*	**Σ σ**	*σίγμα*	**Ω ω**	*ωμέγα*

Αντιστοιχία φθόγγων και γραμμάτων

5. Όπως βλέπουμε, το ελληνικό αλφάβητο δεν έχει για όλους τους φθόγγους ξεχωριστά γράμματα.

Έτσι, για να γράψουμε τους φθόγγους *ου, μπ, ντ, γκ, τσ, τζ*, μεταχειριζόμαστε δύο γράμματα για τον καθένα.

Από το άλλο μέρος έχουμε περισσότερα γράμματα που παριστάνουν τον ίδιο φθόγγο. Για το φθόγγο *ο* έχουμε δύο γράμματα: το *ο* και το *ω (ώμος)*, για το φθόγγο *ι* έχουμε τρία: τα *η*, το *ι* και το *υ (κυνήγι)*.

Φωνήεντα και σύμφωνα

6. Οι φθόγγοι χωρίζονται σε **φωνήεντα** και σε **σύμφωνα**.

Φωνήεντα είναι οι φθόγγοι που μπορούν να σχηματί-σουν μόνοι τους συλλαβή:

(α), (ε), α - έ - ρας.

Σύμφωνα είναι οι φθόγγοι που δεν μπορούν να σχημα-τίσουν μόνοι τους συλλαβή και πηγαίνουν πάντοτε μαζί με φωνήεντα:

(λ), (γ), λέ - γω.

Και τα γράμματα που παριστάνουν τους φθόγγους χωρίζονται σε φωνήεντα και σε σύμφωνα.

7. *Φωνήεντα* είναι τα γράμματα **α, ε, η, ι, ο, υ, ω.**

Σύμφωνα είναι τα γράμματα **β, γ, δ, ζ, θ, κ, λ, μ, ν, ξ, π, ρ, σ (-ς), τ, φ, χ, ψ.**

Σημείωση.— Στην αρχαία εποχή το η προφερόταν σαν εε, το ω σαν οο, και τα φωνήεντα **α, ι, υ,** άλλοτε σαν απλά **α, ι, υ,** και άλλοτε σαν **αα, ιι, υυ.** Γι' αυτό, το η και το ω ονομάζονταν μακρόχρονα, το ε και το ο βραχύχρονα και τα **α, ι, υ** δίχρονα.

Αρχικά και τελικά γράμματα

8 Το πρώτο γράμμα σε μια λέξη λέγεται **αρχικό**· το τελευταίο **τελικό.** Στη λέξη *βότανο* αρχικό είναι το *β*, τελικό το *ο*.

ΟΡΘΟΓΡΑΦΙΑ. Το γράμμα *ς* το μεταχειριζόμαστε αντί για το *σ*, όταν είναι τελικό σε μια λέξη: *σωστός.*

Τελικά σύμφωνα

9. **Τελικά σύμφωνα** είναι στη γλώσσα μας το **ς** και το **ν.**

Σε άλλα σύμφωνα τελειώνουν μερικά επιφωνήματα και λέξεις ξένες: *αχ! ουφ! Αδάμ, χερουβείμ, Ισαάκ, σοφέρ, Μωάμεθ* κτλ.

Διπλά γράμματα

10. Τα γράμματα **ξ** και **ψ** λέγονται **διπλά,** γιατί το καθένα παριστάνει δύο φθόγγους, το *ξ* τους φθόγγους *κσ* και το *ψ* τους **φθόγγους** *πσ*: *λοξός,* **ψυχή,** *ξεψαχνίζω, εξάψαλμος.*

ΟΡΘΟΓΡΑΦΙΑ. Το *(πσ)* γράφεται πάντοτε με **ψ.** Το *(κσ)* γράφεται με **ξ,** όχι όμως στις λέξεις που είναι σύνθετες με το *εκ: έξω, άξιος,* αλλά: *εκ-στρατεία.*

Δίψηφα

11. **Δίψηφα** ονομάζονται δύο γράμματα μαζί που παριστάνουν ένα φθόγγο.
Δίψηφα είναι τα ακόλουθα:

12. Α΄— Δίψηφα φωνήεντα

α) Το *ου* για το φθόγγο (ου): *ουρά, του βουνού.*
β) Το *αι*, που προφέρεται όπως και το *ε: σημαίες.*
γ) Το *ει*, το *οι* και το *υι* που προφέρονται όπως και το *ι: κλείνει, οι κάτοικοι, υιοθετώ.*

13. Β΄— Δίψηφα σύμφωνα

1. Τα *μπ, ντ, γκ* έχουν άλλοτε άρρινη και άλλοτε έρρινη προφορά.
'Αρρινη προφορά έχουν τα *μπ, ντ, γκ,* όταν βρίσκονται:
α) στην αρχή των λέξεων:
μπαίνω, μπαούλο, ντύνω, ντρέπομαι, γκέμι, γκρεμός.
β) μέσα στη λέξη, ύστερα από σύμφωνο και σπανιότερα ύστερα από φωνήεν (σε ξένες λέξεις προπάντων):
μπάρμπας, τουρμπίνα, μπερντές, φίλντισι, αργκό, μπαμπάς, μαντέμι, μπαγκέτα.*

Πιο συχνά όμως η προφορά του *μπ* και του *ντ* είναι έρρινη. Δηλαδή το πρώτο γράμμα, *μ* ή *ν*, προφέρεται ξεχωριστά, και το δεύτερο, *π* ή *τ*, προφέρεται σαν το αντίστοιχο δίψηφο *μπ* ή *ντ*. Οι λέξεις: *αμπέλι, Λαμπρή, πάντοτε, πέντε* προφέρονται σαν να τις γράφαμε: *αμ - μπέλι, Λαμ - μπρή, πάν - ντοτε, πέν - ντε.*

Παρόμοια και στις λέξεις που έχουν *γκ* ή *γγ*, το πρώτο γράμμα προφέρεται σαν *ν*, και το δεύτερο, το *κ* ή το *γ*, σαν το δίψηφο *γκ*. Έτσι οι λέξεις: *αγκάθι, αγκαλιά, φεγγάρι, Αγγλία* προφέρονται σαν να ήταν γραμμένες *αν - γκάθι, αν - γκαλιά, φεν - γκάρι, Αν - γκλία.*

Οι συνδυασμοί *μπ, ντ, γκ,* όταν το πρώτο.τους γράμμα προ-

---

* Κατάλογος ξένων λέξεων που έχουν άρρινο δίψηφο σύμφωνο βλ. στο Επίμετρο, σ. 209

φέρεται σαν ρινικό σύμφωνο, ονομάζονται **ρινικά συμπλέγματα.**

β) Το *τσ* και το *τζ:*

τσαμπί, έτσι, κορίτσι, Ελενίτσα, Μπότσαρης,
τζίτζικας, τζίτζιφο, τζάκι, Τζαβέλας.

Σε πολλές λέξεις πριν από το *τσ* και το *τζ* υπάρχει ένα *ν:*
βιολοντσέλο, νεράντζι.

Τα συμπλέγματα *ντζ* και *ντσ* πρέπει να τα ξεχωρίζουμε στην προφορά από τα απλά *τζ* και *τσ.* Λέγονται με *ν : γάντζος, καλικάντζαρος, μπρούντζος, σκαντζόχοιρος, Μάντζαρος,* αλλά χωρίς *ν : μελιτζάνα, τζιτζίκι.*

Διαίρεση και ονομασία των συμφώνων

14. Τα σύμφωνα διαιρούνται:

A. Κατά τη φ ω ν ή που έχουν: σε **άηχα** και **ηχηρά**

> **άηχα: κ, π, τ, χ, φ, θ, σ, τσ·**
> **ηχηρά: γ, β, δ, ζ, τζ, μπ, ντ, γκ, λ, μ, ν, ρ.**
> Αισθανόμαστε τον ήχο των ηχηρών ακουμπώντας το δάχτυλο στο λαιμό εμπρός.

B. Κατά τη δ ι ά ρ-κ ε ι ά τους: σε **στιγμιαία** και **εξακολουθητικά**

> **στιγμιαία:** Προφέρονται μόνο μια στιγμή, την ώρα που ανοίγουμε το στόμα: **κ, π, τ, γκ, μπ, ντ, τσ, τζ·**
> **εξακολουθητικά:** Σ' αυτά βαστούμε τη φωνή όσο θέλουμε: **γ, β, δ, χ, φ, θ, σ, ζ, λ, μ, ν, ρ.**

Γ. Κατά το μ έ ρ ο ς όπου σχηματίζο-νται στο στόμα: σε

> **'χειλικά: π, β, φ, μπ·**
> **οδοντικά: τ, δ, θ, ντ·**
> **διπλοδοντικά ή συριστικά: σ, ζ, τσ, τζ·**
> **λαρυγγικά: κ, γ, χ, γκ·**
> **γλωσσικά: λ, ρ.** Το λ και το ρ λέγονται και **υγρά.**
> **ρινικά: μ, ν.** Για να προφερθούν, βγαίνει ο αέρας από τη μύτη. Το *μ* ανήκει και στα χειλικά, το *ν* ανήκει και στα γλωσσικά.

15

15. Πίνακας των συμφώνων

(Δείχνει πώς διαιρούνται τα σύμφωνα κατά διαφορετικούς τρόπους)

Κατά τα μέρη όπου σχηματίζονται	Κατά τη διάρκεια			
	Στιγμιαία		Εξακολουθητικά	
	Άηχα	Ηχηρά	Άηχα	Ηχηρά
Χειλικά	π	μπ	φ	β (μ)
Οδοντικά	τ	ντ	θ	δ
Διπλοδοντικά (συριστικά)	τσ	τζ	σ	ζ
Λαρυγγικά	κ	γκ	χ	γ
Γλωσσικά (υγρά)				(ν) λ, ρ
Ρινικά				μ, ν

Το **σ** προφέρεται κανονικά σαν ηχηρό ζ όταν ακολουθεί άλλο ηχηρό σύμφωνο *(ασβέστης, σγουρός, διείσδυση, καλεσμένος)*, εκτός συνήθως από το λ *(προσλαμβάνω, ισλαμισμός)*.

Δίφθογγοι

Νεράιδα, αηδόνι, ρόιδι, βόηθα

16. Σ' αυτές τις λέξεις το **αϊ**, το **αη**, το **οϊ**, το **οη** προφέρονται σε μια συλλαβή.

> Δύο φωνήεντα που προφέρονται σε μια συλλαβή αποτελούν ένα **δίφθογγο**.

πιάνω, γυαλί, άδειος, θειάφι, ποιες, ποιοι, ποιους

17. Σ' αυτές τις λέξεις το ι, το υ, το ει, το οι μαζί με το ακόλουθο φωνήεν ή το δίψηφο προφέρονται σε μια συλλαβή.

Κάθε τέτοιο συνδυασμό του ι, υ, ει, οι με το ακόλουθο φωνήεν τον ονομάζουμε **καταχρηστικό δίφθογγο**.

Όμοια σύμφωνα

Σάββατο, εκκλησία, άλλος, γράμμα, γεννώ,
παππούς, άρρωστος, τέσσερα, περιττός

18. Σ' αυτές τις λέξεις γράφουμε δύο σύμφωνα, τα ίδια, ενώ προφέρουμε ένα φθόγγο. Αυτό γίνεται στα σύμφωνα ββ, κκ, λλ, μμ, νν, ππ, ρρ, σσ, ττ. Τα δύο αυτά σύμφωνα λέγονται **όμοια σύμφωνα.**

Οι συνδυασμοί αυ, ευ

19. Οι συνδυασμοί των φωνηέντων **αυ** και **ευ** έχουν διπλή προφορά.

Στις λέξεις *παύω, Αύγουστος, αύριο, Εύα, ευλογώ, εφεύρεση* προφέρονται **αβ, εβ.**

Στις λέξεις *ναύτης, ευχαριστώ, ευτυχία* προφέρονται **αφ, εφ.**

Προφέρονται **αβ, εβ,** όταν ακολουθεί φωνήεν ή ηχηρό σύμφωνο.

Προφέρονται **αφ, εφ,** όταν ακολουθεί άηχο σύμφωνο.

Άφωνα γράμματα

20. Μερικά γράμματα δεν προφέρονται σε ορισμένες λέξεις. Τα γράμματα αυτά λέγονται **άφωνα.**

Άφωνα είναι:

α) Το *υ* στο *ευ,* όταν ακολουθεί *β* ή *φ:*
εύφορος προφέρεται σαν το *έφορος·*
ευφορία προφέρεται σαν το *εφορεία·*
έτσι και το *Εύβοια, εύφλεκτος, Ευφράτης, ευφωνικός, ευφυής, επευφημία.*

β) Το ένα από τα δύο όμοια σύμφωνα:
αλλού, άμμος.

γ) Συχνά το *π* στο σύμπλεγμα *μπτ:*
άκαμπτος, άμεμπτος, Πέμπτη, πέμπτος, σύμπτωμα.

ΔΕΥΤΕΡΟ ΚΕΦΑΛΑΙΟ
ΛΕΞΕΙΣ ΚΑΙ ΣΥΛΛΑΒΕΣ

Οι λέξεις

21. Η κάθε λέξη γράφεται χωριστά.

ΟΡΘΟΓΡΑΦΙΑ. Γράφονται με μία λέξη:

α) Τ α α ρ ι θ μ η τ ι κ ά από το 13 ως το 19:
*δεκατρία, δεκατέσσερα, δεκαπέντε, δεκαέξι,
δεκαεπτά, δεκαοκτώ, δεκαεννέα.*

β) Ο ι α ν τ ω ν υ μ ί ε ς:
*καθένας — καθεμιά — καθένα, καθετί, κατιτί,
οποιοσδήποτε, οσοσδήποτε, οτιδήποτε.*

γ) Τ α ά κ λ ι τ α:

απαρχής	*εντάξει*	*καλημέρα*	*μολονότι*
απεναντίας	*ενώ*	*καληνύχτα*	*ολημέρα*
απευθείας	*εξαιτίας* ·	*καλησπέρα*	*οληνύχτα*
αφότου	*εξάλλου*	*καληώρα*	*ολωσδιόλου*
αφού	*εξαρχής*	*καταγής*	*οπουδήποτε*
δηλαδή	*εξίσου*	*κατευθείαν*	*οπωσδήποτε*
διαμιάς	*επικεφαλής*	*κιόλας*	*προπάντων*
ειδάλλως	*επιτέλους*	*μεμιάς*	*υπόψη*
ειδεμή	*καθαυτό*	*μολαταύτα*	*ωστόσο.*
ενόσω	*καθεξής*	*μόλο (που)*	

δ) Η π ρ ό θ ε σ η σε *(σ')* με τη γενική και την αιτιατική του άρθρου:
στου φίλου μου, στον αφρό της θάλασσας, στο πεζούλι της εκκλησιάς κτλ.
Γράφεται όμως χωριστά και με απόστροφο η αντωνυμία *σου:
σ' το δίνω, σ' το έστειλα.*
Γράφονται με δυο λέξεις:
καλώς όρισες, καλώς τον (την, το), μετά χαράς, τέλος πάντων.

Οι συλλαβές

ό-χι, τρα-γού-δι, α-στέ-ρι, αη-δό-νι, καη-μέ-νος, εί-μαι

22. Κάθε λέξη χωρίζεται, όπως βλέπουμε, σε μικρότερα τμήματα. Το καθένα από αυτά μπορεί να έχει ένα ή περισσότερα σύμφωνα με ένα φωνήεν ή δίφθογγο, ή να έχει ένα μόνο φωνήεν ή δίφθογγο. *Κάθε τέτοιο τμήμα της λέξης λέγεται* **συλλαβή**.

Κατά τον αριθμό των συλλαβών μια λέξη λέγεται:

α) **μονοσύλλαβη**, όταν αποτελείται από μια συλλαβή:
   ναι, φως, μια·
β) **δισύλλαβη**, όταν αποτελείται από δύο συλλαβές:
   παί-ζω·
γ) **τρισύλλαβη**, όταν αποτελείται από τρεις συλλαβές:
   πα-τέ-ρας, τρα-γού-δι·
δ) **πο**λ**υσύλλαβη**, όταν έχει περισσότερες από τρεις συλλαβές:
   αυ-λό-γυ-ρος, λα-χα-να-γο-ρά, α-γιο-βα-σι-λιά-τι-κος.

23. Η τελευταία συλλαβή μιας λέξης ονομάζεται **λήγουσα**, η δεύτερη από το τέλος **παραλήγουσα**, η τρίτη από το τέλος **προπαραλήγουσα**. Η πρώτη συλλαβή της λέξης λέγεται **αρχική**.

Στη λέξη *αυ-λό-γυ-ρος* η συλλαβή *-ρος* είναι η λήγουσα, η συλλαβή *-γυ-* παραλήγουσα, η συλλαβή *-λό-* προπαραλήγουσα, η συλλαβή *αυ-* αρχική.

Συλλαβισμός

24. Όταν γράφουμε, παρουσιάζεται συχνά η ανάγκη να αλλάξουμε γραμμή χωρίς να έχει τελειώσει μια λέξη. Είμαστε τότε υποχρεωμένοι να χωρίσουμε τη λέξη στα δύο.

Θα τη χωρίσουμε όχι όπου τύχει, αλλά εκεί που τελειώνει μια συλλαβή. Γι' αυτό πρέπει να ξέρουμε πώς χωρίζονται οι λέξεις σε συλλαβές.

Το χώρισμα μιας λέξης σε συλλαβές λέγεται **συλλαβισμός**.

19

25. Κατά το συλλαβισμό ακολουθούμε τους παρακάτω κανόνες:

1. Ένα σύμφωνο ανάμεσα σε δύο φωνήεντα συλλαβίζεται με το δεύτερο φωνήεν:

   έ-χω, κα-λο-σύ-νε-ψε, πα-ρα-κα-λώ, πα-θή-μα-τα.

2. Δύο σύμφωνα ανάμεσα σε δύο φωνήεντα συλλαβίζονται με το δεύτερο φωνήεν, όταν αρχίζει από αυτά τα σύμφωνα ελληνική λέξη:

λά-σπη (σπίθα)   έ-βγαλα (βγαίνω)   κο-φτερός (φτωχός)
έ-θνος (θνητός)   έ-τσι (τσαρούχι)   τζί-τζικας (τζάμι)
ύπο-πτος (πτώμα)   Αι-σχύλος (σχολείο)   α-τμός (τμήμα)
ά-φθονος (φθόγγος).

Αλλιώς, χωρίζονται και το πρώτο σύμφωνο πάει με το προηγούμενο φωνήεν, το δεύτερο με το ακόλουθο:

θάρ-ρος, άλ-λος, θάλασ-σα
περ-πατώ, έρ-χομαι
δάφ-νη, βαθ-μός, τάγ-μα.

3. Τρία ή περισσότερα σύμφωνα ανάμεσα σε δυό φωνήεντα συλλαβίζονται με το ακόλουθο φωνήεν, όταν αρχίζει ελληνική λέξη τουλάχιστον από τα δύο πρώτα από αυτά:

ά-στρο (στρώνω), ε-χθρός (χθεσινός), σφυρί-χτρα (χτένι),
αι-σχρός (σχέδιο).

Αλλιώς, χωρίζονται και το πρώτο σύμφωνο πάει με το προηγούμενο φωνήεν, τα άλλα με το ακόλουθο:

άν-θρωπος, νεραν-τζιά, εκ-στρατεία, παν-στρατιά.

4. Τα δίψηφα *μπ, ντ, γκ* δε χωρίζονται στο συλλαβισμό:

μπου-μπούκι, α-μπέλι, ντα-ντά, πέ-ντε, μπα-γκέτα, μου-γκρίζω.

20

5. Οι σύνθετες λέξεις ακολουθούν κατά το συλλαβισμό τους ίδιους κανόνες:

προ-σέχω, υ-πεύθυνος, εί-σοδος, πα-ρα-κούω.

6. Τα δίψηφα φωνήεντα, οι δίφθογγοι, οι καταχρηστικοί δίφθογγοι και οι συνδυασμοί *αυ* και *ευ* κατά το συλλαβισμό λογαριάζονται σαν ένα φωνήεν:

αί-μα, νε-ράι-δα, ά-πια-στος, ναύ-της.

ΤΡΙΤΟ ΚΕΦΑΛΑΙΟ

ΤΟΝΟΙ

Οι τόνοι

παιδί, γράφω, άνθρωπος, σιδηρόδρομος, μήλο, ναύτες

26. 1. Σε κάθε λέξη που έχει δύο τουλάχιστον συλλαβές μία συλλαβή προφέρεται δυνατότερα από τις άλλες, τ ο ν ί ζ ε τ α ι.

Πάνω στο φωνήεν της συλλαβής που προφέρεται πιο δυνατά σημειώνουμε ένα σημάδι, που λέγεται **τόνος**. Ως τονικό σημάδι χρησιμοποιείται η **οξεία** (´) :

κήπος, γερός, αγαπούμε.

2. Σε μια λέξη μπορεί να τονιστεί μόνο μια από τις τρεις τελευταίες συλλαβές :

λέμε, έλεγαν, ξαναλέγαμε.

27. Στις λέξεις που κλίνονται ο τόνος δε μένει πάντα στην ίδια συλλαβή:

ο *άγγελος — τού αγγέλου — τον άγγελο,*

η *μοίρα — οι μοίρες — των μοιρών — τις μοίρες,*

δένω — έδενα — θα δεθώ.

Ο τόνος της ενικής ονομαστικής στα ουσιαστικά *(ο άγγελος)*, της ενικής ονομαστικής του αρσενικού στα επίθετα *(ο ωραίος)* και του πρώτου ενικού προσώπου στον ενεστώτα της οριστικής στα ρήματα *(δένω)* λέγεται **βασικός τόνος.**

Σημείωση. Τα παλιότερα χρόνια χρησιμοποιούσαν στη γραφή τρία τονικά σημάδια *(οξεία ΄, ·βαρεία ` και περισπωμένη ˉ)* καθώς και δύο πνεύματα *(δασεία και ψιλή ΄)*. Αντί για όλα αυτά χρησιμοποιούμε σήμερα μόνο την οξεία, σύμφωνα με τους ακόλουθους κανόνες:

28. Κανόνες του μονοτονικού συστήματος

1. Τονικό σημάδι παίρνει κάθε λέξη που έχει δύο ή περισσότερες συλλαβές. Αυτό ισχύει και στην περίπτωση που η λέξη παρουσιάζεται ως μονοσύλλαβη ύστερα από έκθλιψη ή αποκοπή, όχι όμως και όταν έχει χάσει το τονισμένο φωνήεν από αφαίρεση.

   • Παίρνουν τονικό σημάδι λέξεις που παρουσιάζονται ως μονοσύλλαβες ύστερα από
   έκθλιψη, π.χ. *λίγ᾽ απ᾽ όλα, πάντ᾽ ανοιχτά, είν᾽ ανάγκη, ήρθ᾽ εκείνος, μήτ᾽ εσύ μήτ᾽ εγώ* κτλ.,
   ή αποκοπή, π.χ. *φέρ᾽ το, κόψ᾽ τους, άσ᾽ τον* κτλ.

   • Ένας ρηματικός τύπος που έμεινε άτονος από αφαίρεση δεν ανεβάζει το τονικό σημάδι στην προηγούμενη λέξη, π.χ. *μου ᾽φερε, τα ᾽δειξε, να ᾽λεγε, θα ᾽θελα, που ᾽ναι* (αλλά *πού ᾽ναι;), μου ᾽πε* κτλ.

2. Οι μονοσύλλαβες λέξεις δεν παίρνουν τονικό σημάδι.

   • Θεωρούνται μονοσύλλαβοι και μένουν άτονοι οι συνιζημένοι τύποι (δύο φωνήεντα που προφέρονται μαζί σε μια συλλαβή), π.χ. *μια, για, γεια, πια, πιο, ποιος - ποια - ποιο, γιος, νιος, (να) πιω* κ.ά. Προσοχή στη διαφορά: *μια - μία, δυο - δύο, ποιον - (το) ποιόν, το βιος - ο βίος* (Βλ. και καταχρηστικοί δίφθογγοι § 17 και συνίζηση § 39).

   • Μια μονοσύλλαβη προστακτική, ακόμα κι όταν ακολουθείται από δύο εγκλιτικά, δεν παίρνει τονικό σημάδι, π.χ. *πες μου το, δες του τα, βρες τους την, φα του τα* κτλ.

Εξαιρούνται και παίρνουν τονικό σημάδι:
(α) ο διαζευκτικός σύνδεσμος *ή*,
   π.χ. *Ή η ᾽Αννα ή η Μαρία*

23

(β) τα ερωτηματικά *πού* και *πώς*.

- Τα *πού* και *πώς* παίρνουν τονικό σημάδι είτε βρίσκονται σε ευθεία ερώτηση είτε σε πλάγια, π.χ.

  Πού πήγες; Δε μας είπες πού πήγες.

  Πώς σε λένε; Μας είπε πώς τον λένε.

  (Επίσης παίρνουν τονικό σημάδι τα *πού* και *πώς* σε περιπτώσεις όπως οι ακόλουθες :

  πού να σου τα λέω,

  από πού κι ως πού,

  πού και πού,

  αραιά και πού.

  —*Τους έστειλες το γράμμα; Πώς!*

  Πώς βαριέμαι!

  Κοιτάζω πώς και πώς να τα βολέψω.)

- Τα *που* και *πως* δεν παίρνουν τονικό σημάδι όταν δεν είναι ερωτηματικά (όταν το *που* είναι επίρρημα, αντωνυμία, σύνδεσμος· το *πως* σύνδεσμος), π.χ.

  Αυτό που σου είπα.

  Μας είπε πως τον λένε Βασίλη.

(γ) οι αδύνατοι τύποι των προσωπικών αντωνυμιών *(μου, σου, του, της, τον, την, το, μας, σας, τους, τα)*, όταν στην ανάγνωση υπάρχει περίπτωση να θεωρηθούν εγκλιτικές, π.χ. ο *πατέρας μού είπε* (= ο πατέρας είπε σ' εμένα) ενώ ο *πατέρας μου είπε* (= ο δικός μου πατέρας είπε)· η *δασκάλα μάς τα έδωσε* (= η δασκάλα τα έδωσε σ' εμάς) ενώ η *δασκάλα μας τα έδωσε* (= η δική μας δασκάλα τα έδωσε).

Αλλά όταν οι αδύνατοι τύποι των προσωπικών αντωνυμιών *(μου, σου, του* κτλ.) δεν υπάρχει περίπτωση να μπερδευτούν με τα ομόηχά τους εγκλιτικά, δεν παίρνουν τονικό σημάδι, π.χ.

  γιατί μας τα λες αυτά;

  τι μας έστειλες;

  όταν μας τα έστειλες,

  η δασκάλα που μας έστειλαν,

  η δασκάλα που θα μας στείλουν,

  μας έστειλαν μια δασκάλα κτλ.

(δ) οι μονοσύλλαβες λέξεις, όταν συμπροφέρονται με τους ρηματι- κούς τύπους *μπω, βγω, βρω, 'ρθω,* σε όλα τα πρόσωπα και τους αριθμούς, και δέχονται τον τόνο τους,

π.χ. *θά μπω* (προφέρουμε δυνατότερα το *θα*) ενώ *θα μπω* (προφέρουμε δυνατότερα το *μπω*), *θά μπεις - θα μπεις* κτλ., *νά βγω - να βγω,*
θά 'ρθω - θα 'ρθω,
θα τού 'ρθει - θα του 'ρθει,
να τά βρει - να τα βρει κτλ.

3. Ο τόνος του εγκλιτικού ο οποίος ακούγεται στη λήγουσα των προπαροξύτονων λέξεων σημειώνεται,
π.χ. *ο πρόεδρός μας,*
χάρισμά σου,
άφησέ του το κτλ.

Το ίδιο γίνεται στο πρώτο από δύο εγκλιτικά, όταν προηγείται παροξύτονη προστακτική,
π.χ. *δώσε μού το,*
φέρε μάς τους κτλ.

29. Ονομασία των λέξεων από τον τόνο τους

Μια λέξη λέγεται :

α) **οξύτονη,** όταν τονίζεται στη λήγουσα :
εμπρός, γιατί, τα μικρά παιδιά.

β) **παροξύτονη,** όταν τονίζεται στην παραλήγουσα :
τρέχα, ταχυδρόμος.

γ) **προπαροξύτονη,** όταν τονίζεται στην προπαραλήγουσα :
άνθρωπος, γυμναστήριο.

Εγκλιτικές λέξεις

Το βιβλίο μου.   *Το τετράδιό σου*

30. Στα παραδείγματα αυτά οι λέξεις *μου, σου* προφέρονται τόσο στενά ενωμένες με την προηγούμενη λέξη, που ο τόνος τους ή δεν ακούεται *(το βιβλίο μου)* ή ακούεται ως δεύτερος τόνος στη λήγουσα της προηγούμενης λέξης *(το τετράδιό σου)*.

Οι μονοσύλλαβες λέξεις που χάνουν τον τόνο τους ή που τον ανεβάζουν στη λήγουσα της προηγούμενης λέξης λέγονται **εγκλιτικές.**

Οι συχνότερες εγκλιτικές λέξεις είναι οι μονοσύλλαβοι τύποι της προσωπικής αντωνυμίας *μου με μας, σου σε σας, τος τον τοι τη τες* κτλ.

31. Ο τόνος του εγκλιτικού:

1. μ ε τ α φ έ ρ ε τ α ι :

α) στη λήγουσα της προηγούμενης λέξης, όταν αυτή τονίζεται στην προπαραλήγουσα:

ο πρόεδρός μας (σας, τους).

β) στην προηγούμενη λέξη, όταν είναι κι αυτή εγκλιτική και η πριν από αυτήν είναι παροξύτονη:

φέρε μού το, δώσε μάς το.

2. α π ο β ά λ λ ε τ α ι, όταν η προηγούμενη λέξη τονίζεται στη λήγουσα ή στην παραλήγουσα:

το φως μας, η χαρά μου, να τους, τα δώρα του, οι φίλοι σας.

32. Θέση του τονικού σημείου

Το τονικό σημάδι σημειώνεται :

(α) Πάνω στο τονιζόμενο μικρογράμματο φωνήεν : *εγώ, τιμώ.*

(β) Εμπρός κι επάνω στο τονιζόμενο κεφαλαίο φωνήεν : *Άβδηρα, Έβρος, Ήφαιστος.*

(γ) Πάνω στο φωνήεν της διφθόγγου που προφέρεται δυνατότερα : *νεράιδα.*

(δ) Πάνω στο δεύτερο φωνήεν του δίψηφου φωνήεντος, συνδυασμού αυ και ευ και καταχρηστικής διφθόγγου : *πούλησα, είμαι· αύριο, εύλογος· πιάνω, μοιάζω.*

ΤΕΤΑΡΤΟ ΚΕΦΑΛΑΙΟ
ΑΛΛΑ ΟΡΘΟΓΡΑΦΙΚΑ ΣΗΜΕΙΑ — ΣΤΙΞΗ — ΣΥΝΤΟΜΟΓΡΑΦΙΕΣ

Άλλα ορθογραφικά σημεία

33. Εκτός από το τονικό σημάδι μεταχειριζόμαστε γράφοντας και μερικά άλλα ορθογραφικά σημεία. Τα σημεία αυτά είναι:

1. **Η απόστροφος** ('). Πότε σημειώνεται, θα το δούμε όταν εξετάσουμε την έκθλιψη, την αφαίρεση και την αποκοπή.

2. **Η υποδιαστολή** (,). Σημειώνεται στην αναφορική αντωνυμία ό,τι για να την ξεχωρίσει από τον ειδικό σύνδεσμο ότι:

Ό,τι και να πεις έχεις δίκιο.
Έλεγε ό,τι αισθανόταν.
Αλλά: *Έλεγε πάντα ότι θά 'ρθει, μα δε φάνηκε.*

Η υποδιαστολή σημειώνεται και στους δεκαδικούς αριθμούς για να ξεχωρίσει τις ακέραιες μονάδες από τις δεκαδικές: *0,15· 15,3568.*

3. **Τα διαλυτικά** (··). Σημειώνονται πάνω από το *ι* ή το *υ* για να δείξουμε ότι το *ι* ή το *υ* πρέπει να τα προφέρουμε χωριστά από το προηγούμενο φωνήεν *α, ε, ο, υ:*

παιδί — χαϊδεύω, θείος — θεϊκός,
ομόνοια — ευνοϊκός, βοϊδάκι, υιοθετώ — μυϊκός,
αύριο — προαύντικός, πλευρό — ξεϋφαίνω.

Δε σημειώνουμε τα διαλυτικά:

α) όταν το προηγούμενο φωνήεν παίρνει τόνο :
νεράιδα, πλάι (αλλά πλαϊνός), κορόιδεψα (αλλά κοροϊδεύω).

β) όταν δεν έχουμε δίψηφο φωνήεν:
διυλιστήριο, Πομπηία, πρωί, Μωυσής.

4. Το ενωτικό (-). Σημειώνουμε το ενωτικό:

α) στο τέλος της σειράς, όταν δε χωρεί η λέξη ολόκληρη και-πρέπει να την κόψουμε και να τη χωρίσουμε: *μαλ - λιά.*

β) ύστερα από τις λέξεις *Αγια-, Αϊ-, γερο-, γρια-, θεια-, κυρα-, μαστρο-, μπαρμπα-, παπα-,* που πηγαίνουν μαζί με κύριο όνομα: *Αγια - Σοφιά, του Αϊ - Λια, της κυρα - Ρήνης, ο παπα - Δημήτρης.* Οι λέξεις αυτές δεν έχουν δικό τους τόνο.

Προφορά και στίξη

34. Όταν μιλούμε, σταματούμε κάθε τόσο, άλλοτε λιγότερο και άλλοτε περισσότερο, γιατί το θέλει το νόημα ή για να πάρουμε αναπνοή. Άλλοτε πάλι ανεβοκατεβάζουμε τη φωνή μας για να ρωτήσουμε, να δείξουμε την απορία μας, τη χαρά μας ή να εκφράσουμε ό,τι άλλο αισθανόμαστε.

Είναι βέβαια αδύνατο με το γράψιμο να παραστήσουμε αυτό που δείχνει η φωνή μας. Μεταχειριζόμαστε όμως μερικά σημαδάκια, που μας δείχνουν πού πρέπει να σταματήσουμε και πόσο κάθε φορά, και πώς να χρωματίσουμε τη φωνή μας. Αν έλειπαν αυτά, θα ήταν δύσκολο να καταλάβουμε το νόημα διαβάζοντας. Τα σημαδάκια αυτά τα ονομάζουμε **σημεία της στίξης.**

Τα σημεία της στίξης

35. Τα συχνότερα σημεία της στίξης είναι η **τελεία** (.), η **άνω τελεία** (·), το **κόμμα** (,), το **ερωτηματικό** (;) και το **θαυμαστικό** (!).

Λιγότερο συχνά μεταχειριζόμαστε τη **διπλή τελεία** (:), την **παρένθεση** ( ), τα **αποσιωπητικά** (...), την **παύλα** (—), τη **διπλή παύλα** (— —), τα **εισαγωγικά** (« »).

1. **Τελεία** (.). Τελεία σημειώνουμε στο τέλος μιας φράσης που έχει ακέραιο νόημα. Με την τελεία δείχνουμε ότι πρέπει να σταματήσει λίγο η φωνή:

Ο ήλιος βασίλεψε.

Την Κυριακή θα πάμε εκδρομή στη θάλασσα.

ΟΡΘΟΓΡΑΦΙΑ. Ύστερα από τελεία αρχίζουμε με κεφαλαίο.

28

2. **Άνω τελεία** (·). Άνω τελεία σημειώνουμε, όταν θέλουμε να δείξουμε μικρότερο σταμάτημα παρά με την τελεία και μεγαλύτερο παρά με το κόμμα:

Αυτός δεν ήταν άνθρωπος· ήταν θεριό, δράκος, του βουνού στοιχειό.

3. **Κόμμα** (,). Είναι το πιο συχνό σημείο της στίξης. Το σημειώνουμε για να δείξουμε πολύ μικρό σταμάτημα της φωνής.

Με το κόμμα χωρίζουμε:

α) λ έ ξ ε ι ς α σ ύ ν δ ε τ ε ς, που ανήκουν στο ίδιο μέρος του λόγου:

Μας πρόσφερε ψωμί, σύκα, πορτοκάλια, κρασί.

Χτες, προχτές, αντιπροχτές έβρεχε ακατάπαυτα.

β) τ η ν κ λ η τ ι κ ή:

Άνοιξε, μάνα μου γλυκιά, την άφθαρτη αγκαλιά σου.

γ) π ρ ο τ ά σ ε ι ς ό μ ο ι ε ς α σ ύ ν δ ε τ ε ς:

Βγήκαμε από το σχολείο, πήραμε το δρόμο και σε λίγο φτάσαμε στην πλατεία.

δ) δ ε υ τ ε ρ ε ύ ο υ σ ε ς π ρ ο τ ά σ ε ι ς από τις κ ύ ρ ι ε ς:

Δεν πρέπει να ξεκινήσουμε, γιατί ο καιρός άρχισε να χαλά.

Αν θέλεις, έλα.

Όταν χάθηκε ο πατέρας, φρόντισε για όλα ο θείος μας.

Σαν τον φοβάσαι τον γκρεμό, έλ' απ' το μονοπάτι.

Δε χωρίζεται με κόμμα η ειδική, η πλάγια ερωτηματική και ή διστακτική πρόταση: *Έγραψε πως θα έρθει. Δε μου είπες αν γύρισε ο πατέρας. Φοβούμαι μήπως βραχείς.*

4. **Ερωτηματικό** (;). Το ερωτηματικό το σημειώνουμε στο τέλος μιας ερωτηματικής φράσης:

Τι γίνεσαι;

Πού πήγες;

Γιατί δε με περίμενες;

5. **Θαυμαστικό** (!). Σημειώνεται ύστερα από τα επιφωνήματα και ύστερα από κάθε φράση που εκφράζει θαυμασμό, χαρά, ελπίδα, πόνο, φόβο, προσταγή κτλ.

Τι λαμπρός άνθρωπος!

Ζήτω! Μακάρι!

29

Αχ! Οχ! 'Οχι!
Ντροπή! Αλτ! Στάσου!

ΟΡΘΟΓΡΑΦΙΑ. — Ύστερα από ερωτηματικό ή θαυμαστικό αρχίζουμε με κεφαλαίο:

Πού πήγες; Τι είδες στα ταξίδια σου;
Τι όμορφη ιστορία!. Με πόση ευχαρίστηση την ακούει κανείς!
Συνεχίζουμε με μικρό γράμμα, όταν η φράση συνεχίζεται:
«Πού είσαι;» ρώτησε άξαφνα.
Ζήτω! φώναξαν όλα τα παιδιά.

6. **Διπλή τελεία** (:). Τη σημειώνουμε:

α) εμπρός από τα λόγια που αναφέρονται κατά λέξη:
Ο Χριστός είπε: «'Αγαπάτε αλλήλους».

β) όταν κάνουμε απαρίθμηση ή δίνουμε μια εξήγηση ή το αποτέλεσμα:

Τα μεγαλύτερα ελληνικά νησιά είναι: η Κύπρος, η Κρήτη, η Εύβοια.
Κάθισε στο τραπέζι όλη η οικογένεια: ο παππούς, ο πατέρας, η μητέρα, τ' αδέρφια μου.
Δεν εδούλεψε ποτέ του. Και το αποτέλεσμα: δεν έκαμε καμιά προκοπή.

7. **Παρένθεση** (( )). Μέσα στην παρένθεση κλείνουμε μια λέξη ή μια φράση που εξηγεί ή συμπληρώνει τα λεγόμενα:

Η βάρκα (ακόμα τρέμω που το θυμούμαι) χτύπησε ξαφνικά στην ξέρα.
Στους βαλκανικούς πολέμους (1912 - 13) λευτερώθηκαν η Μακεδονία, η Ήπειρος και πολλά νησιά.

8. **Αποσιωπητικά** (...). Με τα αποσιωπητικά δείχνουμε πως η φράση έμεινε ατελείωτη, γιατί δε θέλουμε να την αποτελειώσουμε ή γιατί είμαστε συγκινημένοι:

Θέλω να σου ζητήσω να... μα καλύτερα άλλη φορά, όταν ξανασυναντηθούμε.
Πρόσεξε, μην το ξανακάμεις αυτό, γιατί...
Τι θαυμάσιες μέρες! ...

9. Παύλα (—). Σημειώνουμε την παύλα στο διάλογο για να δείξουμε ότι αλλάζει το πρόσωπο που μιλάει:

— *Πότε θά 'ρθεις;*

— *Αύριο.*

— *Θα σε περιμένω.*

10. Διπλή παύλα (— —). Κάποτε μεταχειριζόμαστε δύο παύλες για να κλείσουμε μέσα τους μια φράση ή μέρος της, όπως γίνεται και με την παρένθεση:

Ο πατέρας μου —μύρο το κύμα που τον ετύλιξε— δεν είχε σκοπό να με κάνει ναυτικό.

11. Εισαγωγικά (« »). Μέσα σε εισαγωγικά κλείνουμε τα λόγια ενός άλλου ή μια λέξη του, όταν τα αναφέρουμε όπως ακριβώς τα είπε. Πριν από τα εισαγωγικά σημειώνουμε τότε διπλή τελεία:

Τα εγγόνια έλεγαν στον παππού: «Πες μας, παππού, πάλι το παραμύθι της Γοργόνας».

Όποιος άκουε τ' όνομά του φώναζε: «παρών».

Συντομογραφίες

36. Μερικές συχνές λέξεις γράφονται για συντομία κομμένες. Οι γραφές αυτές λέγονται **συντομογραφίες.** Οι πιο συνηθισμένες είναι οι ακόλουθες:

άγ.	άγιος	*κ.κ.*	κύριοι ή κυρίες (όχι
Αγ. Γρ.	Αγία Γραφή		κύριοι κύριοι)
αρ.	αριθμός	*Κος, Κα*	Κύριος, Κυρία
βλ.	βλέπε	*κτλ.*	και τα λοιπά
γραμμ.	γραμμάρια	*κυβ.*	κυβικά
Δδα	δεσποινίδα	*λ.χ.*	λόγου χάρη
δηλ.	δηλαδή	*μ.*	μέτρα
δρχ.	δραχμές	*Μ. Ασία*	Μικρά Ασία (Μικρασία)
εκ.	εκατοστό	*μίλ.*	μίλια
κ.	κύριος, κυρία	*μ.μ.*	μετά το μεσημέρι
κ.ά.	και άλλα	*μ.Χ.*	μετά Χριστόν
Κ.Δ.	Καινή Διαθήκη		

πβ. ή πρβ.	παράβαλε	
Π.Δ.	Παλαιά Διαθήκη	
π.μ.	πριν από το μεσημέρι	
π.χ.	παραδείγματος χάρη	
π.Χ.	προ Χριστού	
σ.	σελίδα	
σημ.	σημείωση	
στρ.	στρέμματα	
τετρ.	τετραγωνικός	
τόν.	τόνοι (μονάδα βάρους)	
τ.μ.	τετραγωνικά μέτρα	
ΥΓ.	υστερόγραφο	
χγρ.	χιλιόγραμμα	
χιλ.	χιλιάδες	
χμ.	χιλιόμετρα	

Για τους ανέμους

Α	ανατολικός
Β	βόρειος
Δ	δυτικός
Ν	νότιος
ΒΑ	βορειοανατολικός
ΒΔ	βορειοδυτικός
ΝΑ	νοτιοανατολικός
ΝΔ	νοτιοδυτικός

Για τους μήνες

Ιαν., Φεβρ., Μάρτ., Απρ., Ιούν., Ιούλ., Αύγ., Σεπτ., Οκτ., Νοέμβρ., Δεκ.

ΠΕΜΠΤΟ ΚΕΦΑΛΑΙΟ

ΠΑΘΗ ΦΘΟΓΓΩΝ

37. Λέμε ή γράφουμε:

Δύο, αλλά και *δυο.*

Δε χρεωστώ, αλλά και *δε χρωστώ.*

Ύστερα από το μάθημα, αλλά και *ύστερ' απ' το μάθημα.*

Πού είναι ο Γιώργος; αλλά και *πού 'ναι ο Γιώργος;*

Όλο έκλαιε, αλλά και *όλο έκλαιγε.*

Λέγω, αλλά και *λέω.*

Η κορυφή του βουνού, αλλά και *η κορφή του βουνού.*

Όπως βλέπουμε, μερικές λέξεις δε λέγονται πάντοτε στο συνηθισμένο τους τύπο· κάποιοι φθόγγοι τους χάνονται ή αλλάζουν, παρουσιάζουν διάφορα *πάθη.*

Βλέπουμε ακόμη ότι τα πάθη αυτά συμβαίνουν, όταν παρουσιάζονται κοντά κοντά δυο φωνήεντα που ανήκουν σε δυο γειτονικές συλλαβές μέσα στην ίδια λέξη *(δύο—δυο)* ή πιο συχνά ανάμεσα σε δυο λέξεις *(ύστερα από — ύστερ᾽ από).*

> Αυτή η συνάντησή των φωνηέντων λέγεται **χασμωδία.**

Πολλά από τα πάθη των φθόγγων συμβαίνουν για να αποφύγουμε τη χασμωδία.
Θα εξετάσουμε τα κυριότερα πάθη.

ΠΑΘΗ ΦΩΝΗΕΝΤΩΝ

38. Τα κύρια πάθη των φωνηέντων είναι η **συνίζηση,** η **συναίρεση,** η **έκθλιψη,** η **αφαίρεση,** η **συγκοπή** και η **αποκοπή.** Από αυτά μόνο η έκθλιψη χρησιμοποιείται κάποτε στον επιστημονικό λόγο. Τα άλλα παρουσιάζονται συχνά στη λογοτεχνική γλώσσα, ιδιαίτερα στην ποίηση, και στον προφορικό λόγο.

Συνίζηση

39. Η λέξη *βοήθεια* λέγεται και *βοήθεια* σε τρεις συλλαβές, το *δύο* λέγεται και *δυο* σε μια συλλαβή.

> Σε πολλές λέξεις, όταν ακολουθεί φωνήεν ύστερα από το φθόγγο *ι (η, υ, ει, οι)* ή το φθόγγο *ε (αι),* τα δύο φωνήεντα μπορούν να προφέρονται μαζί σε μια συλλαβή. Λέμε τότε πως στις λέξεις αυτές έγινε **συνίζηση.**

Ο φθόγγος *ε (ε ή αι),* όταν παθαίνει συνίζηση με το ακόλουθο φωνήεν, προφέρεται και γράφεται *ι :*

γενεά — γενιά, εννέα — εννιά, παλαιά — παλιά.

33

Πολλές λέξεις λέγονται μόνο με συνίζηση: *αδειάζω, άδειος, ήλιος,* *κάποιος, όποιος, ποιος, τέτοιος* κτλ.

Συναίρεση

ακούουν — ακούν, δεκαέξι — δεκάξι

40. Στις λέξεις αυτές τα δύο γειτονικά φωνήεντα **ουου, αε,** ενώθηκαν σε ένα.

> Η ένωση δυο γειτονικών φωνηέντων μέσα στην ίδια λέξη σε ένα φωνήεν λέγεται **συναίρεση.**

Όταν τα γειτονικά φωνήεντα είναι όμοια, συναιρούνται σε ένα όμοιο φωνήεν: *ακούουν — ακούν, λέ(γ)ετε — λέτε.* Όταν τα γειτονικά φωνήεντα είναι διαφορετικά, απομένει το πιο δυνατό. Πιο δυνατό είναι το α και ακολουθούν με τη σειρά οι φθόγγοι *ο, ου, ε, ι :*

δεν καλοακούω — δεν καλακούω, **ακούεις — ακούς, ακούετε —** *ακούτε.*

Έτσι το *δεκαέξι* γίνεται *δεκάξι,* το *Νικόλαος — Νικόλας, παραήπιες — παράπιες, Θεόδωρος — Θόδωρος, τρώ(γ)ετε — τρώτε.*

Έκθλιψη

του *ουρανου* — τ' *ουρανού*   **τα** *άλλα* — τ' *άλλα*
θα *ακούσετε* — θ' *ακούσετε*   **από** *όλους* — απ' *όλους*

41. Τα άρθρα *του, τα, το* **θα** και η πρόθεση *από* έχασαν στα παραπάνω παραδείγματα το τελικό τους φωνήεν, γιατί βρέθηκαν εμπρός σε λέξεις που αρχίζουν από φωνήεν.

> Όταν μια λέξη τελειώνει σε φωνήεν και η ακόλουθη αρχίζει από φωνήεν, συχνά χάνεται το τελικό φωνήεν της προηγούμενης. Το φαινόμενο αυτό λέγεται **έκθλιψη.**

Στη θέση του φωνήεντος που έπαθε έκθλιψη σημειώνουμε την *απόστροφο (')*.

Παθαίνουν συνήθως έκθλιψη εμπρός σε όμοια φωνήεντα (συνηθέστερα στον προφορικό και ποιητικό λόγο):

α) Τα άρθρα *το, του, τα: τ' ωραίο παιδί, τ' ουρανού, τ' άλλα*.

β) Τα μόρια *θα, να: θ' ανεβείτε, ν' αρχίσετε*.

γ) Οι αντωνυμίες: *με, σε, το, τα:*
   με έδειρε — μ' έδειρε,
   το ονειρεύτηκες — τ' ονειρεύτηκες,
   τα άφησε — τ' άφησε.

δ) Οι προθέσεις *από, με, σε, για:*
   απ' όλους, μ' εσένα, σ' εμένα, γι' αλλού.

Κάποτε οι προθέσεις *σε, από, παρά* παθαίνουν έκθλιψη και εμπρός σε διαφορετικό φωνήεν: *σ' αυτόν, απ' άκρη σ' άκρη, παρ' όλο πού*.

Ο σύνδεσμος *και* μπορεί να γραφτεί εμπρός από φωνήεν *κι* (χωρίς απόστροφο): *κι άλλος, κι όμως, κι έπειτα, κι ύστερα*.

Αφαίρεση

πού είναι; — που 'ναι;	*εσύ είσαι — εσύ 'σαι*
μου έφερε — μου 'φερε	*θα έχει — θα 'χει*

42. Στα παραδείγματα αυτά η δεύτερη λέξη έχασε το αρχικό φωνήεν ή το δίψηφο.

> Όταν μια λέξη τελειώνει σε φωνήεν και η ακόλουθη αρχίζει από φωνήεν, χάνεται κάποτε το αρχικό φωνήεν της ακόλουθης λέξης. Το φαινόμενο αυτό λέγεται **αφαίρεση**.

Στη θέση του φωνήεντος που χάνεται σημειώνεται *απόστροφος*.

Αφαίρεση παθαίνουν τύποι του ρήματος με τονισμένο συνήθως το αρχικό φωνήεν *(ε), (ι)*, όταν η προηγούμενη λέξη είναι προσωπική αντωνυμία, το ερωτηματικό *πού*, το αναφορικό *που* και τα μόρια *θα, να:*
   μου 'πε, τα 'φερε, που 'κοψε, θα 'μαστε, να 'ρθει.

Πρόσεξε τη διαφορά του: *να με, να σε,* όπου έχουμε αντωνυμίες προσωπικές, και του: *να'μαι, να'σαι,* όπου έχουμε το ρήμα *είμαι.*

Στο ρόδινο μακάριο φως, να με, ανεβαίνω της αυγής
με σηκωμένα χέρια. (Σικελιανός).
Ήθελα να 'μαι κι εγώ εκεί.

Συγκοπή

κορυφή—κορφή, σιτάρι—στάρι, φέρετε—φέρτε, κόψετε—κόψτε

---

43. Σε μερικές λέξεις, όπως βλέπουμε στα παραδείγματα αυτά, χάνεται ένα φωνήεν ανάμεσα σε δυο σύμφωνα. Το φαινόμενο αυτό λέγεται **συγκοπή**.

Αποκοπή

φέρε το — φέρ' το,
κόψε το — κόψ' το,
από το σπίτι — απ' το σπίτι,
μέσα στη θάλασσα — μες στη θάλασσα

---

44. Άλλοτε πάλι χάνεται, όπως βλέπουμε, το τελικό φωνήεν μιας λέξης εμπρός από το αρχικό σύμφωνο της ακόλουθης. Το φαινόμενο αυτό λέγεται **αποκοπή**.

Στη θέση του φωνήεντος που αποκόπηκε σημειώνεται απόστροφος.

Μόνο το επίρρημα *μέσα* γράφεται χωρίς απόστροφο και με τελικό ς : *μες στη θάλασσα*· όμως πριν από φωνήεν παθαίνει έκθλιψη: *μέσ' από το σπίτι.*

ΟΡΘΟΓΡΑΦΙΑ. — Σημειώνεται απόστροφος στην έκθλιψη, στην αφαίρεση και στην αποκοπή:
θ' ακούσετε — μου 'φερε — απ' το σπίτι.

36

Αρχικά φωνήεντα

εβδομάδα — βδομάδα   Τσιγγάνος — Ατσίγγανος   έξαφνα — άξαφνα

45. Πολλές λέξεις παρουσιάζουν στην αρχή τους αλλαγές: α) χάνουν το αρχικό τους φωνήεν, β) παίρνουν ένα φωνήεν στην αρχή και γ) τρέπεται το αρχικό τους φωνήεν σε άλλο:

α) **Αποβολή.** Μερικές λέξεις λέγονται και με το αρχικό τους φωνήεν και χωρίς αυτό. Στις λέξεις που χάνουν το αρχικό τους φωνήεν έχουμε **αποβολή.** Τέτοιες λέξεις είναι:

αγελάδα, αμύγδαλο, εβδομάδα, εμπρός, εξάδερφος, εξομολογώ, ερωτώ, ευλογώ, ηγούμενος, ημέρα, υγεία, υπερήφανος κτλ. *που λέγονται και γελάδα, βδομάδα, ρωτώ, βλογώ, μέρα, γεια, περήφανος* κτλ.

β) **Πρόταξη.** Μερικές λέξεις παίρνουν στην αρχή ένα φωνήεν, συνήθως το α. Το φαινόμενο αυτό λέγεται **πρόταξη** και το πρόσθετο φωνήεν **προτακτικό:** *βδέλλα — αβδέλλα, σκιά — ίσκιος.*

γ) **Αλλαγή.** Μερικές λέξεις αλλάζουν το αρχικό τους φωνήεν σε ένα άλλο. Το φαινόμενο αυτό λέγεται **αλλαγή.**
Τέτοιες λέξεις που παρουσιάζουν διπλούς τύπους είναι:
έμορφος — όμορφος, έξαφνα — άξαφνα.

ΣΥΝΟΠΤΙΚΟ ΣΧΗΜΑ ΓΙΑ ΤΑ ΠΑΘΗ ΤΩΝ ΦΩΝΗΕΝΤΩΝ

ΣΥΝΑΙΡΕΣΗ *(δεκάξι)*

ΕΚΘΛΙΨΗ *(τ' άλλα)*

ΣΥΝΙΖΗΣΗ *(αδειάζω)*

ΑΦΑΙΡΕΣΗ *(που 'ναι)*

ΠΑΘΗ ΦΩΝΗΕΝΤΩΝ

ΑΡΧΙΚΑ ΦΩΝΗΕΝΤΑ
Αποβολή: *ρωτώ*
Πρόταξη: *ίσκιος*
Αλλαγή: *άξαφνα*

ΣΥΓΚΟΠΗ *(κορφή)*

ΑΠΟΚΟΠΗ *(φέρ' το)*

ΠΑΘΗ ΣΥΜΦΩΝΩΝ

46. Αποβολή και ανάπτυξη του γ ανάμεσα σε φωνήεντα.

Σε μερικές λέξεις χάνεται το *γ* ανάμεσα σε φωνήεντα. Έτσι οι λέξεις παρουσιάζονται με δυο τύπους:

ραγίζω — ραΐζω, λέγω — λέω, τρώγω — τρώω.

Σε μερικές πάλι λέξεις αναπτύσσεται ένα *γ* ευφωνικό ανάμεσα σε δυο φωνήεντα, προπάντων όταν αυτά έχουν την ίδια προφορά:

έκαιε — έκαιγε, έκλαιε — έκλαιγε, καίεται — καίγεται.

Το τελικό ν

τον άνθρωπο	—	*το θρόνο*
τον καιρό	—	*το δάσκαλο*
την πόλη	—	*τη χώρα*
δεν έχω	—	*δε φοβούμαι*
μην τρως	—	*μη βιάζεσαι*

47. Σε μερικές λέξεις, όπως βλέπουμε στα παραδείγματα, άλλοτε φυλάγεται το τελικό τους *ν* και άλλοτε χάνεται. Οι λέξεις αυτές είναι το άρθρο **τον, την,** το αριθμητικό και αόριστο άρθρο **έναν,** η προσωπική αντωνυμία του τρίτου προσώπου **αυτήν, την** και τα άκλιτα **δεν, μην.**

1. **Φυλάγουν το τελικό ν,** όταν η ακόλουθη λέξη αρχίζει από φωνήεν ή από σύμφωνο στιγμιαίο *(κ, π, τ, μπ, ντ, γκ, τσ, τζ)* ή διπλό *(ξ, ψ):*

τον αέρα	*μην ακούτε*	*δεν είδα*	
έναν καιρό	*δεν μπορώ*	*μην περάσεις*	*την πρόφτασα*
είδα έναν ξένο	*τον τόπο*	*την ντροπή*	*αυτήν ήθελα*

2. **Χάνουν το τελικό ν,** όταν η ακόλουθη λέξη αρχίζει από σύμφωνο εξακολουθητικό *(γ, β, δ, χ, φ, θ, μ, ν, λ, ρ, σ, ζ):*

το γέρο	*τη βρύση*	*δε γράφω*	*μη δέχεσαι*
τη χαρά	*το φόβο*	*τη φοβήθηκα*	*ένα λαό*
τη μητέρα	*τη νίκη*	*μη ρωτάς*	*μη σταματάς*
τη ζωγραφίζει	*αυτή θέλω*		

48. Το τελικό **ν** φυλάγεται πάντοτε στο άρθρο **των**, στην προσωπική αντωνυμία του τρίτου προσώπου **αυτόν, τον**, καθώς και στο τροπικό επίρρημα **σάν**:

των φίλων μου, των συμμαθητών μου,
αυτόν θέλω, τον βλέπω, φώναξέ τον,
σαν θάλασσα, σαν βαρύ είναι.

Συμφωνικά συμπλέγματα

βροχή, χτες, πρωί, στρατιώτης,
άβραστος, άχτιστος, έρχομαι, άστρο

49. Στις λέξεις αυτές έχουμε δυο ή περισσότερα σύμφωνα τc ένα κοντά στο άλλο: *βρ, χτ, πρ, στρ, ρχ.*

> Το συνδυασμό από δύο ή περισσότερα σύμφωνα τον ονομάζουμε **συμφωνικό σύμπλεγμα.**

Συχνά στις ίδιες λέξεις ή στις συγγενικές τους τα συμφωνικά συμπλέγματα παρουσιάζονται διαφορετικά ή απλοποιημένα. Έτσι λέμε:

φτερό, φτερούγα (με *φτ*) και *περίπτερο, πτέρυγα* (κτιρίου) (με *πτ*)
λεφτά (με *φτ*) και *λεπτός, λεπτό* (το), *λεπτολογώ* (με *πτ*)
σκολειό, σκόλη, ξεσκολί- και *σχολείο, σχολή* (με *σχ*)
ζω (με *σκ*)
πράμα, πραμάτεια (με *μ*) και *πράγμα, πραγματικός* (με *γμ*)
συχαρίκια (με *χ*) και *συγχαρητήρια* (με *γχ*)
νύφη, νυφιάτικος (με *φ*) και *νύμφη* (θεά), *νυμφίος* (με *μφ*)

Σημείωση. Πίνακα των συμφωνικών συμπλεγμάτων βλ. Επίμετρο, σ. 214.

ΔΕΥΤΕΡΟ ΜΕΡΟΣ

ΟΙ ΛΕΞΕΙΣ

Ι. Η ΚΑΤΑΓΩΓΗ ΤΩΝ ΛΕΞΕΩΝ

ΠΡΩΤΟ ΚΕΦΑΛΑΙΟ

50. **Λέξεις λαϊκές και λέξεις λόγιες —
Το λεξιλόγιο της Νεοελληνικής**

Α. Πολλές από τις λέξεις της γλώσσας μας είναι **αρχαίες**. Βρίσκονται στο στόμα του λαού μας από την αρχαία εποχή ως σήμερα χωρίς διακοπή και ή έμειναν απαράλλαχτες, όπως ήταν πριν από χιλιάδες χρόνια, ή άλλαξαν κάπως. Λέξεις που δεν άλλαξαν:

θεός, γη, ουρανός, φως, βαθύς, καλός, πέντε, δέκα, εγώ, εκείνος, εκεί, κάτω, πού, από, προς, χωρίς, και, ούτε, αλλά, επειδή κτλ.

Λέξεις που άλλαξαν:

άντρας (ανήρ), δέντρο (δένδρον), μισός (ήμισυς), παλιός (παλαιός), πόλη (πόλις), χέρι (χειρ) κτλ.

Αυτές όλες είναι κληρονομημένες **λαϊκές λέξεις**.

Β. Άλλες λέξεις είναι **ξένες**. Μπήκαν στη γλώσσα μας σε διάφορες εποχές από άλλες γλώσσες και, από τότε που μπήκαν, οι περισσότερες λέγονται χωρίς διακοπή ως σήμερα. Πολλές ξένες λέξεις μπαίνουν και σήμερα ακόμη στη γλώσσα μας. Τέτοιες λέξεις είναι:

αμήν, Πάσχα—κάρβουνο, κάστρο, κελί, παλάτι, σπίτι, ακουμπώ — γκιόνης, κοτέτσι, τσέλιγκας — γιαούρτι, τζάκι, καρπούζι, τενεκές — καπετάνιος, καπέλο, μπαρμπούνι — βαγόνι, καμπίνα, ρεκόρ, σπορ, τουρισμός κτλ.

Οι περισσότερες από τις ξένες λέξεις άλλαξαν μορφή και προφορά, κλίνονται όπως οι άλλες ελληνικές λέξεις κι έτσι δεν ξεχωρίζουν απ' αυτές. Και οι ξένες αυτές λέξεις είναι **λαϊκές λέξεις**.

Γ. Στη γλώσσα μας υπάρχουν και λέξεις που είχαν χαθεί από την ομιλία για πολλούς αιώνες και τις χρησιμοποίησαν πάλι οι λόγιοι του έθνους τους δυο τελευταίους αιώνες, καθώς και άλλες που τις έπλασαν από αρχαίες λέξεις. Τέτοιες λέξεις είναι:

Ακαδημία, γυμνάσιο, καθηγητής, κατάστημα, ξενοδοχείο — αστεροσκοπείο, ασύρματος, ατμομηχανή, δημοσιογράφος, ηλεκτρισμός, οικογένεια, προσγειώνομαι, προσωρινός, πυροσβέστης, τηλέγραφος, τηλεόραση, τηλέφωνο, φωτογραφία, χωροφυλακή κτλ. Αυτές είναι οι **λόγιες λέξεις**.

Δ. Εκτός από τις λαϊκές και τις λόγιες λέξεις υπάρχουν στη γλώσσα μας και άλλες πολλές, νέες λέξεις. Αυτές έγιναν προπάντων με την παραγωγή και με τη σύνθεση.

Όλες οι λέξεις που μεταχειριζόμαστε αποτελούν το **λεξιλόγιο** της νεοελληνικής γλώσσας, της **δημοτικής**.

II. Ο ΣΧΗΜΑΤΙΣΜΟΣ ΤΩΝ ΛΕΞΕΩΝ

ΠΑΡΑΓΩΓΙΚΟ

ΔΕΥΤΕΡΟ ΚΕΦΑΛΑΙΟ

ΓΕΝΙΚΑ

51. Η λέξη *παιδάκι* έγινε από τη λέξη *παιδί* με μια κατάληξη. Το ίδιο και το ρήμα *φανερώνω* έγινε από το επίθετο *φανερός*, αφού πήρε μια κατάληξη.

> Όταν μια λέξη βγαίνει από άλλη, έχουμε **παραγωγή**.

Από τις λέξεις *άγριος* και *λουλούδι* έγινε το *αγριολούλουδο*.
Από τις λέξεις *αστραπή* και *βροντή* έγινε η λέξη *αστραπόβροντο*.

41

Όταν μια λέξη γίνεται από δυο άλλες λέξεις, έχουμε **σύν-θεση.**

Οι περισσότερες λέξεις βγήκαν από άλλες με **παραγωγή** ή με **σύνθεση.**

52. 1. Μια λέξη που δε γίνεται από άλλη παρά σχηματίζεται από μια _ρίζα_ ή ένα αρχικό θέμα, αν προσθέσουμε σ' αυτό μια κατάληξη, λέγεται **ριζική λέξη.** Ριζικές λέξεις είναι το _γράφ-ω, καλ-ός, μικρ-ός, γελ-ώ._

2. Η λέξη που γίνεται από άλλη λέξη άμα προσθέσουμε μια κατάληξη λέγεται **παράγωγη.**

κληρ-ώνω είναι παράγωγο του _κλήρος·_
καλ-ούτσικος είναι παράγωγο του _καλός._

3. Η λέξη από την οποία γεννήθηκε η παράγωγη λέξη λέγεται **πρωτότυπη λέξη.**

Για τη λέξη _κληρώνω_ λ.χ. πρωτότυπη είναι η λέξη _κλήρος._
Για το _καλούτσικος_ πρωτότυπη είναι η λέξη _καλός._

4 Μια κατάληξη με την οποία σχηματίζουμε παράγωγες λέξεις λέγεται **παραγωγική κατάληξη.**

Η παραγωγική κατάληξη έχει μια ή περισσότερες συλλαβές: _μήλο — μηλ-ιά, καρφί — καρφ-ώνω, αγόρι — αγορ-ίστικος._

53. Μια λέξη που γίνεται από δυο άλλες λέξεις αν ενώ-σουμε τα θέματά τους λέγεται **σύνθετη λέξη.**

Έτσι από το _καλός_ και _τύχη_ έγινε η λέξη _καλότυχος._
Από το _Χριστός_ και το _ψωμί_ έγινε η λέξη _χριστόψωμο._

42

Οι λέξεις που ενώνονται για να δώσουν τη σύνθετη λέξη λέγονται **συνθετικά: πρώτο συνθετικό** και **δεύτερο συνθετικό.**

Στη σύνθετη λ.χ. λέξη *χριστόψωμο* η λέξη *Χριστός* είναι το πρώτο συνθετικό και η λέξη *ψωμί* το δεύτερο συνθετικό.

Κάθε λέξη που δεν είναι σύνθετη είναι **απλή.**

54. 1. Κατά την παραγωγή παίρνουμε το θέμα απλό και σ' αυτό προσθέτουμε την παραγωγική κατάληξη:
ρίζ-α — ριζ-ώνω, άγρι-ος — αγρι-άδα,
βροχ-ή — βροχ-ερός, τραγουδ-ώ — τραγουδ-ιστής.
2. Κατά τη σύνθεση παίρνουμε το θέμα του πρώτου συνθετικού μαζί με ένα φωνήεν, συνήθως το *ο* :
καλ-ός — καλ-ο-πιάνω — καλ-ό-τυχος,
ανοίγ-ω — ανοιγ-ο-κλείνω.

Οι οικογένειες των λέξεων

55. Όλες οι λέξεις που βγήκαν από την ίδια απλή λέξη με παραγωγή ή με σύνθεση αποτελούν μια **οικογένεια.**

Οι λέξεις που ανήκουν σε μια οικογένεια λέγονται **συγγενικές.**

Σε μια οικογένεια ανήκουν οι λέξεις:
κλήρος, κληρώνω, κλήρωση, κληρωτός, ξανακληρώνω, απόκληρος, αποκληρώνω, άκληρος, ακλήρωτος, κληρονόμος, κληρονομώ, κληρονομία, κληρονομικός, κληροδότημα, κληρούχος, κληρικός, ξεκληρίζω κτλ.

TPITO ΚΕΦΑΛΑΙΟ

ΠΑΡΑΓΩΓΗ

A.— Παράγωγα ρήματα

56. Ρήματα παράγονται από άλλα ρήματα, από ονόματα και από άκλιτα.

α) Από ρήματα:

κλαίω (έκλαψα) — κλαψουρίζω,
φέγγω — φεγγίζω,
ψάχνω — ψαχουλεύω.

57. β) Από ονόματα:

γείτονας — γειτονεύω, είμαι γείτονας,
κατσούφης — κατσουφιάζω, γίνομαι κατσούφης,
θημωνιά — θημωνιάζω, κάνω θημωνιές.

Τα ρήματα τα παράγωγα από ονόματα τελειώνουν σε:
-άζω, -ιάζω : *δόξα — δοξάζω, κόπος — κοπιάζω.*
-ίζω : *αρχή — αρχίζω, αφρός — αφρίζω.*
-εύω : *σημάδι — σημαδεύω, όνειρο — ονειρεύομαι.*
-ώνω : *θεμέλιο — θεμελιώνω, κλειδί — κλειδώνω.*
-αίνω : *ακριβός — ακριβαίνω, ζεστός — ζεσταίνω, φαρδύς — φαρδαίνω.*

58. γ) Από άκλιτα: Ρήματα παράγονται από επιρρήματα, επιφωνήματα ή άλλες άκλιτες λέξεις με τις ακόλουθες καταλήξεις:
-ζω, -ίζω : *συχνά — συχνάζω, παράμερα — παραμερίζω,*
αντίκρυ — αντικρίζω, σαράντα — σαραντίζω.
Έτσι και από φράσεις. *(λέω) καλημέρα, καληνύχτα, καλώς όρισες* έγιναν τα ρήματα: *καλημερίζω, καληνυχτίζω, καλωσορίζω.*

44

Από τις φωνές ζώων γαβ, νιάου έγιναν τα ρήματα:
γαβγίζω, νιαουρίζω.

-εύω : αγνάντια — αγναντεύω, κοντά — κοντεύω.

-ώνω : σιμά — σιμώνω, χαμηλά — χαμηλώνω.

Β.— Παράγωγα ουσιαστικά

59. α) Ο υ σ ι α σ τ ι κ ά α π ό ρ ή μ α τ α. Τα ουσιαστικά που παράγονται από ρήματα σημαίνουν:

Α. Το πρόσωπο που ενεργεί.

Καταλήξεις:

-της, -ιστής : *υφαίνω (ύφανα) — υφαντής, λυτρώνω — λυτρωτής, ψέλνω (έψαλα) — ψάλτης, θερίζω — θεριστής, τραγουδιστής· ράβω — ράφτης, παίχτης.*

Σπανιότερες καταλήξεις:

- (ά)τορας: *συμβουλεύω - συμβουλάτορας, εισπράττω — εισπράκτορας.*

- έας, - ιάς: *γράφω — γραφέας, γραφιάς, κουρεύω — κουρέας, σκάβω — σκαφτιάς.*

Β. Την ενέργεια ή το αποτέλεσμά της.

Καταλήξεις:

-μός : *λυτρώνω — λυτρωμός, χάνω — χαμός, έρχομαι — ερχομός, σέβομαι — σεβασμός, διώχνω — διωγμός.*

-ση (-ξη, -ψη) : *θυμούμαι — θύμηση, απαντώ — απάντηση, γεννώ — γέννηση, βράζω — βράση, διευθύνω — διεύθυνση, φυλάγω — φύλαξη, λάμπω — λάμψη.*

-σιμο (-ξιμο, -ψιμο) : *στρώνω — στρώσιμο, χάνω — χάσιμο, δέρνω — δάρσιμο, ψήσιμο, τρέξιμο, σκάψιμο.*

-μα : *μηνώ (μήνυσα) — μήνυμα, καίω — κάμα, κλαδεύω — κλάδεμα, φορτώνω — φόρτωμα, κεντώ — κέντημα.*

-ίδι : *στολίζω — στολίδι, σκουπίζω — σκουπίδι, τρέχω (έτρεξα) — τρεξίδι.*

-ητό : *βογκώ — βογκητό, παραμιλώ — παραμιλητό, ξεφωνίζω — ξεφωνητό.*

-ούρα : *κλείνω — κλεισούρα, σκοτίζω — σκοτούρα.*

-α : ανασαίνω — ανάσα, παστρεύω — πάστρα.

-ι, -ιο, -ος : ζυγιάζω — ζύγι, κολυμπώ — κολύμπι, βαφτίζω — βαφτί-
       σια (τα)· γελώ — γέλιο· κοστίζω — κόστος.

-ιά, -ία : μιλώ — μιλιά, ομιλώ — ομιλία, βαθμολογώ — βαθμολογία.

-ειά, -εία : δουλεύω — δουλειά, γιατρεύω — γιατρειά· λατρεύω — λατρεία,
       θεραπεύω — θεραπεία.

-εια (προπαροξύτονα) : καλλιεργώ — καλλιέργεια, προσπαθώ — προ-
       σπάθεια, ωφελώ — ωφέλεια.

Γ. Το όργανο, το μέσο ή τον τόπο μιας ενέργειας.

Καταλήξεις:

-τήρας : καταβρέχω — καταβρεχτήρας, λούζω — λουτήρας, κινώ —
       κινητήρας.

-τήρι   : κλαδεύω — κλαδευτήρι, ξυπνώ — ξυπνητήρι, σκαλίζω — σκα-
       λιστήρι, ψέλνω (έψαλα) — ψαλτήρι.

-τήριο : εκπαιδεύω — εκπαιδευτήριο, γυμνάζω — γυμναστήριο, δικά-
       ζω — δικαστήριο.

β) Ουσιαστικά από ουσιαστικά.

60. **Υποκοριστικά:** παιδί — παιδάκι, πέτρα — πετρίτσα.

> Τα **υποκοριστικά** (ή **χαϊδευτικά**) παρασταίνουν μικρό εκεί-
> νο που σημαίνουν οι πρωτότυπες λέξεις.

Πολλές φορές μεταχειριζόμαστε υποκοριστικό όχι γιατί κάτι
είναι πραγματικά μικρό, αλλά γιατί το αγαπούμε, χαϊδευτικά:

Μανούλα! Έλα δω, γατούλα μου. Πιες νεράκι.

1. Οι συχνότερες καταλήξεις των υποκοριστικών είναι:

-άκι : αρνί — αρνάκι, δαχτυλάκι, ψαράκι.

-άκης : κόσμος — κοσμάκης, Γιώργος — Γιωργάκης.

-άκος : δρόμος — δρομάκος, μαθητής — μαθητάκος, γεροντάκος.

-ίτσα : Ελένη — Ελενίτσα, κλωστίτσα, μηλίτσα.

-ούδα, -ούδι : κοπέλα — κοπελούδα, άγγελος — αγγελούδι.

-ούλα : βρύση — βρυσούλα, κορούλα, μητερούλα, Αγγελικούλα.

-ούλης : αδερφός — αδερφούλης, παππούλης.

-ούλι : κρυφτό — κρυφτούλι, σακί — σακούλι.

-όπουλο, -οπούλα : βοσκός — βοσκόπουλο, βοσκοπούλα.

Τα παράγωγα με την κατάληξη αυτή φανερώνουν συνήθως το γιο ή την κόρη:

άρχοντας — αρχοντόπουλο, αρχοντοπούλα,
βασιλιάς — βασιλόπουλο, βασιλοπούλα.

2. Σπανιότερες είναι οι καταλήξεις:

-αράκι : μήλο — μηλαράκι, φύλλο — φυλλαράκι.

-ουδάκι : λαγός — λαγουδάκι, χωριό — χωριουδάκι.

3. Ακόμη πιο σπάνιες είναι οι καταλήξεις:

-ίδιο : κράτος — κρατίδιο, σφαίρα — σφαιρίδιο.

-ίσκος : σατράπης — σατραπίσκος, θάλαμος — θαλαμίσκος, αστερίσκος.

Μερικά υποκοριστικά παράγονται από άλλα υποκοριστικά:

άγγελος — αγγελούδι — αγγελουδάκι,
πέτρα — πετράδι — πετραδάκι.

4. Μερικές λέξεις δίνουν περισσότερα υποκοριστικά με διαφορετική κατάληξη κάθε φορά:

β ά ρ κ α : βαρκάκι — βαρκίτσα — βαρκούλα,
γ ά τ α : γατάκι — γατίτσα — γατούλα — γατούλι,
π έ τ ρ α : πετρίτσα — πετρούλα — πετράδι — πετραδάκι.

61. Μεγεθυντικά.

Τα **μεγεθυντικά** παρασταίνουν πιο μεγάλο εκείνο που σημαίνουν οι πρωτότυπες λέξεις:

σκυλί — σκύλαρος, σπίτι — σπιταρόνα, κουτάλι — κουτάλα.

Οι κυριότερες καταλήξεις είναι:

-α : θηλυκά: βαρέλι — βαρέλα, κασόνι — κασόνα, κολοκύθι — κολοκύθα.

-άρα :. θηλυκά: φέτα — φετάρα, φωνή — (αγριο)φωνάρα.

-αράς : αρσενικά: κοιλιά — κοιλαράς, χορευτής — χορευταράς, δουλευταράς.

-αρος : αρσενικά: σκυλί — σκύλαρος, Γιάννης — Γιάνναρος, παίδαρος, ποντίκαρος.

47

62. Τοπικά. Σημαίνουν τόπο.

Καταλήξεις:

-αριό : *καμπάνα — καμπαναριό, σκουπίδι — σκουπιδαριό, πλύστρα — πλυσταριό.*

-άδικο, -ίδικο: *γαλατάς — γαλατάδικο, ασβεστάς — ασβεστάδικο, ράφτης — ραφτάδικο, παλιατζής — παλιατζίδικο.*

-ιο : *εστιάτορας — εστιατόριο, φύλακας — φυλάκιο.*

-είο : *Πατριάρχης — Πατριαρχείο, βιβλιοπωλείο, δασαρχείο, ιατρείο, κουρείο, σχολείο, ταχυδρομείο* κτλ.

63. Περιεκτικά: *αχερώνας* (αποθήκη για άχερο), *ελαιώνας* (πολλά λιόδεντρα στον ίδιο τόπο).

> Τα **περιεκτικά** σημαίνουν το μέρος που περιέχει πολλά από όσα φανερώνει η πρωτότυπη λέξη ή πολλά όμοια που βρίσκονται στο ίδιο μέρος.

Καταλήξεις:

-ιά, -ιάς : *άμμος (αμμούδα) — αμμουδιά, πλατάνι — πλατανιά· πεύκο — πευκιάς.*

-ώνας, -ιώνας : *αμπέλι — αμπελώνας, άχερο — αχερώνας, ελιά* (αρχαίο *ελαία) — ελαιώνας, ξένος — ξενώνας, στρατός — στρατώνας· καλάμι — καλαμιώνας, περιστέρι — περιστεριώνας.*

Από περιεκτικά γεννήθηκαν οι τοπωνυμίες: *Πευκιάς* (στο Ξυλόκαστρο), *Πλατανιά,* όνομα χωριών σε πολλά μέρη της Ελλάδας, κ.ά.

64. Εθνικά.

> Τα **εθνικά** (ή **πατριδωνυμικά**) σημαίνουν τον άνθρωπο που κατάγεται από ορισμένο τόπο ή που ανήκει σ' αυτόν.

Καταλήξεις:

-ίτης : *Ανατολή — Ανατολίτης, Πόλη — Πολίτης, Αράχοβα — Αραχοβίτης.*

-αῖτης : Μοριάς — Μοραΐτης, Χρυσό (κοντά στους Δελφούς) — Χρυσαΐτης.

-ιάτης : Μάνη — Μανιάτης, Μύκονος — Μυκονιάτης, Σπάρτη — Σπαρτιάτης.

-ώτης, -ιώτης: Ἤπειρος — Ἠπειρώτης, Σούλι — Σουλιώτης, Θρακιώτης, Βολιώτης, Ρουμελιώτης, Φανάρι — Φαναριώτης.

Τα θηλυκά των εθνικών αυτών τελειώνουν σε **-ισσα**: Πολίτισσα, Μοραΐτισσα, Μανιάτισσα, Σουλιώτισσα κτλ.

-ανός, -ιανός: Ἀφρική — Ἀφρικανός, Ἀμερικανός, Πάρος — Παριανός, Ψαρά — Ψαριανός.

-άνος : Πρέβεζα — Πρεβεζάνος, Ἀμερικάνος.

-ινός : Ἀλεξάντρεια— Ἀλεξαντρινός, Ζάκυνθος—Ζακυνθινός, Λάρισα— Λαρισινός, Πάτρα — Πατρινός, Τρίκαλα — Τρικαλινός.

Τα θηλυκά των εθνικών σε **-νος** (**-νός**) τελειώνουν σε **-ή** ὅταν είναι οξύτονα και σε **-α** όταν είναι παροξύτονα: Συριανός — Συριανή, Πρεβεζάνος — Πρεβεζάνα.

Τα θηλυκά του Ἀμερικανός, Ἀφρικανός είναι Ἀμερικανίδα, Ἀφρικανίδα.

-ιός : Θεσσαλονίκη—Θεσσαλονικιός, Λήμνος—Λημνιός, Μυτιληνιός.

Λιγότερο συχνές είναι οι καταλήξεις:

-ιος : Αἴγυπτος — Αἰγύπτιος, Κόρινθος — Κορίνθιος.

-αίος : Εὐρώπη — Εὐρωπαῖος, Θήβα —. Θηβαῖος, Κερκυραῖος.

Μερικά εθνικά σε **-ιός** σχηματίζονται και σε **-αίος**: Μυτιληνιός — Μυτιληναῖος, Σμυρνιός — Σμυρναῖος.

Τα θηλυκά των εθνικών σε **-ιός, -ιος, -αίος** σχηματίζονται σε **-α**: Θεσσαλονικιά, Κορίνθια, Κερκυραία.

-έζος : Βιέννη — Βιεννέζος, Κίνα — Κινέζος, Μάλτα — Μαλτέζος.

Τα θηλυκά των εθνικών σε **-ος** (**-ός**) τελειώνουν συνήθως σε **-ίδα**:
Γαλλίδα, Γερμανίδα, Ἐλβετίδα, Ἀγγλίδα.

Μερικά τελειώνουν σε **-έζα**: Δανέζα, Ουγγαρέζα.

Ὅσα τελειώνουν σε **-δός** και το Θεσσαλός έχουν το θηλυκό σε **-ή**: Ἰνδή, Θεσσαλή.

Ανώμαλα εθνικά: Γιάννενα — Γιαννιώτης, Ἴος — Νιώτης, Νάξος — Ἀξιώτης· Κύμη — Κουμιώτης· Τροία — Τρωαδίτης· Λονδίνο — Λονδρέζος.

65.　**Επαγγελματικά.** Σημαίνουν επάγγελμα.

Καταλήξεις:
-άς　: αλεύρι — αλευράς, κεραμίδι — κεραμιδάς, γαλατάς, σιδεράς.
-άρης　: βάρκα — βαρκάρης, περιβολάρης.
-ιάρης　: κάρβουνο — καρβουνιάρης, σκουπιδιάρης.
-άριος　: αποθήκη — αποθηκάριος, βιβλιοθήκη — βιβλιοθηκάριος.
-τζής　: κουλούρι — κουλουρτζής, παλιατζής.

66.　**Ανδρωνυμικά.**

Στη λαϊκότερη γλώσσα συνηθίζονται για γυναίκες κύρια
ονόματα που παράγονται από το βαφτιστικό ή το οικο-
γενειακό όνομα του αντρός. Τα ουσιαστικά αυτά λέγο-
νται **ανδρωνυμικά:**

　　　　Δημήτραινα είναι η γυναίκα του Δημήτρη.
Καταλήξεις:
-αινα　: *Γιώργαινα, Κώσταινα, Τζαβέλαινα.*
-ίνα　: *Θοδωρίνα, (Μπούμπουλης) Μπουμπουλίνα.*

67.　**Άλλες καταλήξεις με διάφορες σημασίες.**

-ιά:　　αμύγδαλο — αμυγδαλιά, βαλανιδιά, κερασιά, τριανταφυλλιά·
　　　ανήφορος — ανηφοριά, πλαγιά·
　　　σύννεφο — συννεφιά, παγωνιά, καλοκαιριά·
　　　βράδυ — βραδιά, νυχτιά, χρονιά·
　　　άρχοντας — αρχοντιά, λεβεντιά, μαστοριά, παλικαριά.
-ιστής　: εγώ — εγωιστής, άνθρωπος — ανθρωπιστής.
-ισμός　: χριστιανός — χριστιανισμός, αθλητής — αθλητισμός.
-ίας　: επάγγελμα — επαγγελματίας, κτήμα — κτηματίας.
-λό(γ)ι (περιληπτικά): άρχοντας — αρχοντολό(γ)ι, συγγενής — συγ-
　　　γενολό(γ)ι.
-ουριά (περιληπτικά): κλέφτης — κλεφτουριά, λάσπη — λασπουριά.

68.　γ) Ο υ σ ι α σ τ ι κ ά　α π ό　ε π ί θ ε τ α :
　　　σκληρός — σκληράδα, το να είναι κανείς σκληρός·
　　　νόστιμος — νοστιμάδα, το να είναι κάτι νόστιμο.

50

Καταλήξεις:

-άδα : άγριος — αγριάδα, εξυπνάδα, νοστιμάδα.
-ίλα : άσπρος — ασπρίλα, κοκκινίλα, μαυρίλα, σάπιος — σαπίλα.
-οσύνη : αγράμματος — αγραμματοσύνη, καλοσύνη.
-ότητα : αθώος — αθωότητα, γενναίος — γενναιότητα.
-ύτητα : βαρύς — βαρύτητα, ταχύς — ταχύτητα.
-α, -η : αρμυρός — αρμύρα, γλυκός — γλύκα, ξερός — ξέρα, πικρός —
πίκρα, φοβερός — φοβέρα, ψυχρός — ψύχρα·
ζεστός — ζέστη.

Γ.— Παράγωγα επίθετα

69. α) Από ρήματα. Λέγονται και ρηματικά επίθετα,
ιδίως όσα τελειώνουν σε -τός.

Καταλήξεις:

-τικός : ενοχλώ — ενοχλητικός, παραπονιέμαι — παραπονετικός, δρο-
σίζω — δροσιστικός, περνώ — περαστικός.
Τα επίθετα αυτά μπορούμε να τα αναλύσουμε με το εκείνος
που και το ρήμα. Εκείνος που ενοχλεί, εκείνος που παραπο-
νιέται, εκείνος που δροσίζει, εκείνος που περνά.

Σπανιότερες είναι οι καταλήξεις:

-ερός, -ικός, -τήριος :
θλίβω — θλιβερός, λάμπω — λαμπερός,
καρτερώ — καρτερικός, πειθαρχώ — πειθαρχικός,
κινώ — κινητήριος, σώζω — σωτήριος.
-τός: (ρηματικά επίθετα). Πολλά ρήματα έχουν ένα παράγωγο επί-
θετο σε -τός (-ητός, -ωτός, -στός, -φτός, -χτός κτλ.):
ξυπνώ — ξυπνητός, καμαρώνω — καμαρωτός, ακούω — ακου-
στός, καπνίζω — καπνιστός, κλείνω — κλειστός, σβήνω —
σβηστός, σκύβω — σκυφτός, πετώ — πεταχτός, σφίγγω —
σφιχτός, βάζω (έβαλα) — βαλτός.

Μερικές φορές το απλό επίθετο ή δε λέγεται καθόλου ή μπορεί
να λέγεται σε ειδικές περιπτώσεις:

51

λέγω (είπα) — *ανείπωτος, υποψιάζομαι* — *ανυποψίαστος·* μι-λώ — *γλυκομίλητος, βρίσκω* — *δυσκολόβρετος, βγαίνω* — *πρω-τόβγαλτος.*

-σιμος : *(τρώγω) έφαγα* — *φαγώσιμος,* κατοικώ — *κατοικήσιμος* (που μπορεί να κατοικηθεί).

-τέος : Τα επίθετα σε **-τέος** δε συνηθίζονται πολύ. Φανερώνουν ε- κείνο που πρέπει να γίνει: *αφαιρετέος,* εκείνος που πρέπει να αφαιρεθεί.

Τέτοια είναι: *μειωτέος* (από το μειώνω, κάνω κάτι μικρό- τερο), *διαιρετέος* (διαιρώ), *πολλαπλασιαστέος, προσθετέος* (εκείνος που πρέπει να γίνει μικρότερος, να διαιρεθεί, να πολλαπλασιαστεί, να προστεθεί), *πληρωτέος* (που πρέπει να πληρωθεί).

70. β) Από ουσιαστικά:

δροσιά — *δροσάτος,* που έχει δροσιά·
χώμα — *χωματένιος,* που είναι από χωμα·
πατέρας — *πατρικός,* που ανήκει στον πατέρα.

Καταλήξεις:

-άρης, -ιάρης : *πείσμα* — *πεισματάρης, κοκαλιάρης.*
-άτος : *αφρός* — *αφράτος, μυρωδάτος, σπαθάτος.*
-ένιος : *ασήμι* — *ασημένιος, κυπαρισσένιος, μαρμαρένιος, σανιδένιος.*
-ινος : *μαλλί* — *μάλλινος, ξύλινος, πέτρινος.*
-ερός : *βροχή* — *βροχερός, δροσερός, φαρμακερός, φλογερός.*
-ής : *βύσσινο* — *βυσσινής, θαλασσής, τρινταφυλλής.*
-ωτός : *αγκάθι* — *αγκαθωτός, μεταξωτός, φουντωτός.*

-ακός, -ιακός, -ικός, -ικος :

οικογένεια — *οικογενειακός, ηλιακός·*
σεληνιακός·
αδερφικός, έθνος — *εθνικός·*
γέρος — *γέρικος, κλέφτικος, ψεύτικος.*

Επίθετα σε -ικός, -ικος από εθνικά ονόματα :

Γάλλος — *γαλλικός, Θεσσαλός* — *θεσσαλικός, Ρουμελιώτης* —
ρουμελιώτικος, Σουλιώτης — *σουλιώτικος.*

-άτικος, -ιάτικος : *Κυριακή — κυριακάτικος, άνοιξη — ανοιξιάτικος, χειμωνιάτικος.*

-ίστικος : *αγόρι — αγορίστικος, κοριτσίστικος, κουκλίστικος.*

-ίσιος : *αρνί — αρνίσιος, βουνίσιος, παλικαρίσιος.*

-ιος : *αιώνας — αιώνιος, Μαραθώνας — μαραθώνιος, ουράνιος, τίμιος.*

-είος : *άντρας — αντρείος, γυναίκα — γυναικείος* (και *γυναίκειος*).

-ειος : Από κύρια ονόματα: *Αριστοτέλης — αριστοτέλειος, Κύκλωπας — κυκλώπειος, Πυθαγόρας — πυθαγόρειος.*

Μερικά σε **-ειος** από κύριο όνομα λέγονται σε ουδέτερο γένος και σημαίνουν ίδρυμα που έγινε με έξοδα εκείνου που έχει το κύριο όνομα: *Αρσάκης — Αρσάκειο, Βαρβάκης — Βαρβάκειο, Ζάππας — Ζάππειο, Μαρασλής — Μαράσλειο.*

Σπανιότερες καταλήξεις:

-αίος : *ακμή — ακμαίος, μοίρα — μοιραίος.*
-λέος : *πείνα — πειναλέος, δίψα — διψαλέος.*
-λός : *σιωπή — σιωπηλός, αμαρτία — αμαρτωλός.*

71. γ) Από επίθετα:

ψηλός — ψηλούτσικος, κάπως ψηλός·
μικρός — μικρούτσικος, κάπως μικρός.

Τα επίθετα που παράγονται από επίθετα είναι προπάντων υποκοριστικά. Φανερώνουν ότι κάποιος έχει σε μικρότερο βαθμό εκείνο που σημαίνει το πρωτότυπο.

Καταλήξεις:

-ούλης : *άσπρος — ασπρούλης, κοντούλης, μικρούλης.*
-ούτσικος: *ζεστός — ζεστούτσικος, καλούτσικος, ψηλούτσικος.*
-ωπός : *άγριος — αγριωπός, κοκκινωπός, πρασινωπός.* Σημαίνουν κυρίως εκείνον που μοιάζει μ' αυτό που φανερώνει η πρωτότυπη λέξη.
-ιδερός : *άσπρος — ασπριδερός, μαυριδερός.*
-ουλός : *βαθύς — βαθουλός, παχουλός, μακρουλός.*

53

72. δ) **Από επιρρήματα:**

Καταλήξεις:

-ινός : κοντά — κοντινός, μακριά — μακρινός, αντίκρυ — αντικρινός· σήμερα — σημερινός, χτεσινός, αποψινός, φετινός, πέρσι — περσινός, τωρινός, κατοπινός, παντοτινός.

-ιανός : παρακάτω — παρακατιανός, αύριο — αυριανός.

Δ.— Παράγωγα επιρρήματα

73. Επιρρήματα παράγονται από **επίθετα, αντωνυμίες, μετοχές** και από άλλα **επιρρήματα.**

Καταλήξεις:

-α : ευχάριστος — ευχάριστα, καλός — καλά, ωραίος — ωραία, καλύτερος — καλύτερα, ωραιότερος — ωραιότερα, χαρούμενος — χαρούμενα.

-ως : άμεσος — αμέσως, ευχάριστος — ευχαρίστως.

-ού : άλλος — αλλού, αυτός — αυτού.

-θε : εδώ — εδώθε, εκεί — εκείθε, όλος — ολούθε.

ΤΕΤΑΡΤΟ ΚΕΦΑΛΑΙΟ

ΣΥΝΘΕΣΗ

74. Τα σύνθετα σχηματίζονται με δύο τρόπους:
α) Μία λέξη παίρνει στην αρχή της ένα αχώριστο μόριο:
βραστός — ά-βραστος, πουλώ — ξε-πουλώ.
β) Δύο ή περισσότερες λέξεις ενώνονται σε μία:
Σάββατο — Κυριακή: Σαββατοκύριακο.

Ι. ΣΥΝΘΕΣΗ ΜΕ ΑΧΩΡΙΣΤΑ ΜΟΡΙΑ

75. Υπάρχουν μερικές λέξεις μονοσύλλαβες ή δισύλλαβες που δε λέγονται ποτέ μόνες τους· συνηθίζονται μόνο στη σύνθεση ως πρώτα συνθετικά και λέγονται **αχώριστα μόρια.**

Αχώριστα μόρια είναι το στερητικό **α–**, το **ξε–** και το **ανα–**, που είναι αρχαία πρόθεση.

α– (σπανιότερα **ανα–** και μπροστά από φωνήεν **αν–**) : *α–δούλευτος,* εκείνος που δε δουλεύτηκε, *ά–κακος, α–ξέχαστος, α–χάριστος,* (χάρη) *ά-χαρος.*

ανα–*βροχιά,* η έλλειψη *βροχής, ανα–δουλειά, ανα-μελιά.*
αν–*ήλιος,* εκείνος που δεν έχει ήλιο, *αν–άλατος, αν–άξιος, αν-έλπιστος.*

ξε– και εμπρός από φωνήεν **ξ–**. Σημαίνει:
1. έξω: *ξεμυτίζω, ξεπορτίζω, ξέχειλος.*
2. πολύ: *ξέμακρα, ξεμακραίνω, ξεκουφαίνω.*
3. εντελώς: *ξεγυμνώνω, ξεπαγιάζω, ξεπουλώ, ξετίναγμα.*
4. στέρηση: *βάφω — ξεβάφω, γράφω — ξεγράφω, ξεδιψώ, ξεκαρφώνω, ξεκουράζω, ξαρματώνω, ξαρμάτωτος.*

ανα-. Είναι η αρχαία πρόθεση **ανά**.
Σημαίνει:
1. επάνω: *ανασηκώνω, αναπηδώ*.
2. πάλι, πίσω: *αναθυμούμαι, ανακαλώ, αναχαράζω, αναγέννηση*.
3. (διάφορα): *αναδακρύζω, αναρωτιέμαι*.
Δεν πρέπει να μπερδεύεται με το στερητικό **ανα-** που είδαμε.

Σύνθεση με λόγια αχώριστα μόρια

76. Πλάι στα παραπάνω συνηθίζουμε στη γλώσσα μας και διάφορα αχώριστα μόρια λόγια. Αυτά ήταν αρχαίες προθέσεις και άλλες άκλιτες λέξεις, που βρίσκονται στη σημερινή γλώσσα μόνο ως πρώτα συνθετικά.

Τα κυριότερα λόγια αχώριστα μόρια

Μόριο	Παραδείγματα
αμφι-	*αμφίβιο, αμφιθέατρδ, αμφίκυρτος, αμφιβολία*
αρχι-	*αρχιεπίσκοπος, αρχιεργάτης, αρχιστράτηγος, αρχιχρονιά*
δια-, δι-	*διαβαίνω, διάμετρος, διαγώνιος, διακηρύττω, διέξοδος*
διχο-	*διχόνοια, διχοτόμος*
δυσ-	*δυσεύρετος, δυσάρεστος, δύστυχος, δυστυχία*
εισ-	*εισάγω, εισαγωγή, είσοδος*
εκ-, εξ-	*εκθέτω, εκφράζω, εξαγριώνω, εξελληνίζω, εξάτμιση*
εν- (εμ-, εγ-, ερ-,	**ελ-)** *ενήλικος, ενάρετος, εμπιστεύομαι, εγκοπή, έλλογος*
επι- (επ-, εφ-)	*επιβλέπω, επίγειος, επεκτείνω, εφαρμόζω, έφηβος, έφιππος*
ευ-	*ευαγγέλιο, ευάερος, ευλογώ, ευτυχία, ευερέθιστος, ευφορία*
ημι-	*ημίθεος, ημικύκλιο, ημισφαίριο*
ομο-	*ομόγλωσσος, ομόφωνος, ομόθρησκος*
περι-	*περιβόλι, περικυκλώνω, περιμαζεύω, περιορίζω — περιζήτητος, περίφημος*
συν- (συγ-, συλ-,	*σύνδεσμος, συνένοχος — συγγραφέας, συγκρατώ, συγχαι-*
συμ-, συρ-, συσ-,	*ρω — συλλυπούμαι — συμμαζεύω, συμπέθερος, συμφωνώ —*
συ-, συνε-)	*σύρριζα — σύσσωμος — συσταίνω, συχωριανός — συνεπαίρνω*
τηλε-	*τηλέγραφος, τηλεόραση, τηλεσκόπιο, τηλέφωνο*
υπο- (υπ-, υφ-)	*υπόγειο, υποδιευθυντής, υπόστεγο — υπαξιωματικός, υπαρχη- γός — υφυπουργός, ύφαλος.*

Παρατηρήσεις :

1. Τα αχώριστα μόρια **δια-, επι-, υπο-** χάνουν το τελικό τους φωνήεν όταν το δεύτερο συνθετικό αρχίζει από φωνήεν:
δι-ορίζω, επ-άγγελμα, υπ-αρχηγός.

2. Τό επι- και το υπο- γίνονται εφ- και υφ- όταν το δεύτερο συνθετικό είχε παλαιότερα δασεία: *επι-ίππος — έφιππος, υπο-ήλιος — υφήλιος.*

3. Το εκ- γίνεται εξ- όταν το δεύτερο συνθετικό αρχίζει από φωνήεν: *εξ-ασφαλίζω.*

4. Το εν- και το συν- γίνονται εμ- και συμ- εμπρός από τα χειλικά και το μ: *έμ-πορος, σύμ-φωνο, συμ-μαζεύω.*

5. Το συν- γίνεται συγ- εμπρός από τα λαρυγγικά σύμφωνα: *συγ-κρατώ, συγ-γραφέας, συγ-χαίρω.*

6. Το συν- γίνεται συλ-, συρ-, συσ- όταν ακολουθεί λ, ρ, σ: *συλ-λυπούμαι, σύρ-ριζα, σύσ-σωμος.*

7. Μερικές φορές το συν- χάνει το ν ή γίνεται συνε-: *σύ-θαμπα, συ-χωριανός, συ-στεγάζω, σύ-σταση, συνε-φέρνω.*

II. ΣΥΝΘΕΣΗ ΛΕΞΕΩΝ

Η σημασία των συνθέτων

77. Τα σύνθετα, κατά τη σημασία που έχουν, χωρίζονται σε **παρατακτικά, προσδιοριστικά, κτητικά** και **αντικειμενικά.**

Α.— Παρατακτικά σύνθετα

γυναικόπαιδα	—	γυναίκες και παιδιά
στενόμακρος	—	στενός και μακρύς
αναβοσβήνω	—	ανάβω και σβήνω

78. | Τα σύνθετα αυτά σημαίνουν ό,τι και τα δύο συνθετικά τους, ενωμένα με το σύνδεσμο *και.* Τέτοια σύνθετα λέγονται **παρατακτικά.**

Παρατακτικά σύνθετα:

1. **Ουσιαστικά:** *αγγουροντομάτα, ανεμόβροχο, αστραπόβροντο, γιδοπρόβατα, μαχαιροπίρουνα, μερόνυχτο, χιονόβροχο, πορτοπαράθυρα* κ.ά.

2. **Επίθετα:** *ασπροκίτρινος, μαυροκόκκινος, γλυκανάλατος, γλυκόξινος, κοντόχοντρος, ψηλόλιγνος, νοτιοανατολικός* κ.ά.

3. **Ρήματα:** *ανεβοκατεβαίνω, ανοιγοκλείνω, μπαινοβγαίνω, πηγαινοέρχομαι, στριφογυρίζω, τρεμοσβήνω* κ.ά.

4. **Επιρρήματα:** *ζερβά-δεξιά — ζερβόδεξα, βόρεια-ανατολικά — βορειοανατολικά* κ.ά.

Β.— Προσδιοριστικά σύνθετα

αγριοπερίστερο — άγριο περιστέρι
συχνορωτώ — ρωτώ συχνά
αετοφωλιά — φωλιά αετού

79. Στα σύνθετα αυτά το πρώτο συνθετικό προσδιορίζει το δεύτερο. Τέτοια σύνθετα λέγονται **προσδιοριστικά.**

Το πρώτο συνθετικό τους μπορεί να είναι ουσιαστικό, επίθετο, επίρρημα, πρόθεση.
Παραδείγματα με πρώτο συνθετικό:
1) Ο υ σ ι α σ τ ι κ ό : *γιδόστρατα, ηλιοβασίλεμα, λαχανόκηπος, νυχτοπούλι, σπιτονοικοκυρά.*
2) Ε π ί θ ε τ ο : *αγριολούλουδο, αλαφρόπετρα, πικραμύγδαλο, πρωτοβρόχι, φτωχόσπιτο.*
3) Ε π ί ρ ρ η μ α : *ξαναθυμούμαι, χαμόκλαδο, σιγοπερπατώ.*
4) Π ρ ό θ ε σ η : *απόμερος, παραμάνα, πρόσχαρος, κάτασπρος, κατάκαρδα, αντίλαλος.*

Γ.— Κτητικά σύνθετα

καλόκαρδος — εκείνος που έχει καλή καρδιά
μεγαλόσωμος — εκείνος που έχει μεγάλο σώμα

80. Τα σύνθετα αυτά σημαίνουν εκείνον που έχει κάτι σαν δικό του, κτήμα του, και γι' αυτό λέγονται **κτητικά.**

Παραδείγματα: *γαλανομάτης, γλυκόφωνος, κακόμοιρος, καλότυχος, μαυροφρύδης, μεγαλοδύναμος, Μεγαλόχαρη, σκληρόκαρδος.*

Δ.— Αντικειμενικά σύνθετα

καντηλανάφτης — εκείνος που ανάβει τις καντήλες
μελισσοφάγος — (το πουλί) που τρώει τις μέλισσες
χασομέρης — εκείνος που χάνει τη μέρα του

81. Στα σύνθετα αυτά το ένα συνθετικό είναι ρήμα *(ανάβω, τρώ-*

γω, χάνω) και το άλλο (καντήλα, μέλισσα, μέρα) είναι ουσιαστικό που γίνεται αντικείμενο στο ρήμα.

Τα σύνθετα που το ένα τους συνθετικό γίνεται αντικείμενο του άλλου λέγονται **αντικειμενικά.**

Παραδείγματα: *λαιμοδέτης, ψωμοζήτης, θαλάσσομάχος, ζαχαροπλάστης, κτηνοτρόφος, χορτοφάγος.*

Η μορφή των συνθέτων
Το συνδετικό φωνήεν

82. Για να γίνει το σύνθετο *αναβοσβήνω* ενώθηκαν το θέμα του πρώτου συνθετικού *ανάβ-ω* και το δεύτερο συνθετικό με το φωνήεν **ο**: *αναβ-ο-σβήνω.*

1. Όταν το πρώτο συνθετικό είναι κλιτό, ενώνεται με το δεύτερο συνθετικό με ένα φωνήεν. Το φωνήεν αυτό είναι συνήθως το **ο** και λέγεται **συνδετικό φωνήεν:**

   γυναίκες — παιδιά: γυναικ-ό-παιδα
   νύχτα — πουλί: νυχτ-ο-πούλι
   χάνω (έχασα) — μέρα: χασ-ο-μέρης
   πικρή — δάφνη: πικρ-ο-δάφνη.

2. Το συνδετικό φωνήεν το παίρνουν και πολλά επιρρήματα: *συχνά — ρωτώ: συχν-ο-ρωτώ, κρυφά — μιλώ: κρυφ-ο-μιλώ.*

3. Όταν το αρχικό φωνήεν του δεύτερου συνθετικού είναι α ή ο, το συνδετικό φωνήεν συνήθως χάνεται:
   άρχοντας — άνθρωπος: αρχοντ-άνθρωπος
   δεκαπέντε — Αύγουστος: δεκαπεντ-αύγουστος
   όλος — ορθός: ολ-όρθος
   χρέος — οφειλέτης: χρε-οφειλέτης.
   Αλλά: *βορειοανατολικός, Ελληνοαμερικάνος, αλληλοαγαπιούνται.*

Το πρώτο συνθετικό

83. Στις σύνθετες λέξεις το πρώτο συνθετικό μπορεί να είναι όνομα (ουσιαστικό ή επίθετο), αριθμητικό, ρήμα ή άκλιτο (επίρρημα ή πρόθεση).

84. Α. Όνομα. Όταν το πρώτο συνθετικό είναι όνομα, παρουσιάζει τις ακόλουθες ανωμαλίες :

βαθύς : *βαθύ-πλουτος, βαθύ-ριζος, αλλά βαθιο-ρίζωτος*
βαρύς : *βαρυ-χειμωνιά, αλλά βαριό-μοιρος, βαρι-ακούω*
μακρύς : *Μακρυ-γιάννης, Μακρυ-ράχη, αλλά μακρο-λαίμης*
πλατύς : *πλατύ-σκαλο, πλατύ-στομος*
πολύς : *πολύ-γωνο, πολύ-γλωσσος, πολυ-κοιμούμαι*

1. Δηλαδή τα επίθετα σε -ύς ως πρώτα συνθετικά διατηρούν συνήθως το υ ή έχουν γία συνδετικό το ιο, ο, ι.
2. Μερικά ονόματα, όταν γίνονται πρώτα συνθετικά, παρουσιάζουν ανωμαλίες στο θέμα τους:

Η λέξη	γίνεται	Παραδείγματα
γη	γη-	*γήπεδο , γήλοφος* (κανονικά)
	γεω-	*γεωγραφία, γεωλόγος, γεωμετρία, γεωπόνος*
	γαι(ο)-	*γαιοκτήμονας, γαιάνθρακες*
πατέρας	πατρο-	*πατρογονικός, πατροπαράδοτος*
μητέρα	μητρο-	*μητρόπολη*
χέρι	χερο-	*χερόβολο, χεροδύναμος* (κανονικά)
	χειρο-	*χειρόγραφο, χειροκροτώ, χειρούργος*
καλός	καλο-	*καλοδέχομαι, καλοκαίρι* (κανονικά)
	καλλι-	*καλλιγραφία, καλλιέργεια, καλλιτέχνης*
μεγάλος	μεγαλο-	*μεγαλοβδόμαδο, Μεγαλόχαρη* (κανονικά)
	μεγ(α)-	*μεγαθήριο, μεγάφωνο, Μεγαλέξαντρος.*

85. Β. Αριθμητικό. Τα αριθμητικά ως πρώτα συνθετικά παίρνουν τους ακόλουθους τύπους:

Το	γίνεται	Παραδείγματα
ένα	μονο-	*μονάκριβος, μονομαχία, μονοπάτι*
δύο	δι-	*δίδραχμο, δικέφαλος, δίκοπος, δισύλλαβος*
	δισ-	*δισέγγονος, δισεκατομμύριο*
τρία	τρι-	*τρίγλωσσος, τριγύρω, τρίγωνο, τριφύλλι*
	τρισ-	*τρισάγιο, Τρισεύγενη, τρισέγγονο*
τέσσερα	τετρα-	*τετραβάγγελο, τετράγωνο, τετράποδο, τετράπλευρο.*

Τα αριθμητικά από το *πέντε* ως το *ενενήντα* έχουν συνδετικό φωνήεν α:
πεντάδραχμο, πεντάμορφη — εξάμηνο, εξατάξιο — Εφτάνησα — (ο)χταπόδι,

60

οχτάστιχο — εννιά(η)μερα, εννιάχρονο — δεκάδραχμο — Δωδεκάνησα — εικοσαήμερο — τριαντάφυλλο κτλ.

Το *εκατό* δίνει σύνθετο *εκατόχρονα* αλλά και *εκατοντάδραχμο.*

ΟΡΘΟΓΡΑΦΙΑ.— Το αχώριστο μόριο **δυσ-** γράφεται διαφορετικά από το **δισ-,** τον τύπο του *δύο* που χρησιμοποιείται ως πρώτο συνθετικό : *δυστυχία, δυσεύρετος,* αλλά *δισέγγονος, δισεκατομμύριο.*

86. Γ. Ρήμα.

χάνω (έχασα) — χασομέρης,
λείπω (έλειψα) — λειψυδρία,
φεύγω (έφυγα) — φυγόδικος, φυγόπονος,
μισώ — μισάνθρωπος.

Όπως βλέπουμε από τα παραπάνω παραδείγματα, αν είναι ρήμα το πρώτο συνθετικό, μπαίνει συνήθως στη σύνθεση το αοριστικό του θέμα και πιο σπάνια το ενεστωτικό.

87. Δ. Άκλιτο.

α) Επίρρημα

πανωφόρι, κατωμερίτης, κατωσάγονο, (ε)ξωκλήσι, ξώπετσα, πισωπατώ·
χαμόκλαδο, χαμομήλι, χαμογελώ.

Τα επιρρήματα σε -ω που γίνονται πρώτα συνθετικά φυλάγουν το ω, εκτός από το *χάμω.*

β) Πρόθεση

κατασταλάζω, παραμάσκαλα, μεταφυτεύω, μετεξεταστέος, αντιαεροπορικός, ανθυπολοχαγός, απολείτουργα, απάνεμο, προσφάγι.

Από τις προθέσεις χρησιμεύουν στη σύνθεση οι ακόλουθες : **κατά, παρά, μετά, αντί, από, προς** . Όσες από αυτές τελειώνουν σε φωνήεν το χάνουν συχνά, όταν η ακόλουθη λέξη αρχίζει από φωνήεν.

Το δεύτερο συνθετικό

88. Το δεύτερο συνθετικό μπορεί να είναι ουσιαστικό, επίθετο, ρήμα, μετοχή ή επίρρημα:

89. Α. Ουσιαστικό. Όταν το δεύτερο συνθετικό είναι ουσιαστικό, το σύνθετο μπορεί να είναι ουσιαστικό, επίθετο, επίρρημα.

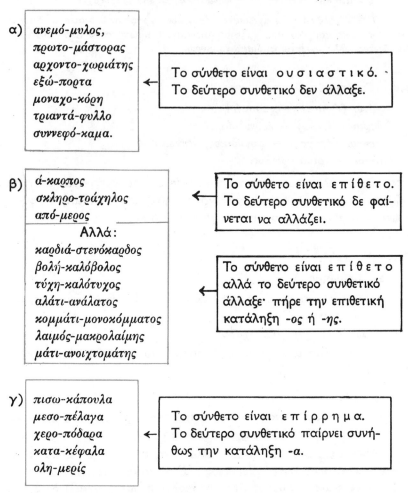

α) *ανεμό-μυλος,*
πρωτο-μάστορας
αρχοντο-χωριάτης
εξώ-πορτα
μοναχο-κόρη
τριαντά-φυλλο
συννεφό-καμα.

Το σύνθετο είναι ο υ σ ι α σ τ ι κ ό.
Το δεύτερο συνθετικό δεν άλλαξε.

β) *ά-καρπος*
σκληρο-τράχηλος
από-μερος
Αλλά:
καρδιά-στενόκαρδος
βολή-καλόβολος
τύχη-καλότυχος
αλάτι-ανάλατος
κομμάτι-μονοκόμματος
λαιμός-μακρολαίμης
μάτι-ανοιχτομάτης

Το σύνθετο είναι ε π ί θ ε τ ο.
Το δεύτερο συνθετικό δε φαίνεται να αλλάζει.

Το σύνθετο είναι ε π ί θ ε τ ο
αλλά το δεύτερο συνθετικό
άλλαξε· πήρε την επιθετική
κατάληξη -ος ή -ης.

γ) *πισω-κάπουλα*
μεσο-πέλαγα
χερο-πόδαρα
κατα-κέφαλα
ολη-μερίς

Το σύνθετο είναι ε π ί ρ ρ η μ α.
Το δεύτερο συνθετικό παίρνει συνήθως την κατάληξη -α.

ΟΡΘΟΓΡΑΦΙΑ.— Οι λέξεις *οδύνη* (= πόνος), *όλεθρος* (= κατα-στροφή), *ομαλός, όνομα (όνυμα), οροφή* και *ορυχείο* γράφονται με ω στην αρχή αντί με ο, όταν γίνονται δεύτερα συνθετικά: *ανώδυνος, πανωλεθρία, ανώμαλος, ανώνυμος, συνώνυμος, διώροφος, πολυώροφος, μεταλλωρυχείο.*

62

90. B. Επίθετο. Όταν το δεύτερο συνθετικό είναι επίθετο, τότε και το σύνθετο είναι επίθετο σε **-ος, -η, -ο** ή σπανιότερα σε **-ιος, -ια, -ιο**:

ακριβός — μονάκριβος, κίτρινος — ολοκίτρινος·
γαλάζιος — καταγάλαζος, ακέριος — ολάκερος·
μακρύς — στενόμακρος, παχύς — ολόπαχος, δεξής — ζερβόδεξος·
τρύπιος — μισοτρύπιος, άξιος — ανάξιος, ουράνιος — επουράνιος.

91. Γ. Ρήμα. Όταν το δεύτερο συνθετικό είναι ρήμα, το σύνθετο μπορεί να είναι πάλι ρήμα, μπορεί όμως να είναι και ουσιαστικό ή επίρρημα.

α) | τρεμοσβήνω
σημαιοστολίζω
ξενοδουλεύω | Το σύνθετο είναι ρ ή μ α.
Το δεύτερο συνθετικό δεν αλλάζει.

β) | παίζω — οργανοπαίκτης
χύνω — νεροχύτης
τρέχω — παπατρέχας
γράφω — φωτογράφος
μάχομαι — θαλασσομάχος | Το σύνθετο είναι ο υ σ ι α σ τ ι κ ό.
Το δεύτερο συνθετικό παίρνει κατάληξη σε -(τ)ης, σπανιότερα -ας ή -ος.

γ) | ρουφώ — μονορούφι | Το σύνθετο είναι ε π ί ρ ρ η μ α.

92. Δ. Μετοχή.

κοσμο-γυρισμένος
ηλιο-καμένος
θεο-φοβούμενος | Όταν η μετοχή είναι δεύτερο συνθετικό, δεν αλλάζει.

93. Ε. Επίρρημα.

κατ-άντικρυ
πρό-περσι
προ-χτές
ολό-γυρα (γύρω) | Όταν το δεύτερο συνθετικό είναι επίρρημα, φυλάγει την κατάληξή του ή παίρνει την κατάληξη -α.

Τονισμός των συνθέτων

94. Οι σύνθετες λέξεις ή φυλάγουν τον τόνο στη συλλαβή που τονίζεται το δεύτερο συνθετικό ή τον ανεβάζουν ψηλότερα. Παραδείγματα:

1. **Φυλάγουν τον τόνο:**

   χωριάτης — αρχοντοχωριάτης, κλητήρας — αρχικλητήρας, κύρης — καραβοκύρης, γιος — μοναχογιός, παππούς — γεροπαππούς, βελονιά — σταυροβελονιά, βδομάδα — Λαμπροβδομάδα, ράχη — αετοράχη, τραγουδώ — σιγοτραγουδώ, γράφω — καταγράφω, γελώ — κρυφογελώ.

2. **Ανεβάζουν τον τόνο στην παραλήγουσα:**

   βοριάς — ξεροβόρι, βροχή — πρωτοβρόχι, πουλί — θαλασσοπούλι, κλαδί — παρακλάδι, μαλλί — μακρομάλλης.

3. **Ανεβάζουν τον τόνο στην προπαραλήγουσα:**

   πάπια — αγριόπαπια, πέτρα — μυλόπετρα, βράση — κουφόβραση, κλίση — έγκλιση, βράδυ — απόβραδο, γέρος — καλόγερος, ακριβός — μονάκριβος, αντίκρυ — κατάντικρυ.

Παρασύνθετα

καλωσορίζω — καλωσόρισμα
σιδηρόδρομος — σιδηροδρομικός

95. Οι λέξεις *καλωσόρισμα, σιδηροδρομικός* δεν παράγονται από λέξεις απλές αλλά από σύνθετες.

> Οι λέξεις που παράγονται από σύνθετες λέξεις λέγονται **παρασύνθετες λέξεις** ή **παρασύνθετα.**

Παρασύνθετα γίνονται και από δύο λέξεις που συνήθως λέγονται μαζί και αποτελούν μια ορισμένη έννοια. Έτσι:

από τις λέξεις	έγιναν τα παρασύνθετα
Άγιος Τάφος	*Αγιοταφίτης*
Μαύρη Θάλασσα	*Μαυροθαλασσίτης*
Αιγαίο Πέλαγος	*Αιγαιοπελαγίτης*
Στερεά Ελλάδα	*Στερεοελλαδίτης*

Γνήσια και καταχρηστική σύνθεση

96. Το σύνθετο *αστραπόβροντο* έγινε από το θέμα του πρώτου συνθετικού *αστραπ-(ή)*, που ενώθηκε με το δεύτερο συνθετικό *(βροντή)* με το συνδετικό φωνήεν **ο**. Εδώ έχουμε **γνήσια σύνθεση**.

Το σύνθετο *Χριστούγεννα* έγινε από τη γενική *Χριστού* και το *γέννα* χωρίς το συνδετικό φωνήεν **ο**. Εδώ έχουμε **καταχρηστική σύνθεση**, δηλαδή εδώ τα δύο συνθετικά βρίσκονται το ένα πλάι στο άλλο, χωρίς άλλη αλλαγή από την ενδεχόμενη μετακίνηση του τόνου του δεύτερου συνθετικού. Άλλα τέτοια σύνθετα:

Νέα πόλη — Νεάπολη, Αδριανού πόλη — Αδριανούπολη,
Αλεξάνδρου πόλη — Αλεξανδρούπολη,
Κωνσταντίνου πόλη — Κωνσταντινούπολη.

III. Η ΣΗΜΑΣΙΑ ΤΩΝ ΛΕΞΕΩΝ

ΠΕΜΠΤΟ ΚΕΦΑΛΑΙΟ

Κυριολεξία και μεταφορά

Ένα όμορφο αρνί — Αυτό το παιδί είναι αρνί

97. Στην πρώτη φράση έχουμε το ουσιαστικό *αρνί* με την πραγματική σημασία του, δηλαδή έχουμε **κυριολεξία**. Στη δεύτερη έχουμε τη λέξη *αρνί* με αλλαγμένη σημασία, δηλαδή έχουμε **μεταφορά**. Εδώ η λέξη *αρνί* κρατάει ένα μόνο χαρακτηριστικό: ότι είναι ήσυχο, απονήρευτο.

Το ίδιο και όταν πούμε: ο *άνθρωπος αυτός είναι αλεπού*, δηλαδή πονηρός. Κι εδώ η λέξη *αλεπού* κρατάει μόνο ένα χαρακτηριστικό: την πονηριά.

Μεταφορικά χρησιμοποιούμε ουσιαστικά, επίθετα, ρήματα και επιρρήματα:

Έχει κορμί λαμπάδα (ίσιο). *Η καρδιά του είναι πέτρα.*
Γλυκός άνθρωπος. Πικρή ζωή (βασανισμένη).
Χύθηκε στον εχθρό (όρμησε απάνω του). *Μασά τα λόγια του.*
Αρρώστησε βαριά. Μίλησε ξάστερα.

Μεταφορικά λέγονται και φράσεις: *'Εχασε τα νερά του. Ρίχνει άγκυρα. Τρώει τα σίδερα. Τραβά τα μαλλιά του. Κοιμάται με τις κότες. Του γεννούν και τα κοκόρια.*

Ομώνυμα

ψηλή λεύκα — ψιλή βροχή

98. Οι λέξεις *ψηλή* και *ψιλή* προφέρονται το ίδιο, έχουν όμως διαφορετική σημασία. Οι λέξεις αυτές λέγονται **ομώνυμα.**

'Αλλα ομώνυμα:

κλείνω (την πόρτα) — *κλίνω* (ένα ρήμα).
Το κλίμα (της Ελλάδας) — *το κλήμα* (της αυλής μας).
Ο τοίχος (του σπιτιού) — *το τείχος* (της πόλης).
Λύρα (το όργανο) — *λίρα* (το νόμισμα).
Σήκω — σύκο κτλ.

Παρώνυμα

99. Οι λέξεις **σφήκα — σφίγγα** έχουν διαφορετική σημασία, μοιάζουν όμως κάπως στην προφορά. Οι λέξεις αυτές ονομάζονται **παρώνυμα.**

Επειδή μοιάζουν στην προφορά, μερικές φορές δεν τις ξεχωρίζουμε και τις μπερδεύουμε.

Παραδείγματα παρωνύμων:

αιθέρας — αθέρας (το άγανο, η κόψη ξυραφιού κτλ., το πιο λεπτό και διαλεχτό μέρος από κάτι)·
αμυγδαλιά — αμυγδαλή, -ές (οι αδένες μέσα στο λαιμό)·
αχόρταγος (λαίμαργος) — *αχόρταστος* (που δε χόρτασε)·
φτηνός (όχι ακριβός) — *φτενός* (λεπτός)·
στερώ (παίρνω κάτι που ανήκει σε άλλον) — *υστερώ* (μένω πίσω).

100. Μερικές λέξεις ξεχωρίζουν με το διαφορετικό τους τονισμό (κάποτε και με τη διαφορετική τους ορθογραφία):

66

γέρνω — γερνώ   γέρος — γερός   θόλος — θολός
κάμαρα — καμάρα   (τα) μάγια—(η) μαγιά   νόμος — νομός
σκέπη — σκεπή   φόρα — φορά   παίρνω — περνώ
πίνω — πεινώ   χώρος (τόπος) — χορός κτλ.

Αυτές λέγονται **τονικά παρώνυμα.**

Συνώνυμα

101.   **Συνώνυμα** ή **συνώνυμες λέξεις** λέγονται λέξεις διαφορετικές αναμεταξύ τους που έχουν την ίδια περίπου σημασία.

Συνώνυμα είναι:
ραβδί, γκλίτσα, μπαστούνι, πατερίτσα·
ξημερώνει, χαράζει, γλυκοχαράζει, φέγγει, φωτίζει, ασπρογαλιάζει.

Τα συνώνυμα εκφράζουν το ίδιο νόημα, αλλά με κάποιες διαφορές μεταξύ τους. Γι' αυτό πρέπει να προσέχουμε για να βρούμε ποια λέξη από τις συνώνυμες που ξέρουμε ταιριάζει κάθε φορά να μεταχειριστούμε. Π.χ. τα ρήματα *βλέπω, κοιτάζω, παρατηρώ, ξεχωρίζω, διακρίνω, αγναντεύω* είναι συνώνυμα, αλλά πρέπει να βρούμε ποιο ταιριάζει καλύτερα σ' εκείνο που θέλουμε να πούμε.

Ταυτόσημα

102.   **Ταυτόσημα** λέγονται οι λέξεις που η σημασία τους είναι εντελώς η ίδια.

Τέτοιες **λέξεις** είναι:

αραποσίτι — *καλαμπόκι*   *κοκκινογούλια — παντζάρια*
αχλάδι — *απίδι*   *όρνιθα, ορνιθώνας — κότα, κοτέτσι*
γίδα — *κατσίκα*   *πετεινός — κόκορας*
διχάλι — *διχάλα — δικράνι*   *στέγη — σκεπή*
τριζόνι — *γρύλος*   *φλαμούρι — τίλιο.*

ΤΡΙΤΟ ΜΕΡΟΣ

ΟΙ ΤΥΠΟΙ

ΤΑ ΜΕΡΗ ΤΟΥ ΛΟΓΟΥ
ΓΕΝΙΚΑ

Κλιτά και άκλιτα. Τύποι, κατάληξη, θέμα, χαρακτήρας

103. Η ελληνική γλώσσα έχει δέκα είδη λέξεις, που ονομάζονται **μέρη του λόγου**.

Τα μέρη του λόγου είναι: **άρθρο, ουσιαστικό, επίθετο, αντωνυμία, ρήμα, μετοχή, επίρρημα, πρόθεση, σύνδεσμος, επιφώνημα.** Το ουσιαστικό και το επίθετο λέγονται και **ονόματα.**

104. Μέρη του λόγου   Παραδείγματα

α) Κλιτά

άρθρο	*ο*	*η*	*το*
ουσιαστικό	*Γιώργος*	*θάλασσα*	*ουρανός*
επίθετο	*ξάστερος*	*γαλανή*	*όμορφος*
αντωνυμία	*εγώ*	*εσύ*	*αυτός*
ρήμα	*γράφω*	*ντύνομαι*	*χτυπήθηκα*
μετοχή	*εργαζόμενος*	*φαγωμένος*	

β) Άκλιτα

επίρρημα	*εδώ, πολύ, επάνω, χτες, έτσι*
πρόθεση	*από, για, μετά, παρά*
σύνδεσμος	*και, αν, είτε, αλλά, ώστε*
επιφώνημα	*ποπό! μπράβο! είθε! μπά!*

105. Το άρθρο, το ουσιαστικό, το επίθετο, η αντωνυμία, το ρήμα και η μετοχή λέγονται **κλιτά μέρη** του λόγου, γιατί κλίνονται, δη-

λαδή το καθένα από αυτά παίρνει στο λόγο διάφορες μορφές:
το παιδί, του παιδιού, τα παιδιά, των παιδιών κτλ.
όμορφος, όμορφου, όμορφο, όμορφοι κτλ.
εκείνος, εκείνοι, εκείνους κτλ.
γράφω, γράφουμε, έγραφε, έγραψα κτλ.
ο γραμμένος, του γραμμένου κτλ.

Το επίρρημα, η πρόθεση, ο σύνδεσμος και το επιφώνημα λέγονται **άκλιτα μέρη** του λόγου, γιατί δεν κλίνονται, δηλαδή παρουσιάζονται πάντοτε στο λόγο με την ίδια μορφή:
εδώ, για, και, μπράβο!

'Ακλιτα είναι και μερικά αριθμητικά επίθετα και οι μετοχές που τελειώνουν σε *-οντας, -ώντας:*
πέντε, έξι, δέκα κτλ. — γράφοντας, γελώντας.

---

106. Οι διάφορες μορφές που παίρνει μια κλιτή λέξη, όταν μιλούμε ή γράφουμε, λέγονται **τύποι** αυτής της λέξης.

Του ονόματος *ουρανός* τύποι είναι:
ουρανός, ουρανού, ουρανό, ουρανέ — ουρανοί, ουρανών, ουρανούς.
Του ρήματος *τρέχω* τύποι ειναι:
τρέχω, τρέχεις, τρέχει, τρέχουμε κτλ. έτρεχα, έτρεχες κτλ.

Στην κλιτή λέξη το τελευταίο μέρος της, αυτό που αλλάζει μορφή, λέγεται **κατάληξη.**

Του ονόματος *ουρανός* καταλήξεις είναι:
-ος, -ου, -ο, -ε, -οι, -ων, -ους.
Του ρήματος *τρέχω* καταλήξεις είναι:
-ω, -εις, -ει, -ουμε κτλ. -α, -ες κτλ.

Το μέρος της κλιτής λέξης, που είναι στην αρχή της και δεν αλλάζει μορφή, λέγεται **θέμα.**

Τα θέματα των λέξεων *ουρανός, όμορφος, εκείνος, τρέχω, ακούω* είναι:
ουραν-, ομορφ-, εκειν-, τρεχ-, ακου-.

69

Ο τελευταίος φθόγγος του θέματος λέγεται **χαρακτήρας.**

Στις λέξεις *ουραν-ός, τρέχ-ω, ακού-ω* χαρακτήρες είναι το *ν*, το *χ*, το *ου*.

Πτώσεις. Γένος και αριθμός

107. Το άρθρο, το ουσιαστικό, το επίθετο, η αντωνυμία και η μετοχή σχηματίζουν τύπους, που λέγονται **πτώσεις.** Γι' αυτό τα πέντε αυτά μέρη του λόγου λέγονται **πτωτικά.**

Οι πτώσεις είναι τέσσερις: η **ονομαστική,** η **γενική,** η **αιτιατική** και η **κλητική.**

Ονομαστική είναι η πτώση που μεταχειριζόμαστε απαντώντας στην ερώτηση *ποιος; τι;*

Ποιος έρχεται; — *Ο Γ ι ά ν ν η ς.*
Τι ήρθε στο λιμάνι; — *Τ ο κ α ρ ά β ι.*

Γενική είναι η πτώση που μεταχειριζόμαστε απαντώντας στην ερώτηση *τίνος; ποιανού;*

Τίνος είναι το βιβλίο; — *Τ ο υ Γ ι ά ν ν η.*

Αιτιατική είναι η πτώση που μεταχειριζόμαστε απαντώντας στην ερώτηση *ποιον; τι;*

Ποιον να φωνάξω; — *Τ ο Γ ι ά ν ν η.*
Τι είδες; — *Είδα τ ο κ α ρ ά β ι.*

Κλητική είναι η πτώση που μεταχειριζόμαστε, όταν καλούμε ή προσφωνούμε κάποιον:

Έλα δω, Γ ι ά ν ν η· πρόσεχε, Γ ι ά ν ν η.
Κ α ρ ά β ι, κ α ρ α β ά κ ι, που πας γιαλό γιαλό.

108. Εκτός από τις πτώσεις τα πτωτικά έχουν **γένος, αριθμό** και **κλίση.**

1. Τα **γένη** των πτωτικών είναι τρία: **αρσενικό, θηλυκό** και **ουδέτερο.**

Αρσενικά είναι όσα παίρνουν το άρθρο **ο**: *ο διαβάτης, ο καλός.*
Θηλυκά είναι όσα παίρνουν το άρθρο **η**: *η Ελλάδα.*
Ουδέτερα είναι όσα παίρνουν το άρθρο **το**: *το άλογο.*

2. **Αριθμοί.** Όταν λέμε *ο συμμαθητής μου,* ο λόγος είναι για ένα πρόσωπο· όταν λέμε *οι συμμαθητές μου,* ο λόγος είναι για πολλά πρόσωπα. Όλα τα πτωτικά έχουν ξεχωριστούς τύπους για το ένα και ξεχωριστούς για τα πολλά. Οι τύποι που φανερώνουν το ένα αποτελούν τον **ενικό** αριθμό, οι τύποι που φανερώνουν τα πολλά αποτελούν τον **πληθυντικό** αριθμό. Τα πτωτικά έχουν λοιπόν δυο αριθμούς: τον ενικό και τον πληθυντικό.

3. **Κλίση.**

> Κλίση είναι ο τρόπος με τον οποίο σχηματίζονται οι πτώσεις ενός πτωτικού.

Στα ουσιαστικά έχουμε την **κλίση των αρσενικών,** την **κλίση των θηλυκών** και την **κλίση των ουδετέρων.**
Η πτώση, το γένος, ο αριθμός και η κλίση ενός πτωτικού αποτελούν τα **παρεπόμενά** του.

I. ΤΑ ΚΛΙΤΑ ΜΕΡΗ ΤΟΥ ΛΟΓΟΥ

ΠΡΩΤΟ ΚΕΦΑΛΑΙΟ

ΤΟ ΑΡΘΡΟ

109. Συχνά μπαίνει εμπρός από τα ονόματα μια μικρή λέξη: ο *Γιωργος*, **η** *γη*, *διάβασα* **ένα** *ωραίο βιβλίο.*

> Η μικρή κλιτή λέξη που μπαίνει εμπρός από τα ονόματα λέγεται **άρθρο.**

Η γλώσσα μας έχει δύο άρθρα, το **οριστικό,** *ο, η, το,* και το **αόριστο,** *ένας, μια, ένα.*

Α. Το οριστικό άρθρο

110. Το οριστικό άρθρο το μεταχειριζόμαστε, όταν μιλούμε για ορισμένο πρόσωπο, ζώο ή πράγμα:

Έρχεται ο Δημήτρης.
Γαβγίζει το σκυλί μας.
Η γη είναι σφαιρική.

Το οριστικό άρθρο κλίνεται έτσι:

	Ενικός αριθμός			Πληθυντικός αριθμός		
	αρσεν.	θηλ.	ουδ.	αρσεν.	θηλ.	ουδ.
Ονομ.	*ο*	*η*	*το*	*οι*	*οι*	*τα*
Γεν.	*του*	*της*	*του*	*των*	*τών*	*των*
Αιτ.	*το(ν)*	*τη(ν)*	*το*	*τους*	*τις*	*τα*

Το άρθρο δεν έχει κλητική. Όταν το όνομα βρίσκεται στην κλητική, το μεταχειριζόμαστε χωρίς άρθρο:

Έλα, Μ α ρ ί α.
Μέριασε, β ρ ά χ ε, να διαβώ.

Κάποτε, προπάντων στα ονόματα προσώπων, μεταχειριζόμαστε το κλητικό επιφώνημα ε: ε Γιώργο!

Β. Το αόριστο άρθρο

111. Μεταχειριζόμαστε το αόριστο άρθρο, όταν μιλούμε για ένα όχι ορισμένο, παρά για ένα αόριστο πρόσωπο, ζώο ή πράγμα: *Με περιμένει ένας φίλος μου* (κάποιος, που δεν τον ονομάζω). *Είδα ένα ωραίο άλογο* (κάποιο άλογο).

Το αόριστο άρθρο κλίνεται έτσι:

	αρσεν.	θηλ.	ουδ.
Ονομ.	*ένας*	*μια*	*ένα*
Γεν.	*ενός*	*μιας*	*ενός*
Αιτ.	*ένα(ν)*	*μια*	*ένα*

Το αόριστο άρθρο δεν έχει πληθυντικό και, όταν ο λόγος είναι για πολλά αόριστα πρόσωπα, ζώα ή πράγματα, τα αναφέρουμε χωρίς άρθρο:

είδα λουλούδια σκορπισμένα·
πέρασε ράχες και βουνά·
παιδιά έπαιζαν στην αυλή.

Το *ένας, μια, ένα* είναι αριθμητικό που το χρησιμοποιούμε και για αόριστο άρθρο. Είναι εύκολο να ξεχωρίσουμε πότε είναι αριθμητικό. Λέμε:

*Ένας νίκησε πολλούς. Βρήκα **μια** δραχμή. Είχα λίγα λεφτά, γι' αυτό αγόρασα **ένα** μόνο βιβλίο.* Στα παραδείγματα αυτά το **ένας, μια, ένα** είναι αριθμητικό.

112. *ΟΡΘΟΓΡΑΦΙΑ.* — Για το -*ν* των άρθρων *τον, την, έναν* βλ.
§ 47

ΤΑ ΟΥΣΙΑΣΤΙΚΑ

ΔΕΥΤΕΡΟ ΚΕΦΑΛΑΙΟ

ΟΙ ΣΗΜΑΣΙΕΣ ΚΑΙ ΤΑ ΕΙΔΗ ΤΩΝ ΟΥΣΙΑΣΤΙΚΩΝ

113. Η λέξη *Κολοκοτρώνης* φανερώνει πρόσωπο. Η λέξη *μαθητής* φανερώνει πρόσωπο. Η λέξη *άλογο* φανερώνει ζώο. Η λέξη *αυτοκίνητο* φανερώνει πράγμα.

Οι κλιτές λέξεις που φανερώνουν πρόσωπα, ζώα ή πράγματα λέγονται **ουσιαστικά.**

Οι λέξεις *δουλειά, τρέξιμο* φανερώνουν μια πράξη, μια ενέργεια. Οι λέξεις *ευτυχία, ησυχία* φανερώνουν μια κατάσταση. Οι λέξεις *εξυπνάδα, παλικαριά* φανερώνουν μια ιδιότητα. Και οι λέξεις αυτές λέγονται ουσιαστικά.

> Ώστε **ουσιαστικά** λέγονται οι λέξεις που φανερώνουν πρόσωπα, ζώα ή πράγματα, ενέργεια, κατάσταση ή ιδιότητα.

Κύρια και κοινά ουσιαστικά

114. Κύρια ονόματα.— Τα ουσιαστικά *Πέτρος, Κανάρης* — ο *Πιστός* (όνομα σκυλιού) — *Έλλη* (το πολεμικό πλοίο), που σημαίνουν το καθένα ένα ορισμένο πρόσωπο, ζώο ή πράγμα, λέγονται **κύρια ονόματα.**

Κοινά ονόματα.— Τα ουσιαστικά που σημαίνουν όλα τα πρόσωπα, όλα τα ζώα, ή όλα τα πράγματα του ίδιου είδους (*άνθρωπος, άλογο, λουλούδι, τριανταφυλλιά*) και τα ουσιαστικά που σημαίνουν πράξη, κατάσταση ή ιδιότητα (*τρέξιμο, πίκρα, εξυπνάδα*) λέγονται **κοινά.**

Περιληπτικά ουσιαστικά.— Τα κοινά ονόματα *κόσμος, λαός,* στρατός, οικογένεια, ελαιώνας, τουφεκίδι κτλ., που φανερώνουν πολλά πρόσωπα ή πράγματα μαζί, ένα σύνολο, λέγονται **περιληπτικά**.

Συγκεκριμένα και **αφηρημένα ουσιαστικά**.— Τα κοινά ονόματα που φανερώνουν πρόσωπο, ζώο ή πράγμα λέγονται **συγκεκριμένα**. Τα κοινά ονόματα που φανερώνουν ενέργεια, κατάσταση ή ιδιότητα λέγονται **αφηρημένα**.

115. *ΟΡΘΟΓΡΑΦΙΑ.* **Γράφονται με κεφαλαίο στην αρχή:**

1) Τα κ ύ ρ ι α ονόματα:
Δημήτρης, Ελένη — Πλαπούτας, Τρικούπης· Ελλάδα, Αργυρόκαστρο, Πιέρια, Θερμαϊκός, Ακρόπολη, Άγιοι Σαράντα.

2) Τα ε θ ν ι κ ά: *Έλληνας, Ρωμαίοι, Σερραίοι, Σουλιώτες* κτλ.

3) Τα ονόματα των μ η ν ώ ν, των η μ ε ρ ώ ν της εβδομάδας και των ε ο ρ τ ώ ν:
Ιανουάριος, Κυριακή, Σαρακοστή, Πάσχα.

4) Οι λέξεις *Θεός, Χριστός, Άγιο Πνεύμα, Παναγία* και τα συνώνυμά τους: *Πανάγαθος, Παντοδύναμος, Θεία Πρόνοια, Μεγαλόχαρη* κτλ.

5) Τα ονόματα των έργων της λογοτεχνίας και της τέχνης: *η Οδύσσεια· τα Λόγια της Πλώρης του Καρκαβίτσα, το Κρυφό Σχολειό του Γύζη, ο Παρθενώνας.*

6) Ο ι   τ ι μ η τ ι κ ο ί   τ ί τ λ ο ι:
ο Εξοχότατος, ο Μακαριότατος κτλ.

Γράφονται με μικρό γράμμα στην αρχή:

1) Λέξεις που παράγονται από κ ύ ρ ι α   ο ν ό μ α τ α και από ε θ ν ι κ ά:
*(Όμηρος) ομηρικοί ήρωες,
(Χριστούγεννα) χριστουγεννιάτικος,
(Έλληνας) ελληνικός, γαλλικός* κτλ.

2) Τα επίθετα που σημαίνουν ο π α δ ο ύ ς   θ ρ η σ κ ε υ μ ά τ ω ν:
χριστιανός, μωαμεθανός, (Βούδας) βουδιστής κτλ.

TRITO ΚΕΦΑΛΑΙΟ

ΤΟ ΓΕΝΟΣ ΤΩΝ ΟΥΣΙΑΣΤΙΚΩΝ

Α.— Γενικά

116. Τα γένη των ουσιαστικών είναι τρία: **αρσενικό, θηλυκό** και **ουδέτερο**.

Τα ονόματα των ανθρώπων και των ζώων είναι συνήθως αρσενικά όταν σημαίνουν αρσενικά όντα, και θηλυκά όταν σημαίνουν θηλυκά όντα:

ο πατέρας — η μητέρα, ο γιος — η θυγατέρα, ο πετεινός — η όρνιθα.

Τα ονόματα των πραγμάτων είναι άλλα αρσενικού και άλλα θηλυκού γένους: *ο βράχος, η μέρα.* Συχνά όμως βρίσκονται και σε ένα τρίτο γένος που δεν είναι ούτε αρσενικό ούτε θηλυκό και λέγεται στη γραμματική ουδέτερο γένος: *το βουνό, το λουλούδι, το κερί.* Αλλά στο ουδέτερο γένος υπάρχουν και έμψυχα: *το παιδί, το αγόρι, το κορίτσι, το πουλί, το ελάφι.*

Στη γραμματική ξεχωρίζουμε το γένος:

α) από την κατάληξη της ονομαστικής του ενικού: ο *νικητ-ής* (αρσενικό), η *βρύσ-η* (θηλυκό), το *παιδ-ί* (ουδέτερο), και

β) από το άρθρο: *ο, ένας* (για το αρσενικό), *η, μια* (για το θηλυκό), *το, ένα* (για το ουδέτερο).

Β.— Σχηματισμός του θηλυκού

117. Τα περισσότερα ουσιαστικά έχουν έναν τύπο μόνο και ένα γένος: *ο άνθρωπος, η μέλισσα, το χώμα, ο αϊτός.*

Πολλά ουσιαστικά έχουν δύο τύπους, ένα για το αρσενικό και ένα για το θηλυκό. Το θηλυκό σχηματίζεται τότε με τις καταλήξεις -ισσα, -τρα, -τρια, -αινα, -ίνα, -ού, -α, -η:

βασιλιάς	— *βασίλισσα*	*ράφτης*	— *ράφτρα*
διευθυντής	—. *διευθύντρια*	*δράκος*	— *δράκαινα*
αράπης	— *αραπίνα*	*μυλωνάς*	— *μυλωνού*
θείος	— *θεία*	*αδερφός*	— *αδερφή.*

Θηλυκά των ζώων. Τα περισσότερα ονόματα των ζώων έχουν μια μόνο λέξη· για το αρσενικό και το θηλυκό: *η αλεπού, η αρκούδα, ο παπαγάλος, η οχιά, το ζαρκάδι.* Τα ονόματα αυτά λέγονται **επίκοινα.** Στα επίκοινα ουσιαστικά, όταν είναι ανάγκη να οριστεί το φυσικό γένος, χρησιμοποιούμε το επίθετο *αρσενικός* ή *θηλυκός:*
το *αρσενικό ζαρκάδι, ο θηλυκός σπίνος, η αρσενική καμήλα.*

Για μερικά ζώα κατοικίδια και για άλλα που έχουν μεγαλύτερη σημασία για τον άνθρωπο, **ή υπάρχει άλλη λέξη για το αρσενικό και άλλη για το θηλυκό ή ξεχωρίζεται το αρσενικό από το θηλυκό με δ ι α φ ο ρ ε τ ι κ ή κ α τ ά λ η ξ η:**

άλογο	— *φοράδα*	*κριάρι*	— *προβατίνα*	*τράγος*	— *γίδα*
πετεινός	— *όρνιθα ή κότα*	*σκύλος*	— *σκύλα*	*κουνέλι*	— *κουνέλα*
τρυγόνι	— *τρυγόνα*	*περιστέρι*	— *περιστέρα*	*πρόβατο*	— *προβατίνα*
ελάφι	— *ελαφίνα*	*γάλος*	— *γαλοπούλα*	*γάτα*	— *γάτος.*
λύκος	— *λύκαινα*				

Αλλά σε μερικά ονόματα ζώων η μια λέξη είναι συχνότερη και μπορεί να χρησιμοποιηθεί και για τα δύο γένη: *γάτα, σκύλος, άλογο, λύκος, γεράκι* κτλ.

Γ.— Ουσιαστικά με δύο γένη

118. Μερικά ουσιαστικά συνηθίζονται με δύο γένη, που έχουν διαφορετική κατάληξη και κάποτε και διαφορετικό τονισμό: *ο πλάτανος — το πλατάνι.* Τέτοια ουσιαστικά είναι:

ο νοτιάς — η νοτιά   *ο πήχης — η πήχη*   *ο τίγρης — η τίγρη*
ο κρίνος — το κρίνο   *ο έλατος — το έλατο*   *ο πεύκος — το πεύκο*
ο σκύλος — το σκυλί.

Το γένος αλλάζει κατά τη σημασία

η βροντή — ο βρόντος

119. Πολλές λέξεις έχουν δύο γένη, αλλά όχι πάντα με την ίδια εντελώς σημασία: *βροντή* είναι το γνωστό φυσικό φαινόμενο — *βρόντος* είναι ένας δυνατός κρότος· *τραπέζι* είναι το έπιπλο — *τράπεζα* λέγεται για την Άγια Τράπεζα της εκκλησίας και για τα πιστωτικά ιδρύματα. Έτσι ξεχωρίζουν στη σημασία οι λέξεις:

άχνα (αναπνοή) — *αχνός, κοπέλα — κοπέλι* (παραγιός), *μάντρα — μαντρί, μέση — μέσο, περίβολος — περιβόλι, πλευρό — η πλευρά, ρετσίνα — ρετσίνι, σκανδάλη* (του τουφεκιού) — *σκάνδαλο, σκάφη — σκάφος, σούβλα — σουβλί, χώρα — χώρος* (τόπος).

Μερικές λέξεις κάποτε δε λέγονται ή δε γράφονται με το σωστό γένος τους. Είναι καλύτερα να λέγεται *η Πίνδος, η Πάρνηθα, το Ρέθυμνο, τα Φάρσαλα, ο Ακροκόρινθος.*

Δεν πρέπει να μπερδεύεται *η στήλη* και *ο στύλος*. *Η στήλη* (αναμνηστική, επιτάφια, ηλεκτρική) είναι θηλυκού γένους και γράφεται με *η*, ενώ *ο στύλος* (κολόνα που στηρίζει κάτι) είναι αρσενικού γένους και γράφεται με *υ:* *οι στύλοι του Ολυμπίου Διός, οι τηλεφωνικοί, τηλεγραφικοί, ηλεκτρικοί στύλοι.*

ΤΕΤΑΡΤΟ ΚΕΦΑΛΑΙΟ

Ο ΑΡΙΘΜΟΣ ΤΩΝ ΟΥΣΙΑΣΤΙΚΩΝ

120. Πολλά ονόματα συνηθίζονται μόνο στον έναν αριθμό ή προπάντων στον ένα.

1. Συνηθίζονται μόνο ή προπάντων στον ενικό ονόματα που σημαίνουν έννοιες μοναδικές. Τέτοια είναι:

α) Μερικά συγκεκριμένα, πολλά περιληπτικά και πολλά αφηρημένα: *αστροφεγγιά, οικουμένη, παράδεισος, χριστιανισμός — συγγενολόγι — ξενιτιά, άνθισμα, δικαιοσύνη, πίστη.*

Συχνά όμως τα αφηρημένα σχηματίζουν πληθυντικό: *ας λείπουν οι πολλές ευγένειες.*

β) Ονόματα στοιχείων, μετάλλων, ορυκτών: *υδρογόνο, οξυγόνο, ασήμι, ράδιο, κοκκινόχωμα.*

Τα κ ύ ρ ι α ο ν ό μ α τ α συνηθίζονται στον ενικό. Έτσι:

Α) Τα ονόματα μερικών ε ο ρ τ ώ ν : *Λαμπρή, Πεντηκοστή.*

Β) Οι περισσότερες τ ο π ω ν υ μ ί ε ς : *Σπάρτη, Μακεδονία, Ιλισός.*

Σχηματίζουν και οι τοπωνυμίες πληθυντικό:

α) όταν τυχαίνει να υπάρχουν περισσότερες από μια ίδιες τοπωνυμίες: *η Ελλάδα έχει δυο Πηνειούς και πέντε Ολύμπους·*

β) όταν χρησιμοποιούνται μεταφορικά: *Εξαντλήθηκαν οι Πακτωλοί.*

Γ) Τα ο ν ό μ α τ α α ν θ ρ ώ π ω ν. Και αυτά σχηματίζουν

πληθυντικό, όταν ο λόγος είναι για πολλά πρόσωπα με το ίδιο ό-
νομα: *οι Παλαμάδες, οι Υψηλάντηδες.*

2. **Συνηθίζονται μόνο ή προπάντων στον πληθυντικό :**

Α) Πολλά κοινά ονόματα:

άμφια, άρματα, βαφτίσια, γένια, γεράματα, εγκαίνια, έγκατα (της
γης), εννιάμερα, κάλαντα, μάγια, μεσάνυχτα, περίχωρα, πολεμο-
φόδια, σωθικά, τρεχάματα, χαιρετίσματα.

Εδώ ανήκουν ακόμη:
α) Περιληπτικά καθώς: *ασημικά, γυαλικά, ζυμαρικά, χορταρικά.*
β) Λέξεις που εκφράζουν αντικείμενα διπλά: *τα γυαλιά, τα κιάλια,* ή σύνθετα πα-
ρατακτικά: *γυναικόπαιδα, αμπελοχώραφα.*
γ) Όσα σημαίνουν αμοιβή για κάποια εργασία: *βαρκαριάτικα, κόμιστρα, ψη-*
στικά.
δ) Όσα σημαίνουν μια γλώσσα: *αρβανίτικα, ελληνικά, γαλλικά.*

Β) Από τα κ ύ ρ ι α ο ν ό μ α τ α :

α) Ονόματα ε ο ρ τ ώ ν: *Χριστούγεννα, Φώτα, Νικολοβάρβαρα, Πα-*
ναθήναια.

β) Τ ο π ω ν υ μ ί ε ς : *Σέρρες, Σπέτσες, Σφακιά, Χανιά, Δελφοί,*
Άγραφα, Καλάβρυτα, Ουράλια, Πυρηναία.

ΠΕΜΠΤΟ ΚΕΦΑΛΑΙΟ

ΚΛΙΣΗ ΤΩΝ ΟΥΣΙΑΣΤΙΚΩΝ

121. Εξετάζουμε την κλίση των ουσιαστικών χωριστά για κάθε
γένος· έτσι έχουμε την **κλίση των αρσενικών**, την **κλίση των θη-**
λυκών και την **κλίση των ουδετέρων.**

1. Σε κάθε γένος υπάρχουν ουσιαστικά με ίσο αριθμό συλλαβών
και στους δύο αριθμούς και σε όλες τις πτώσεις· λ.χ.

μήνας, μήνα, μήνες, μηνών
ώρα, ώρας, ώρες, ωρών
μήλο, μήλου, μήλα, μήλων.

Αυτά λέγονται **ισοσύλλαβα.**

2. Άλλα ουσιαστικά δεν έχουν παντού ίσο αριθμό συλλαβών.

περιβολάρης — περιβολάρηδες
γιαγιά — γιαγιάδες
κύμα — κύματα.

Αυτά λέγονται **ανισοσύλλαβα.**

3. Τα αρσενικά και τα θηλυκά ανισοσύλλαβα έχουν σε όλο τον πληθυντικό μια συλλαβή παραπάνω:

σφουγγαράς, σφουγγαράδες, σφουγγαράδων·
γιαγιά, γιαγιάδες, γιαγιάδων·

τα ουδέτερα σε όλο τον πληθυντικό και στη γενική του ενικού:

σώμα, σώματος, σώματα, σωμάτων.

122. Τα ανισοσύλλαβα ουσιαστικά έχουν δύο θέματα, που αντιστοιχούν στους δύο διαφορετικούς τύπους του ενικού και του πληθυντικού.

Το πρώτο θέμα είναι ό,τι απομένει από τη λέξη, αφού αφαιρεθεί η κατάληξη της ενικής ονομαστικής -*ας, -ης, -ές, -ούς* των αρσενικών, -*α, -ού* των θηλυκών, -*α, -ο, -ας* των ουδετέρων:

ψωμ-άς, νοικοκύρ-ης, καφ-ές, παππ-ούς — μαμ-ά, αλεπ-ού — αίμ-α,
γράψιμ-ο, κρέ-ας.

Το δεύτερο θέμα είναι ό,τι απομένει από τη λέξη, αφου αφαιρεθεί η κατάληξη -*ες* της ονομαστικής του πληθυντικού των αρσενικών και θηλυκών και -*α* των ουδετέρων:

ψωμάδ-ες, νοικοκύρηδ-ες, καφέδ-ες, παππούδ-ες, μαμάδ-ες,
αλεπούδ-ες, αίματ-α, γραψίματ-α, κρέατ-α.

123. Τη **γενική του πληθυντικού** δεν τη σχηματίζουν όλα τα ουσιαστικά· τους λείπει κάποτε ή σχηματίζεται δύσκολα.

Δε σχηματίζουν γενική πληθυντικού:

α) ουσιαστικά λ.χ. που κλίνονται κατά το *ζάχαρη* (§ 146);

β) μερικές κατηγορίες λέξεων, καθώς λ.χ. τα υποκοριστικά σε -*άκι* (αυτά δε σχηματίζουν ούτε τη γενική του ενικού), θηλυκά σε -α, καθώς *δίψα, πάπια, σκάλα, τρύπα,* και

γ) ορισμένες άλλες λέξεις: *λεβέντης — λεβέντες, μάνα — μάνες.* Οι τελευταίες αυτές λέξεις, αν χρειαστεί, σχηματίζουν τη γενική του πληθυντικού κατά τα ανισοσύλλαβα: *λεβέντηδων, μανάδων.* Η κατάληξη όλων των ουσιαστικών στη γενική του πληθυντικού είναι -ων.

124.   Η ΔΙΑΙΡΕΣΗ ΤΩΝ ΟΥΣΙΑΣΤΙΚΩΝ

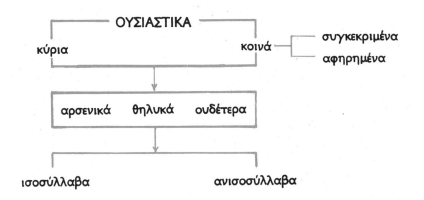

ΚΛΙΣΗ ΑΡΣΕΝΙΚΩΝ

125.   Τα αρσενικά τελειώνουν στην ονομαστική του ενικού σε -ς *(αγώνας, νικητής, καφές, παππούς, ουρανός)* και διαιρούνται σε **ισοσύλλαβα** και σε **ανισοσύλλαβα.**

Τα **ισοσύλλαβα** σχηματίζουν την ονομαστική, αιτιατική και κλητική του πληθυντικού σε -ες: *ο ναύτης — οι ναύτες, τους ναύτες, ναύτες.*

Τα **ανισοσύλλαβα** τις σχηματίζουν σε -δες: *ο περιβολάρης — οι περιβολάρηδες, ο σφουγγαράς — οι σφουγγαράδες*

1. Αρσενικά σε - α ς ισοσύλλαβα

| ο αγώνας | ο ταμίας | ο φύλακας |

126. Τα ισοσύλλαβα αρσενικά σε -ας είναι παροξύτονα και προπαροξύτονα.

Ενικός

Ονομ.	ο	αγώνας	ο	ταμίας	ο	φύλακας
Γεν.	του	αγώνα	του	ταμία	του	φύλακα
Αιτ.	τον	αγώνα	τον	ταμία	το	φύλακα
Κλητ.		αγώνα		ταμία		φύλακα

Πληθυντικός

Ονομ.	οι	αγώνες	οι	ταμίες	οι	φύλακες
Γεν.	των	αγώνων	των	ταμιών	των	φυλάκων
Αιτ.	τους	αγώνες	τους	ταμίες	τους	φύλακες
Κλητ.		αγώνες		ταμίες		φύλακες

Κατά το α γ ώ ν α ς κλίνονται:

αγκώνας, χειμώνας, αιώνας, στρατώνας, ενεστώτας, ιδρώτας, κανόνας, λιμένας, πατέρας, σωλήνας, κλητήρας κ.ά.
Μαλέας, Μαραθώνας κ.ά.
Αννίβας, Λεωνίδας, Φειδίας κ.ά.

Κατά το τ α μ ί α ς κλίνονται:

άντρας, γύπας, "μήνας, λοχίας, επαγγελματίας, επιχειρηματίας, κτηματίας κ.ά.

Κατά το φ ύ λ α κ α ς κλίνονται:

άμβωνας, άρχοντας, γείτονας, ήρωας, θώρακας, κήρυκας, κόρακας, λάρυγγας, πίνακας, πρόσφυγας, ρήτορας κ.ά.
Λάκωνας, Τσάκωνας κ.ά.
Αγαμέμνονας, Μίνωας, Κύκλωπας κ.ά.

1. Τα δισύλλαβα σε -ας και όσα τελειώνουν σε -ίας τονίζονται στη γενική του πληθυντικού στη λήγουσα:

ο άντρας — των αντρών, ο μήνας — των μηνών, ο επαγγελματίας — των επαγγελματιών.

2. Τα προπαροξύτονα σε -ας τονίζονται στη γενική του πληθυντικού στην παραλήγουσα:
ο *φύλακας* — *των φυλάκων,*   ο *πίνακας* — *των πινάκων.*

2. Αρσενικά σε - η ς ισοσύλλαβα

ο ναύτης	ο νικητής

127. Τα ισοσύλλαβα αρσενικά σε -ης είναι παροξύτονα και οξύτονα.

	Ενικός			Πληθυντικός		
Ονομ.	ο	*ναύτης*	ο	*νικητής*	οι *ναύτες*	οι *νικητές*
Γεν.	του	*ναύτη*	του	*νικητή*	των *ναυτών*	των *νικητών*
Αιτ.	το	*ναύτη*	το	*νικητή*	τους *ναύτες*	τους *νικητές*
Κλητ.		*ναύτη*		*νικητή*	*ναύτες*	*νικητές*

Κατά το ν α ύ τ η ς κλίνονται:
αγωγιάτης, επιβάτης, εργάτης, κυβερνήτης, ράφτης κ.ά.
βιβλιοπώλης, ειδωλολάτρης, ειρηνοδίκης κ.ά.
Ανατολίτης, Μανιάτης, Πειραιώτης, Πολίτης, Σπετσιώτης κ.ά.

Κατά το ν ι κ η τ ή ς κλίνονται:
αγοραστής, δανειστής, εθελοντής, ζυγιστής, μαθητής, νοικιαστής, πολεμιστής, προσκυνητής κ.ά.

Τα παροξύτονα σε -ης στη γενική του πληθυντικού κατεβάζουν τον τόνο στη λήγουσα: *ναύτης — ναυτών, επιβάτης — επιβατών.*

3. Αρσενικά σε - α ς ανισοσύλλαβα

ο σφουγγαράς

128. Ανισοσύλλαβα αρσενικά σε -ας είναι όλα τα οξύτονα και μερικά παροξύτονα και προπαροξύτονα.

	Ενικός		Πληθυντικός	
Ονομ.	ο	*σφουγγαράς*	οι	*σφουγγαράδες*
Γεν.	του	*σφουγγαρά*	των	*σφουγγαράδων*
Αιτ.	το	*σφουγγαρά*	τους	*σφουγγαράδες*
Κλητ.		*σφουγγαρά*		*σφουγγαράδες*

Κατά το σ φ ο υ γ γ α ρ ά ς κλίνονται:
βοριάς, παπάς, σκαφτιάς κ.ά.
αμαξάς, γαλατάς, καστανάς, μαρμαράς, ψαράς κ.ά.
μουσαμάς, ραγιάς, σατανάς κ.ά.
Μαρμαράς, Μιστράς, Πειραιάς
Καναδάς, Κραβασαράς, Κοκκιναράς
Παναμάς.

Μερικά παροξύτονα και προπαροξύτονα:
ρήγας, μπάρμπας, πρωτόπαπας.

Τα παροξύτονα και τα προπαροξύτονα σε -ας στον πληθυ-
ντικό κατεβάζουν τον τόνο στην παραλήγουσα:
ρήγας — ρηγάδες, πρωτόπαπας — πρωτοπαπάδες.

Το *αέρας* κάνει στον πληθυντικό *οι αέρηδες.*

4. Αρσενικά σε - η ς ανισοσύλλαβα

o νοικοκύρης

129.   Τα ανισοσύλλαβα αρσενικά σε -*ης* είναι οξύτονα, παροξύτονα
και προπαροξύτονα.

	Ενικός		Πληθυντικός
Ονομ.	ο	*νοικοκύρης*	οι *νοικοκύρηδες*
Γεν.	του	*νοικοκύρη*	των *νοικοκύρηδων*
Αιτ.	το	*νοικοκύρη*	τους *νοικοκύρηδες*
Κλητ.		*νοικοκύρη*	*νοικοκύρηδες*

Κατά το ν ο ι κ ο κ ύ ρ η ς κλίνονται:
γκιόνης, μανάβης, χαλίφης — βαρκάρης, περιβολάρης, τιμονιέρης,
Παυλάκης, παππούλης κ.ά.
Αρμένης, Καραγκούνης,

Αλκιβιάδης, Βασίλης, Γιάννης, Μανόλης κ.ά.
Υψηλάντης κ.ά.
Γενάρης, Φλεβάρης κ.ά.

Όμοια κλίνονται τα οξύτονα:
μπαλωματής, καφετζής, παπουτσής —
Απελλής, Περικλής — Κωστής, Παναγής — Κοραής,
καθώς και τα προπαροξύτονα *φούρναρης, κοτζάμπασης*
και οι τοπωνυμίες *Δούναβης, Τάμεσης, Τίβερης* κ.ά. (χωρίς πληθυντικό).

Τα προπαροξύτονα σε -ης κατεβάζουν τον τόνο κατά μία συλλαβή στον πληθυντικό: *φούρναρης — φουρνάρηδες, κοτζάμπασης — κοτζαμπάσηδες.*

5. Αρσενικά σε - τ ή ς, με διπλό πληθυντικό

ο πραματευτής

130. Μερικά αρσενικά σε -*τής* σχηματίζουν τον πληθυντικό και ισοσύλλαβα και ανισοσύλλαβα.

		Ενικός		Πληθυντικός
Ονομ.	ο	*πραματευτής*	οι	*πραματευτές**
Γεν.	του	*πραματευτή*	των	*πραματευτών*
Αιτ.	τον	*πραματευτή*	τους	*πραματευτές*
Κλητ.		*πραματευτή*		*πραματευτές*

Όμοια κλίνονται: *αλωνιστής, βουτηχτής, διαλαλητής, δουλευτής, κλαδευτής, τραγουδιστής* κ.ά.
Όμοια κλίνεται και το *αφέντης*, πληθ. *αφέντες — αφεντάδες.*

---

* *πραματευτάδες, πραματευτάδων* κτλ. Τους δεύτερους αυτούς τύπους τους συναντούμε στη λογοτεχνία.

131.   **6. Αρσενικά σε - ές και σε - ούς ανισοσύλλαβα**

ο καφές	ο παππούς

	Ενικός		Πληθυντικός	
Ονομ.	ο *καφές*	ο *παππούς*	οι *καφέδες*	οι *παππούδες*
Γεν.	του *καφέ*	του *παππού*	των *καφέδων*	των *παππούδων*
Αιτ.	τον *καφέ*	τον *παππού*	τους *καφέδες*	τους *παππούδες*
Κλητ.	*καφέ*	*παππού*	*καφέδες*	*παππούδες*

Κατά το **κ α φ έ ς** κλίνονται:
  καναπές, μενεξές, μιναρές, πανσές, τενεκές, χασές κ.ά.
Κατά το **π α π π ο ύ ς** κλίνονται χωρίς πληθυντικό: *Ιησούς, νους.*

132.   **7. Αρσενικά σε -ος**

ο ουρανός	ο δρόμος	ο άγγελος	ο αντίλαλος

Τα αρσενικά σε -ος είναι όλα ισοσύλλαβα.

Ενικός

Ονομ.	ο *ουρανός*	ο *δρόμος*	ο *άγγελος*	ο *αντίλαλος*
Γεν.	του *ουρανού*	του *δρόμου*	του *αγγέλου*	του *αντίλαλου*
Αιτ.	τον *ουρανό*	το *δρόμο*	τον *άγγελο*	τον *αντίλαλο*
Κλητ.	*ουρανέ*	*δρόμε*	*άγγελε*	*αντίλαλε*

Πληθυντικός

Ονομ.	οι *ουρανοί*	οι *δρόμοι*	οι *άγγελοι*	οι *αντίλαλοι*
Γεν.	των *ουρανών*	των *δρόμων*	των *αγγέλων*	των *αντίλαλων*
Αιτ.	τους *ουρανούς*	τους *δρόμους*	τους *αγγέλους*	τους *αντίλαλους*
Κλητ.	*ουρανοί*	*δρόμοι*	*άγγελοι*	*αντίλαλοι*

Κατά το **ο υ ρ α ν ό ς** κλίνονται:
  αδερφός, γιατρός, γιος, θεός, κυνηγός, λαός, προεστός και τα
  παράγωγα ουσιαστικά σε **-μός:** *λογαριασμός, ορισμός, σεισμός,
  χαμός* κτλ.
  Αξιός, Δομοκός κ.ά. *Δελφοί* κ.ά. *Βιζυηνός, Σολωμός* κ.ά.

86

Κατά το δ ρ ό μ ο ς κλίνονται:

γέρος, ήλιος, κάμπος, στόλος, ταχυδρόμος, ύπνος, ώμος κ.ά.
Άγγλος, Γάλλος κ.ά. — Βόλος κ.ά. — Αλέκος κ.ά.
Αντρούτσος, Κάλβος κ.ά.

Κατά το ά γ γ ε λ ο ς κλίνονται:

άνεμος, απόστολος, δάσκαλος, δήμαρχος, έμπορος, κάτοικος, κίνδυνος κ.ά. — Ιούνιος κ.ά.
Αλέξανδρος, Φίλιππος κ.ά. — Βόσπορος, Όλυμπος κ.ά.

Κλίνονται κατά το α ν τ ί λ α λ ο ς :

ανήφορος, ανθόκηπος, αυλόγυρος, κατήφορος, λαχανόκηπος, Χαράλαμπος, Χριστόφορος κ.ά. Μάντζαρος, Χριστόπουλος κ.ά. Αχλαδόκαμπος.

Η κλητική του ενικού σχηματίζεται σε -ε: *γιατρέ, ήλιε, δήμαρχε.*
Τη σχηματίζουν σε -ο:

α) Τα παροξύτονα βαφτιστικά: *Αλέκο, Γιώργο, Πέτρο, Σπύρο* κτλ. το *Παύλος* έχει κλητική *Παύλε* και *Παύλο.*

β) Μερικά κοινά παροξύτονα ουσιαστικά καθώς *γέρο, διάκο* το *καμαρότος* και το *καπετάνιος* έχουν την κλητική σε -ο και σε -ε.

γ) Μερικά οξύτονα χαϊδευτικά βαφτιστικά: *Γιαννακό, Δημητρό, Μανολιό* κ.ά.

δ) Μερικά οικογενειακά ονόματα παροξύτονα: *κύριε Παυλάκο.*

Ο τονισμός των προπαροξυτόνων

133. Στα προπαροξύτονα αρσενικά σε -ος κατεβάζουμε συνήθως τον τόνο στη γενική του ενικού στην παραλήγουσα:

ο άγγελος — του αγγέλου, του ανθρώπου, του εμπόρου.

Φυλάγουν τον τόνο στην προπαραλήγουσα οι πολυσύλλαβες και οι λαϊκές λέξεις:

του αντίκτυπου, του ανήφορου, του εξάψαλμου, του καλόγερου, του ρινόκερου.

Το ίδιο κάνουν συνήθως και τα κύρια ονόματα:

του Αχλαδόκαμπου, του Ξεροπόταμου, του Θόδωρου, του Χαράλαμπου, του Χριστόφορου και τα οικογενειακά: *του Ξενόπουλου.*

Τα προπαροξύτονα κοινά αρσενικά στη γενική και αιτιατική

87

του πληθυντικού κατεβάζουν τον τόνο στην παραλήγουσα: *των ανθρώπων — τους ανθρώπους, των κυρίων — τους κυρίους.*

Φυλάγουν τον τόνο στην προπαραλήγουσα τα σύνθετα, καθώς και τα κύρια ονόματα ανθρώπων: *των αντίλαλων — τους αντίλαλους, των μαντρόσκυλων — τους μαντρόσκυλους, των Χριστόφορων — τους Χριστόφορους, τους Χαράλαμπους, τους Ξενόπουλους.*

Η γενική πληθυντικού του *χρόνος* τονίζεται μερικές φορές στη λήγουσα: *είναι είκοσι χρονώ(ν)· είναι δουλειά δέκα χρονώ(ν).*

134. **Ανακεφαλαιωτικός πίνακας των αρσενικών**

Είδος	Καταλήξεις Ενικ. Πληθ.		Παραδείγματα	
Α΄. ΙΣΟΣΥΛΛΑΒΑ				
οξύτονα	-ός	-οί	*ουρανός*	*ουρανοί*
»	-ής	-ές	*νικητής*	*νικητές*
παροξύτονα	-ης	-ες	*ναύτης*	*ναύτες*
»	-ας	-ες	*αγώνας, ταμίας*	*αγώνες, ταμίες*
»	-ος	-οι	*δρόμος*	*δρόμοι*
προπαροξύτονα	-ας	-ες	*φύλακας*	*φύλακες .*
»	-ος	-οι	*άγγελος, αντίλαλος*	*άγγελοι, αντίλαλοι*
Β΄. ΑΝΙΣΟΣΥΛΛΑΒΑ				
οξύτονα	-άς	-άδες	*σφουγγαράς*	*σφουγγαράδες*
»	-ές	-έδες	*καφές*	*καφέδες*
»	-ούς	-ούδες	*παππούς*	*παππούδες*
παροξύτονα	-ης	-ηδες	*νοικοκύρης*	*νοικοκύρηδες*
προπαροξύτονα	-ης	-ηδες	*φούρναρης*	*φουρνάρηδες*
Γ΄. ΑΝΙΣΟΣΥΛΛΑΒΑ ΜΕ ΔΙΠΛΟ ΠΛΗΘΥΝΤΙΚΟ				
οξύτονα	-ής	-ές (-άδες)	*πραματευτής*	*πραματευτές (πραματευτάδες)*

Γενικές παρατηρήσεις στα αρσενικά

135. Τα αρσενικά σχηματίζουν όμοια τη γενική, αιτιατική και κλητική του ενικού, χωρίς το -ς της ονομαστικής:

ο πατέρας — *του πατέρα, τον πατέρα, πατέρα.*
ο ναύτης — *του ναύτη, το ναύτη, ναύτη.*
ο παππούς — *του παππού, τον παππού, παππού.*

Στον πληθυντικό έχουν τρεις πτώσεις όμοιες, την ονομαστική, την αιτιατική και την κλητική:

οι ναύτες, τους ναύτες, ναύτες.

Δεν ακολουθούν τους παραπάνω κανόνες όσα τελειώνουν σε -ος: *δρόμος — δρόμου, δρόμο, δρόμε· δρόμοι, δρόμους, δρόμοι.*

Η γενική πληθυντική όλων των αρσενικών τελειώνει σε -ων: *των ουρανών, των νοικοκύρηδων.*

ΚΛΙΣΗ ΘΗΛΥΚΩΝ

136. Τα θηλυκά διαιρούνται σε *ισοσύλλαβα* και σε *ανισοσύλλαβα.*

Τα **ισοσύλλαβα** σχηματίζουν την ονομαστική, αιτιατική και κλητική του πληθυντικού σε -ες:

η μητέρα — οι μητέρες, τις μητέρες, μητέρες.

Τα **ανισοσύλλαβα** τις σχηματίζουν σε -δες:

η αλεπού — οι αλεπούδες, τις αλεπούδες, αλεπούδες.

Τα θηλυκά τονίζονται σε όλες τις πτώσεις όπου και στην ονομαστική του ενικού εκτός από τη γενική του πληθυντικού, όπου πολλές φορές κατεβάζουν τον τόνο:

η ελπίδα — της ελπίδας — την ελπίδα — οι ελπίδες — των ελπίδων κτλ.

αλλά *ώρα — ωρών, θάλασσα — θαλασσών, σάλπιγγα — σαλπίγγων.*

Δεν ακολουθούν τους παραπάνω γενικούς κανόνες τα αρχαιόκλιτα θηλυκά που τελειώνουν στην ενική ονομαστική σε -ος και σε -η:

η διάμετρος — της διαμέτρου, η δύναμη — οι δυνάμεις.

1. Θηλυκά σε - α

137. | α) η καρδιά η ώρα η θάλασσα |

Ενικός

Ονομ.	η	καρδιά	η	ώρα	η	θάλασσα
Γεν.	της	καρδιάς	της	ώρας	της	θάλασσας
Αιτ.	την	καρδιά	την	ώρα	τη	θάλασσα
Κλητ.		καρδιά		ώρα		θάλασσα

Πληθυντικός

Ονομ.	οι	καρδιές	οι	ώρες	οι	θάλασσες
Γεν.	των	καρδιών	των	ωρών	των	θαλασσών
Αιτ.	τις	καρδιές	τις	ώρες	τις	θάλασσες
Κλητ.		καρδιές		ώρες		θάλασσες

Κατά το κ α ρ δ ι ά κλίνονται (χωρίς να σχηματίζουν όλα τη γενική του πληθυντικού):

αχλαδιά, δουλειά, ομορφιά, φωλιά, Κηφισιά κ.ά.

Κατά το ώ ρ α κλίνονται (χωρίς να σχηματίζουν όλα τη γενική πληθυντικού):

γλώσσα, ημέρα, ρίζα, χώρα, πλατεία, γυναίκα, μανούλα, δίψα, μαυρίλα, Μακεδονία, Μαρία κ.ά.

Κατά το θ ά λ α σ σ α κλίνονται:

αίθουσα, μέλισσα, μαθήτρια, ειλικρίνεια, Κέρκυρα κ.ά.

Τα θηλυκά σε -α που κλίνονται κατά το ώρα και θάλασσα στη γενική του πληθυντικού κατεβάζουν τον τόνο στη λήγουσα:

γλώσσα — γλωσσών, περιφέρεια — περιφερειών.

| β) η ελπίδα η σάλπιγγα |

	Ενικός			Πληθυντικός	
Ονομ.	η ελπίδα	η σάλπιγγα	οι ελπίδες	οι σάλπιγγες
Γεν.	της ελπίδας	της σάλπιγγας	των ελπίδων	των σαλπίγγων
Αιτ.	την ελπίδα	τη σάλπιγγα	τις ελπίδες	τις σάλπιγγες
Κλητ.	ελπίδα	σάλπιγγα	ελπίδες	σάλπιγγες

Κατά το ε λ π ί δ α κλίνονται:

αμαζόνα, γοργόνα, νεράιδα, σειρήνα, θυγατέρα κ.ά.

ασπίδα, γαρίδα, εφημερίδα, πατρίδα, σταφίδα, λαμπάδα κ.ά.

Αθηναία, Κερκυραία, Γαλλίδα κ.ά.

Ελλάδα, Ελευσίνα, Σαλαμίνα, Τραπεζούντα κ.ά. — **Ελπίδα, Αγγέλα** κ.ά.

Κατά το σ ά λ π ι γ γ α κλίνονται:

διώρυγα, όρνιθα, πέρδικα, σήραγγα, φάλαγγα κ.ά.

θερμότητα, ιδιότητα, ποσότητα, ταυτότητα, ταχύτητα, ικανότητα, αθωότητα, αυστηρότητα κ.ά.

Τα θηλυκά σε -α που κλίνονται κατά το *ελπίδα* και το *σάλπιγγα* στη γενική του πληθυντικού τονίζονται στην παραλήγουσα: *διώρυγα — διωρύγων, θερμότητα — θερμοτήτων* κτλ.

138.   2. Θηλυκά σε - η

η ψυχή	η νίκη	η ζάχαρη

Ενικός

Ονομ.	*η*	*ψυχή*	*η*	*νίκη*	*η*	*ζάχαρη*
Γεν.	*της*	*ψυχής*	*της*	*νίκης*	*της*	*ζάχαρης*
Αιτ.	*την*	*ψυχή*	*τη*	*νίκη*	*τη*	*ζάχαρη*
Κλητ.		*ψυχή*		*νίκη*		*ζάχαρη*

Πληθυντικός

Ονομ.	*οι*	*ψυχές*	*οι*	*νίκες*	*οι*	*ζάχαρες*
Γεν.	*των*	*ψυχών*	*των*	*νικών*		—
Αιτ.	*τις*	*ψυχές*	*τις*	*νίκες*	*τις*	*ζάχαρες*
Κλητ.		*ψυχές*		*νίκες*		*ζάχαρες*

Κατά το ψ υ χ ή κλίνονται:

αδερφή, αλλαγή, βροντή, γραμμή, Αγνή, Αφρική κ.ά.

Κατά το ν ί κ η κλίνονται (χωρίς να σχηματίζουν όλα τη γενική του πληθυντικού):

ανάγκη, δίκη, φήμη, αγάπη, ζέστη, πλώρη, Ιθάκη, Αφροδίτη κ.ά.

Κατά το ζ ά χ α ρ η κλίνονται:

άνοιξη, αντάμωση, βάφτιση, γέμιση, θύμηση, καλοπέραση, καλυτέρεψη, κάμαρη, κάππαρη, κλείδωση, κούραση, κουφόβραση, ξεφάντωση, σίκαλη, σταύρωση, τσάκιση, φώτιση, χώνεψη κ.ά. *Λυκόβρυση, Λυκόραχη* κ.ά. — *Χρυσόθεμη.*

Από τα θηλυκά σε -η τα περισσότερα οξύτονα σχηματίζουν κανονικά τη γενική πληθυντική: *των επιγραφών, των τιμών.*

Από τα παροξύτονα μερικά μόνο τη σχηματίζουν και κατεβάζουν τον τόνο στη λήγουσα: *ανάγκη — αναγκών, τέχνη — τεχνών.* Τα προπαροξύτονα δεν τη σχηματίζουν ποτέ.

Τα *νύφη, αδερφή, εξαδέρφη* σχηματίζουν τη γενική πληθυντική και *νυφάδων, αδερφάδων, εξαδερφάδων.* Οι τύποι *αδερφών, εξαδέρφων* συνηθίζονται για το αρσενικό.

139.   3. Θηλυκά σε - η αρχαιόκλιτα

η σκέψη	η δύναμη

Ενικός

Ονομ.	*η*	*σκέψη*	*η*	*δύναμη*
Γεν.	*της*	*σκέψης, σκέψεως*	*της*	*δύναμης, δυνάμεως*
Αιτ.	*τη*	*σκέψη*	*τη*	*δύναμη*
Κλητ.		*σκέψη*		*δύναμη*

Πληθυντικός

Ονομ.	*οι*	*σκέψεις*	*οι*	*δινάμεις*
Γεν.	*των*	*σκέψεων*	*των*	*δυνάμεων*
Αιτ.	*τις*	*σκέψεις*	*τις*	*δυνάμεις*
Κλητ.		*σκέψεις*		*δυνάμεις*

Κατά το σ κ έ ψ η κλίνονται:

γνώση, δύση, έλξη, θέση, κλίση, κράση, κρίση, λέξη, λύση, πίστη, πόλη, πράξη, στάση, φράση, χρήση, ψύξη κ.ά.

Τοπωνυμίες: *Άνδεις, Άλπεις, Σάρδεις.*

Κατά το δ ύ ν α μ η κλίνονται:

αίσθηση, ανάσταση, απόφαση, αφαίρεση, γέννηση, διάθεση, διαίρεση, είδηση, ειδοποίηση, ένεση, εντύπωση, ένωση, εξήγηση, επίσκεψη, ευχαρίστηση, θέληση, κατάληξη, κίνηση, κυβέρνηση, όρεξη, όσφρηση, παράδοση, προφύλαξη, συνεννόηση, σύνταξη,
-*υπόθεση* κ.ά.
Αλεξανδρούπολη, Κωνσταντινούπολη, Νεάπολη, Τρίπολη.

Τα προπαροξύτονα αρχαιόκλιτα θηλυκά σε -**η** κατεβάζουν τον τόνο στον πληθυντικό κατά μία συλλαβή:
η δύναμη — οι δυνάμεις — των δυνάμεων — τις δυνάμεις.

140.   **4. Θηλυκά σε - ω**

η Αργυρώ	η Φρόσω

Ενικός

Ονομ.	*η Αργυρώ*	*η Φρόσω*
Γεν.	*της Αργυρώς*	*της Φρόσως*
Αιτ.	*την Αργυρώ*	*τη Φρόσω*
Κλητ.	*Αργυρώ*	*Φρόσω*

Κατά το Α ρ γ υ ρ ώ κλίνονται:
Βαγγελιώ, Ερατώ, Καλυψώ, Κλειώ, Κρινιώ, Λενιώ, Λητώ, Σμαρώ κ.ά. — *Κω, ηχώ* (μόνο στον ενικό).
Κατά το Φ ρ ό σ ω κλίνονται: *Δέσπω, Μέλπω* κ.ά.

141.   **5. Θηλυκά σε - ο ς αρχαιόκλιτα**

η διάμετρος

Τα αρχαιόκλιτα θηλυκά σε -*ος* είναι οξύτονα, παροξύτονα και προπαροξύτονα.

	Ενικός		Πληθυντικός	
Ονομ.	*η*	*διάμετρος*	*οι διάμετροι*	*(οι διάμετρες)*
Γεν.	*της*	*διαμέτρου*	*των διαμέτρων*	
Αιτ.	*τη*	*διάμετρο*	*τις διαμέτρους*	*(τις διάμετρες)*
Κλητ.		*(διάμετρο)*	*(διάμετροι)*	

93

Όμοια κλίνονται:

άβυσσος, διαγώνιος, περίμετρος, είσοδος, έξοδος κ.ά.

Αγχίαλος, Αίγυπτος, Επίδαυρος, Κάρπαθος, Κόρινθος, Πελοπόννησος κ.ά.

Τα παροξύτονα: *λεωφόρος, διχοτόμος, Δήλος, Κύπρος* κ.ά.

Τα οξύτονα: *κιβωτός, Αιδηψός, Λεμεσός, Οδησσός.*

Τα προπαροξύτονα θηλυκά σε -ος στη γενική του ενικού και του πληθυντικού και στην πληθυντική αιτιατική σε -ους κατεβάζουν τον τόνο στην παραλήγουσα:

η διάμετρος — της διαμέτρου — των διαμέτρων — τις διαμέτρους.

Η κλητική είναι σπάνια και στον ενικό τελειώνει συνήθως σε -ο.

142.　　　　**6. Θηλυκά σε -ού**

η αλεπού

	Ενικός		Πληθυντικός	
Ονομ.	*η*	*αλεπού*	*οι*	*αλεπούδες*
Γεν.	*της*	*αλεπούς*	*των*	*αλεπούδων*
Αιτ.	*την*	*αλεπού*	*τις*	*αλεπούδες*
Κλητ.		*αλεπού*		*αλεπούδες*

Κατά το α λ ε π ο ύ κλίνονται μερικά κοινά καί κύρια ονόματα, καθώς:

μαϊμού, παραμυθού, γλωσσού, υπναρού, φωνακλού κ.ά.
Κολοκυθού κ.ά. — *Ραλλού* κ.ά.

143.　　Από τα θηλυκά σε -α μερικά κλίνονται ανισοσύλλαβα, όπως *η γιαγιά.*

	Ενικός		Πληθυντικός	
Ονομ.	*η*	*γιαγιά*	*οι*	*γιαγιάδες*
Γεν.	*της*	*γιαγιάς*	*των*	*γιαγιάδων*
Αιτ.	*τη*	*γιαγιά*	*τις*	*γιαγιάδες*
Κλητ.		*γιαγιά*		*γιαγιάδες*

Κατά το γ ι α γ ι ά κλίνονται: *μαμά, κυρά.*

144.   Ανακεφαλαιωτικός πίνακας των θηλυκών

Είδος	Καταλήξεις Ενικ. Πληθ.	Παραδείγματα
		Α΄. ΙΣΟΣΥΛΛΑΒΑ
οξύτονα	**-ά** **-ές**	*καρδιά* *καρδιές*
»	**-ή** **-ές**	*ψυχή* *ψυχές*
παροξύτονα	**-α** **-ες**	*ώρα, ελπίδα* *ώρες, ελπίδες*
»	**-η** **-ες**	*νίκη* *νίκες*
προπαροξύτ.	**-α** **-ες**	*θάλασσα, σάλπιγγα θάλασσες, σάλπιγγες*
»	**-η** **-ες**	*ζάχαρη* *ζάχαρες*
κύρια ονόματα	**-ώ** **-**	*Αργυρώ* —
» »	**-ω** **-**	*Φρόσω* —
αρχαιόκλιτα	**-η** **-εις**	*σκέψη, δύναμη* *σκέψεις, δυνάμεις*
»	**-ος** **-οι (-ες)**	*διάμετρος* *διάμετροι(διάμετρες)*
		Β΄. ΑΝΙΣΟΣΥΛΛΑΒΑ
οξύτονα	**-ά** **-άδες**	*γιαγιά* *γιαγιάδες*
»	**-ού** **-ούδες**	*αλεπού* *αλεπούδες*

Γενικές παρατηρήσεις στα θηλυκά

145.   Όλα τα θηλυκά σχηματίζουν την ενική γενική με την προσθήκη ενός -ς στην ονομαστική:

η μητέρα — της μητέρας, η νίκη — της νίκης.

Όλα τα θηλυκά έχουν σε κάθε αριθμό τρεις πτώσεις όμοιες, την ονομαστική, την αιτιατική και την κλητική:

η γυναίκα, τη γυναίκα, γυναίκα —οι γυναίκες, τις γυναίκες, γυναίκες·
η αλεπού, την αλεπού, αλεπού—οι αλεπούδες, τις αλεπούδες, αλεπούδες·
η σκέψη, τη σκέψη, σκέψη — οι σκέψεις, τις σκέψεις, σκέψεις.

Τα αρχαιόκλιτα σε -ος δεν ακολουθούν τους παραπάνω κανόνες.

Η γενική πληθυντική όλων των θηλυκών τελειώνει σε -ων (όταν σχηματίζεται): *των ωρών, των γιαγιάδων, των νικών, των δυνάμεων, των διαμέτρων.*

95

ΚΛΙΣΗ ΟΥΔΕΤΕΡΩΝ

146. Τα ουδέτερα διαιρούνται σε *ισοσύλλαβα* και σε *ανισοσύλλαβα*. Τα **ισοσύλλαβα** ουδέτερα τελειώνουν στην ενική ονομαστική σε -ο, -ι, -ος: *βουνό, παιδί, βάρος.* Τα **ανισοσύλλαβα** τελειώνουν στην ενική ονομαστική σε -μα, -σιμο, -ας, -ως: *κύμα, δέσιμο, κρέας, φως.*

Α.— Ουδέτερα ισοσύλλαβα

147. **1. Ουδέτερα σε - ο**

| το βουνό | το πεύκο | το σίδερο | το πρόσωπο |

Τα ουδέτερα σε -ο είναι οξύτονα, παροξύτονα και προπαροξύτονα.

Ενικός

Ονομ.	το	βουνό	το	πεύκο	το	σίδερο	το	πρόσωπο
Γεν.	του	βουνού	του	πεύκου	του	σίδερου·	του	προσώπου
Αιτ.	το	βουνό	το	πεύκο	το	σίδερο	το	πρόσωπο
Κλητ.		βουνό		πεύκο		σίδερο		πρόσωπο

Πληθυντικός

Ονομ.	ια	βουνά	τα	πεύκα	τα	σίδερα	τα	πρόσωπα
Γεν.	των	βουνών	των	πεύκων	των	σίδερων	των	προσώπων
Αιτ.	τα	βουνά	τα	πεύκα	τα	σίδερα	τα	πρόσωπα
Κλητ.		βουνά		πεύκα		σίδερα		πρόσωπα

Κατά το β ο υ ν ό κλίνονται:

νερό, ποσό, φτερό, μαγειρειό, νοικοκυριό κ.ά.

Κατά το π ε ύ κ ο κλίνονται:

δέντρο, βιβλίο, θηρίο, αστεροσκοπείο, υπουργείο κ.ά. *Ναβαρίνο* κ.ά.

Κατά το σ ί δ ε ρ ο κλίνονται:

αμύγδαλο, δάχτυλο, σέλινο, σύννεφο, τριαντάφυλλο, χαμόκλαδο κ.ά. *Λιτόχωρο, Σαραντάπηχο* κ.ά.

Κατά το π ρ ό σ ω π ο, που κατεβάζει στη γενική ενικού και πληθυντικού τον τόνο της ονομαστικής, κλίνονται:

άλογο, άτομο, έπιπλο, θέατρο, κύπελλο, μέτωπο, όργανο κ.ά.

οι τοπωνυμίες: *'Αγραφα, Καλάβρυτα* κ.ά.

Μερικά προπαροξύτονα τονίζονται και κατά το *πρόσωπο* και κατά το *σίδερο.* Έτσι το *βούτυρο, γόνατο, πρόβατο, ατμόπλοιο.* Οι τρισύλλαβες τοπωνυμίες σχηματίζονται συνήθως κατά το *πρόσωπο: του Μετσόβου.*

148.   **2. Ουδέτερα σε -ι**

το παιδί	το τραγούδι

Τα ουδέτερα σε *-ι* είναι οξύτονα και παροξύτονα.

	Ενικός		Πληθυντικός	
Ονομ.	*το παιδί*	*το τραγούδι*	*τα παιδιά*	*τα τραγούδια*
Γεν.	*του παιδιού*	*του τραγουδιού*	*των παιδιών*	*των τραγουδιών*
Αιτ.	*το παιδί*	*το τραγούδι*	*τα παιδιά*	*τα τραγούδια*
Κλητ.	*παιδί*	*τραγούδι*	*παιδιά*	*τραγούδια*

Κατά το π α ι δ ί κλίνονται:

αρνί, σκοινί, σφυρί, ψωμί κ.ά.

Δαφνί κ.ά.

Κατά το τ ρ α γ ο ύ δ ι κλίνονται:

αηδόνι, θυμάρι, καλοκαίρι, χιόνι, ψαλτήρι κ.ά.

Τα παράγωγα σε *-άδι, -ίδι, -άρι: ασπράδι, βαρίδι, βλαστάρι* κ.ά.

Τα υποκοριστικά σε *-άκι, -ούλι: αρνάκι, μικρούλι* κ.ά.

ερημοκλήσι κ.ά. *Γαλαξίδι, Μεσολόγγι* κ.ά.

'Ολα τα ουδέτερα σε *-ι* τονίζονται στη γενική του ενικού και του πληθυντικού στη λήγουσα: *τραγουδιού — τραγουδιών.*

Τα υποκοριστικά σε *-άκι, -ούλι* δε σχηματίζουν συνήθως γενική: Δε λέμε *το γατάκι — του γατακιού.* Θα πούμε *του γατιού* (από το *γατί*), το *αρνάκι — του αρνιού, των αρνιών* (από το *αρνί*).

ΟΡΘΟΓΡΑΦΙΑ. 'Ολα τα ουδέτερα σε *-ι* γράφονται με *ι.* Γράφονται με *υ* τα *βράδυ, δόρυ, δάκρυ, δίχτυ, οξύ* και *στάχυ.* Το *βράδυ* στη γενική του ενικού και σε όλες τις πτώσεις του πληθυντικού γράφεται με *ι: βραδιού — βράδια* κτλ.

149. **3. Ουδέτερα σε -ος**

το μέρος	το έδαφος

Τα ουδέτερα σε -ος είναι παροξύτονα και προπαροξύτονα.

	Ενικός		Πληθυντικός	
Ονομ.	το *μέρος*	το *έδαφος*	τα *μέρη*	τα *εδάφη*
Γεν.	του *μέρους*	του *εδάφους*	των *μερών*	των. *εδαφών*
Αιτ.	το *μέρος*	το *έδαφος*	τα *μέρη*	τα *εδάφη*
Κλητ.	*μέρος*	*έδαφος*	*μέρη*	*εδάφη*

Κατά το μ έ ρ ο ς κλίνονται:

άλσος, βάρος, βέλος, βρέφος, γένος, δάσος, έθνος, είδος, θάρρος, κέρδος, κράτος, λάθος, μήκος, πάχος, πλήθος, στήθος, τέλος, ύψος, χρέος κ.ά.

'Αργος, 'Αστρος, Τέμπη κ.ά.

Κατά το έ δ α φ ο ς κλίνονται:

έλεος, μέγεθος, πέλαγος, στέλεχος κ.ά.

Τα ουδέτερα σε -ος στη γενική πληθυντική κατεβάζουν τον τόνο στη λήγουσα: *είδος — ειδών, μέγεθος — μεγεθών.*

Τα προπαροξύτονα ουδέτερα σε -ος κατεβάζουν τον τόνο στην παραλήγουσα στη γενική του ενικού και στην ονομαστική, αιτιατική και κλητική του πληθυντικού:

το μέγεθος — του μεγέθους — τα μεγέθη.

Το π έ λ α γ ο ς κλίνεται και : *το πέλαγο — του πελάγου (και του πέλαγου) — τα πέλαγα.*

Μερικά αφηρημένα δε σχηματίζουν πληθυντικό: *θάρρος, κόστος, ύψος* κτλ.

Β.— Ουδέτερα ανισοσύλλαβα

150. Τα ανισοσύλλαβα ουδέτερα έχουν και στη γενική του ενικού, όπως και στον πληθυντικό, μια συλλαβή παραπάνω: *το κύμα — του κύματος — τα κύματα.*

4. Ουδέτερα σε -μα

το κύμα	το όνομα

Τα ουδέτερα σε -μα είναι παροξύτονα και προπαροξύτονα.

98

	Ενικός		Πληθυντικός	
Ονομ.	το κύμα	το όνομα	τα κύματα	τα ονόματα
Γεν.	του κύματος	του ονόματος	των κυμάτων	των ονομάτων
Αιτ.	το κύμα	το όνομα	τα κύματα	τα ονόματα
Κλητ.	κύμα	όνομα	κύματα	ονόματα

Κατά το **κ ύ μ α** κλίνονται:

αίμα, άρμα, βήμα, γράμμα, δέρμα, δράμα, κλάμα, μνήμα, νήμα, σύρμα, σώμα, τάγμα, τάμα, χρήμα, χρώμα, χώμα, ψέμα κ.ά.
Όμοια κλίνεται και το γάλα.

Κατά το **ό ν ο μ α** κλίνονται:

άγαλμα, άθροισμα, άνοιγμα, άπλωμα, γύρισμα, διάλειμμα, ζήτημα, θέλημα, κέντημα, μάθημα, μπάλωμα, πήδημα, πρόβλημα, στοίχημα, ύφασμα κ.ά.

Μερικά αφηρημένα σε -μα και το άρματα συνηθίζονται μόνο στον πληθυντικό: γεράματα, τρεχάματα, χαιρετίσματα κ.ά.

Τα ουδέτερα σε -μα κατεβάζουν τον τόνο στη γενική του πληθυντικού στην παραλήγουσα: των κυμάτων, των ονομάτων.

151.   **5. Ουδέτερα σε -σ ι μ ο (-ξ ι μ ο, -ψ ι μ ο)**

> το δέσιμο

Όλα τα ουδέτερα σε -σιμο (-ξιμο, -ψιμο) είναι προπαροξύτονα.

	Ενικός	Πληθυντικός
Ονομ.	το δέσιμο	τα δεσίματα
Γεν.	του δεσίματος	των δεσιμάτων
Αιτ.	το δέσιμο	τα δεσίματα
Κλητ.	δέσιμο	δεσίματα

Όμοια κλίνονται πολλά αφηρημένα σε -σιμο (-ξιμο, -ψιμο) που παράγονται από ρήματα:

βάψιμο, γνέσιμο, γράψιμο, κλείσιμο, ντύσιμο, πλέξιμο, σκύψιμο, τάξιμο, τρέξιμο, φέρσιμο, φταίξιμο κ.ά.

Τα ουδέτερα σε -σιμο (-ξιμο, -ψιμο) τονίζονται στη γενική του πληθυντικού, στις σπάνιες περιπτώσεις που τη σχηματίζουν, στην παραλήγουσα: *των δεσιμάτων*.

152. **6. Ουδέτερα σε -α ς, -ω ς**

το κρέας			το φως		
	Ενικός			Πληθυντικός	
Ονομ.	*το κρέας*	*το φως*	*τα κρέατα*	*τα φώτα*	
Γεν.	*του κρέατος*	*του φωτός*	*των κρεάτων*	*των φώτων*	
Αιτ.	*το κρέας*	*το φως*	*τα κρέατα*	*τα φώτα*	
Κλητ.	*κρέας*	*φως*	*κρέατα*	*φώτα*	

Κατά το **κ ρ έ α ς** κλίνονται το *πέρας* και το *τέρας*.

Όμοια με το **φ ω ς** σχηματίζονται το *καθεστώς* και το *γεγονός*, με τη διαφορά πως αυτά στη γενική του ενικού τονίζονται στην παραλήγουσα: *του καθεστώτος, του γεγονότος*.

153. **Ανακεφαλαιωτικός πίνακας των ουδετέρων**

Ε ί δ ο ς	Καταλήξεις Ενικ. Πληθ.		Π α ρ α δ ε ί γ μ α τ α	
	Α΄. Ι Σ Ο Σ Υ Λ Λ Α Β Α			
οξύτονα	-ό	-ά	*βουνό*	*βουνά*
»	-ί	-ιά	*παιδί*	*παιδιά*
παροξύτονα	-ι	-ια	*τραγούδι*	*τραγούδια*
»	-ο	-α	*πεύκο*	*πεύκα*
»	-ος	-η	*μέρος*	*μέρη*
προπαροξύτ.	-ο	-α	*σίδερο, πρόσωπο*	*σίδερα, πρόσωπα*
»	-ος	-η	*έδαφος*	*εδάφη*
	Β Α Ν Ι Σ Ο Σ Υ Λ Λ Α Β Α			
οξύτονα	-ώς	-ώτα	*καθεστώς*	*καθεστώτα*
παροξύτονα	-ας	-ατα	*κρέας*	*κρέατα*
»	-μα	-ματα	*κύμα*	*κύματα*
προπαροξύτ.	-μα	-ματα	*όνομα*	*ονόματα*
»	-σιμο	-σίματα	*δέσιμο*	*δεσίματα*

Γενικές παρατηρήσεις στα ουδέτερα

154. Όλα τα ουδέτερα έχουν στον κάθε αριθμό τρεις πτώσεις ό-μοιες, την ονομαστική, την αιτιατική και την κλητική: *το μέρος* — *τα μέρη, το κύμα* — *τα κύματα* κτλ.

Τα ανισοσύλλαβα ουδέτερα στη γενική του πληθυντικού τονί-ζονται όλα στην παραλήγουσα: *κυμάτων, δεσιμάτων, κρεάτων, φώ-των.*

Η γενική πληθυντική όλων των ουδετέρων τελειώνει σε *-ων.*

ΕΚΤΟ ΚΕΦΑΛΑΙΟ

ΑΝΩΜΑΛΑ ΟΥΣΙΑΣΤΙΚΑ

155. Πολλά ουσιαστικά δεν κλίνονται σύμφωνα με τους κα-νόνες που ακολουθούν οι τρεις κλίσεις. Τα ουσιαστικά αυτά ονομάζονται **ανώμαλα ουσιαστικά** και είναι **άκλι-τα, ελλειπτικά, ιδιόκλιτα, διπλόκλιτα, διπλόμορφα, δι-πλοκατάληκτα.**

Α.— Άκλιτα

156. Μερικά ουσιαστικά φυλάγουν σε όλες τις πτώσεις την ίδια κατάληξη, είναι δηλαδή **άκλιτα.** Η πτώση τους φαίνεται από το άρ-θρο που τα συνοδεύει: *η μάχη του Κιλκίς.*

Άκλιτα είναι:

α) Λέξεις ξένης καταγωγής όπως *το ζενίθ, το μάννα, το ναδίρ, το ρεκόρ·*

τα γράμματα του αλφαβήτου: *άλφα, βήτα, γάμα* κτλ.

β) Τα **προτακτικά** *Αγια-, Αϊ-, γερο-, θεια-, κυρα-, μαστρο-, μπαρ-μπα-, καπετάν, κυρ, πάτερ,* που μπαίνουν πριν από κύρια ή κοι-νά ονόματα:

της Αγια-Βαρβάρας, την Αγια-Σωτήρα, του Αϊ-Δημήτρη, ο γερο-λύκος, του γερο-λύκου, της κυρα-Ρήνης, ο μαστρο-Πέτρος.

Ο καπετάν Κωσταντής, του κυρ Γιώργη, ο πάτερ Ιωσήφ, του πάτερ Σωφρόνιο.

157. *ΟΡΘΟΓΡΑΦΙΑ.—* Τα προτακτικά γράφονται χωρίς τόνο και παίρνουν ενωτικό. Γράφονται με τόνο και χωρίς ενωτικό τα *καπετάν* και *πάτερ.*

γ) Το *Πάσχα,* ξενικές τοπωνυμίες καθώς *Ιερουσαλήμ, Σινά, Θαβώρ, Γιβραλτάρ* κ.ά. , ξενικά ονόματα ανθρώπων καθώς *Αδάμ, Δαβίδ, Μωάμεθ, Νώε* κ.ά.

δ) Πολλά οικογενειακά ονόματα Ελλήνων σε πτώση γενική: *ο Γεωργίου, ο Παπαναστασίου, ο Χριστοδούλου* κτλ.

ε) Τα επώνυμα των γυναικών που σχηματίζονται από τη γενική του αρσενικού:

η κυρία Μελά — της κυρίας Μελά
η κυρία Ραγκαβή — της κυρίας Ραγκαβή.

Β.— Ελλειπτικά

158. Μερικά ουσιαστικά συνηθίζονται μόνο σε ορισμένες πτώσεις του ενικού ή του πληθυντικού, τα περισσότερα στην ονομαστική και την αιτιατική. Τα ουσιαστικά αυτά λέγονται **ελλειπτικά.** Συχνά συνηθίζονται σε ορισμένες μόνο φράσεις.

Ελλειπτικά ουσιαστικά είναι:

το δείλι	οι άλλες πτώσεις αναπληρώνονται από *το δειλινό*
τα ήπατα	*μου κόπηκαν τα ήπατα*
το όφελος	*τι το όφελος*
προάλλες	*τις προάλλες*
πρωί	οι άλλες πτώσεις αναπληρώνονται από *το πρωινό*
σέβας	έχει πληθυντικό *τα σέβη* και *τα σεβάσματα*
σέλας	*το βόρειο σέλας*
σύγκαλα	*ήρθε στα σύγκαλά του,*
τάραχος	*έπαθε των παθών του τον τάραχο.*

Στη γ ε ν ι κ ή μ ό ν ο συνηθίζονται οι λέξεις:
του κάκου — του θανατά (έπεσε του θανατά)
λογής (τι λογής), λογιών (πολλών λογιών, λογιών(ν) λογιώ(ν)).

Γ.— Ιδιόκλιτα

159. **Ιδιόκλιτα** λέγονται τα ουσιαστικά που δεν κλίνονται σύμφωνα με μια από τις κλίσεις των ουσιαστικών αλλά ακολουθούν δικό τους σχηματισμό.

Ιδιόκλιτα είναι:

α) Μερικά αρσενικά σε -έας. Αυτά κλίνονται στον ενικό κατά το τα-μίας, στον πληθυντικό όμως ακολουθούν την αρχαία κλίση και σχηματίζονται σε -είς, -έων, -είς, -είς:

		Ενικός		Πληθυντικός
Ονομ.	ο	δεκανέας	οι	δεκανείς
Γεν.	του	δεκανέα	των	δεκανέων
Αιτ.	το	δεκανέα	τους	δεκανείς
Κλητ.		δεκανέα		δεκανείς

Όμοια κλίνονται:

γραμματέας, γραφέας, διανομέας, εισαγγελέας, κουρέας, σκαπανέας, συγγραφέας κ.ά.

β) Μερικά ουδέτερα σε -ον, -αν, -εν, -υ. Αυτά είναι:

1) Σε -ον: ον, παρόν, παρελθόν, προϊόν — καθήκον, ενδιαφέρον, συμφέρον, μέλλον·
2) σε -αν: παν, σύμπαν·
3) σε -εν: μηδέν, φωνήεν·
4) σε -υ: οξύ, δόρυ.

Ενικός

Ονομ.	το	ον	το	καθήκον	το	παν	το	σύμπαν
Γεν.	του	όντος	του	καθήκοντος	του	παντός	του	σύμπαντος
Αιτ.	το	ον	το	καθήκον	το	παν	το	σύμπαν
Κλητ.		ον		καθήκον		παν		σύμπαν

Πληθυντικός

Ονομ.	τα	όντα	τα	καθήκοντα	τα	πάντα	τα	σύμπαντα
Γεν.	των	όντων	των	καθηκόντων	των	πάντων	των	συμπάντων
Αιτ.	τα	όντα	τα	καθήκοντα	τα	πάντα	τα	σύμπαντα
Κλητ.		όντα		καθήκοντα		πάντα		σύμπαντα

Ενικός

Ονομ.	το μηδέν	το φωνήεν	το οξύ	το δόρυ
Γεν.	του μηδενός	του φωνήεντος	του οξέος	του δόρατος
Αιτ.	το μηδέν	το φωνήεν	το οξύ	το δόρυ
Κλητ.	μηδέν	φωνήεν	οξύ	δόρυ

Πληθυντικός

Ονομ.	—	τα φωνήεντα	τα οξέα	τα δόρατα
Γεν.	—	των φωνηέντων	των οξέων	των δοράτων
Αιτ.	—	τα φωνήεντα	τα οξέα	τα δόρατα
Κλητ.	—	φωνήεντα	οξέα	δόρατα

Το *μηδέν* δε σχηματίζει πληθυντικό. Όταν είναι ο λόγος για το αριθμητικό ψηφίο ή για βαθμό, σχηματίζουμε τον πληθυντικό από τη λέξη *μηδενικό: τα μηδενικά.*

Δ.— Διπλόκλιτα

160. Μερικά αρσενικά ουσιαστικά σχηματίζουν τον πληθυντικό σε ουδέτερο γένος: *ο πλούτος — τα πλούτη·* ή σχηματίζουν εκτός από τον κανονικό και δεύτερο πληθυντικό σε ουδέτερο γένος: *ο βράχος — οι βράχοι* και *τα βράχια.* Τα ουσιαστικά αυτά ακολουθούν έτσι δυο κλίσεις και γι' αυτό λέγονται **διπλόκλιτα.**

Οι δυο τύποι του πληθυντικού διαφέρουν κάποτε και στη σημασία. Διπλόκλιτα ουσιαστικά είναι:

α) *ο σανός*   *τα σανά*
   ο τάρταρος (ο Άδης) *τα τάρταρα*
   η νιότη   *τα νιάτα*

β) *ο βάτος*   *οι βάτοι — τα βάτα*
   ο βράχος   *οι βράχοι — τα βράχια*
   ο δεσμός   *οι δεσμοί — τα δεσμά*
   ο καπνός   *οι καπνοί* (του κανονιού) *— τα καπνά* (το φυτό)
   ο λαιμός   *οι λαιμοί — τα λαιμά* (επιφάνεια του λαιμού, αρρώστια του λαιμού)
   ο λόγος   *οι λόγοι* (ομιλίες, αιτίες) *— τα λόγια* (γεν. *των λόγων*)
   ο ναύλος   *οι ναύλο. — τα ναύλα*
   ο ουρανός   *οι ουρανοί — τα ουράνια*
   ο φάκελος   *οι φάκελοι — τα φάκελα*
   ο χρόνος   *οι χρόνοι* (οι χρόνοι των ρημάτων) *— τα χρόνια*
   ο αδερφός   *οι αδερφοί — τα αδέρφια* (αγόρια και κορίτσια μαζί)

ο (ε)ξάδερφος   οι (ε)ξάδερφοι—τα (ε)ξαδέρφια (για αγόρια και κορίτσια μαζί).

Ε.— Διπλόμορφα

161. **Διπλόμορφα** λέγονται μερικά ουσιαστικά που έχουν δύο τύπους, τον ένα με μια συλλαβή λιγότερη: *γέροντας — γέρος.* Υπάρχουν:

α) Διπλόμορφα και στους δύο αριθμούς:
γέροντας — γέρος, γέροντες — γέροι, δράκοντας — δράκος, δράκοντες — δράκοι.

β) Διπλόμορφα μόνο στον ενικό:
1) Αρσενικά:
γίγαντας — γίγας, ελέφαντας — ελέφας, Αίαντας — Αίας, Οιδίποδας — Οιδίπους, χάροντας — χάρος.

Ο πληθυντικός σχηματίζεται από τους πολυσυλλαβότερους τύπους:
οι γίγαντες, οι ελέφαντες, οι Αίαντες, οι Οιδίποδες.
2) Θηλυκά:
Αρτέμιδα —Άρτεμη, Θέτιδα — Θέτη.

Το *δεσποινίδα* ως τίτλος έχει στην ενική ονομαστική και κλητική και τον τύπο *δεσποινίς: (η) δεσποινίς Έλλη.*

ς.— Διπλοκατάληκτα

162. **Διπλοκατάληκτα** λέγονται μερικά ουσιαστικά που σχηματίζουν στον ενικό ή στον πληθυντικό δύο τύπους.

Διπλοκατάληκτα στον ενικό είναι:

Τα αρσενικά *μάγειρας — μάγειρος, μάστορας — μάστορης.*

Τα θηλυκά *ανεμώνα — ανεμώνη, άκρια — άκρη, κάμαρα — κάμαρη.*

Τα ουδέτερα *χείλι — χείλος, δάκρυο* (γεν. *του δάκρυου*) *— δάκρυ.*

Διπλοκατάληκτα στον πληθυντικό είναι:

ο γονιός — οι γονιοί και *οι γονείς* (κλίνεται κατά το *δεκανείς*)

ο καπετάνιος — οι καπετάνιοι και *οι καπεταναίοι*

ο φούρναρης — οι φουρνάρηδες και *οι φουρναραίοι*

ο νοικοκύρης — οι νοικοκύρηδες και *οι νοικοκυραίοι*

το στήθος — τα στήθη και *τα στήθια.*

Μερικά ουσιαστικά έχουν διπλοκατάληκτο πληθυντικό με διαφορετικές σημασίες. Τέτοια είναι:

δεσπότης: δεσποτάδες (οι αρχιερείς)
    δεσπότες (οι άρχοντες, εκείνοι που συμπεριφέρονται τυραννικά).
κορφή: *κορφές* (οι κορυφές των βουνών, των δέντρων κτλ.)
    κορφάδες (για τα χορταρικά).

ΤΑ ΕΠΙΘΕΤΑ

ΕΒΔΟΜΟ ΚΕΦΑΛΑΙΟ

Η ΚΛΙΣΗ ΤΩΝ ΕΠΙΘΕΤΩΝ

Καλός άνθρωπος, ξερή γη, όμορφο ζώο

163. Η λέξη *καλός* φανερώνει τι λογής είναι ο άνθρωπος, η λέξη *ξερή* τι λογής είναι η γη, η λέξη *όμορφο* τι λογής είναι το ζώο.

> Οι λέξεις που φανερώνουν τι λογής είναι, δηλαδή ποια ποιότητα ή ιδιότητα έχει το ουσιαστικό, λέγονται **επίθετα.**

1. Τα επίθετα δεν υπάρχουν μόνα τους στο λόγο· πάντα πηγαίνουν μαζί με ένα ουσιαστικό, όπως είδαμε στα παραδείγματα.

2. Τα επίθετα παίρνουν το γένος του ουσιαστικού που προσδιορίζουν· γι' αυτό έχουν τρία γένη, με ξεχωριστή κατάληξη για το κάθε γένος:

μεγάλος κήπος — μεγάλη πόλη — μεγάλο παιδί
βαθύς ωκεανός — βαθιά ρίζα — βαθύ όργωμα.

3. Τα επίθετα κλίνονται όπως και τα ουσιαστικά που έχουν τις ίδιες καταλήξεις. Μόνο τα επίθετα με αρσενικό σε -ύς, -ής *(βαθύς — βαθιά — βαθύ, θαλασσής — θαλασσιά — θαλασσί)* ακολουθούν δική τους. κλίση.

4. Τα επίθετα κατά την κλίση τους φυλάγουν τον τόνο στη συλλαβή που τονίζεται η ονομαστική του αρσενικού:

έτοιμος, έτοιμη, έτοιμο, έτοιμου, έτοιμης, έτοιμων, έτοιμους κτλ.
κυριακάτικος, κυριακάτικου, κυριακάτικων, κυριακάτικους κτλ.
ανοιχτομάτης, ανοιχτομάτη, ανοιχτομάτηδες, ανοιχτομάτα κτλ.

106

Α.— Επίθετα με το αρσενικό σε -ος

164.　　　1. Επίθετα σε -ος - η - ο

καλός καλή καλό			όμορφος όμορφη όμορφο		

Ενικός

Ονομ.	ο	καλός	η	καλή	το	καλό
Γεν.	του	καλού	της	καλής	του	καλού
Αιτ.	τον	καλό	την	καλή	το	καλό
Κλητ.		καλέ		καλή		καλό

Πληθυντικός

Ονομ.	οι	καλοί	οι	καλές	τα	καλά
Γεν.	των	καλών	των	καλών	των	καλών
Αιτ.	τους	καλούς	τις	καλές	τα	καλά
Κλητ.		καλοί		καλές		καλά

Ενικός

Ονομ.	ο	όμορφος	η	όμορφη	το	όμορφο
Γεν.	του	όμορφου	της	όμορφης	του	όμορφου
Αιτ.	τον	όμορφο	την	όμορφη	το	όμορφο
Κλητ.		όμορφε		όμορφη		όμορφο

Πληθυντικός

Ονομ.	οι	όμορφοι	οι	όμορφες	τα	όμορφα
Γεν.	των	όμορφων	των	όμορφων	των	όμορφων
Αιτ.	τους	όμορφους	τις	όμορφες	τα	όμορφα
Κλητ.		όμορφοι		όμορφες		όμορφα

Όμοια κλίνονται:

α) τα περισσότερα επίθετα σε -ος, όσα έχουν σύμφωνο πριν από την κατάληξη:

　αχριβός, δυνατός, σκοτεινός, ταπεινός, τυχερός·
　βραδινός, σφιχτός — άσπρος, μαύρος — δροσάτος
　έτοιμος, ήσυχος, ξύλινος, πράσινος, ακούραστος κ.ά.

β) τα οξύτονα και προπαροξύτονα που έχουν φωνήεν πριν από την κατάληξη, όχι όμως ι, υ, ει, οι:

αραιός, στερεός· ακέραιος, βέβαιος, δίκαιος, μάταιος, όγδοος, παμπάλαιος, υπάκονος, στέρεος κ.ά.

165. **2. Επίθετα σε - ο ς - α - ο**

ωραίος ωραία ωραίο	πλούσιος πλούσια πλούσιο

Ενικός

Ονομ.	ο	*ωραίος*	η	*ωραία*	το	*ωραίο*
Γεν.	του	*ωραίου*	της	*ωραίας*	του	*ωραίου*
Αιτ.	τον	*ωραίο*	την	*ωραία*	το	*ωραίο*
Κλητ.		*ωραίε*		*ωραία*		*ωραίο*

Πληθυντικός

Ονομ.	οι	*ωραίοι*	οι	*ωραίες*	τα	*ωραία*
Γεν.	των	*ωραίων*	των	*ωραίων*	των	*ωραίων*
Αιτ.	τους	*ωραίους*	τις	*ωραίες*	τα	*ωραία*
Κλητ.		*ωραίοι*		*ωραίες*		*ωραία*

Ενικός

Ονομ.	ο	*πλούσιος*	η	*πλούσια*	το	*πλούσιο*
Γεν.	του	*πλούσιου*	της	*πλούσιας*	του	*πλούσιου*
Αιτ.	τον	*πλούσιο*	την	*πλούσια*	το	*πλούσιο*
Κλητ.		*πλούσιε*		*.λούσια*		*πλούσιο*

Πληθυντικός

Ονομ.	οι	*πλούσιοι*	οι	*πλούσιες*	τα	*πλούσια*
Γεν.	των	*πλούσιων*	των	*πλουσιων*	των	*πλούσιων*
Αιτ.	τους	*πλούσιους*	τις	*πλούσιες*	τα	*πλούσια*
Κλητ.		*πλούσιοι*		*πλούσιες*		*πλούσια*

Κατά το ω ρ α ί ο ς σχηματίζονται:

α) Όλα τα επίθετα με χαρακτήρα φωνήεν τονισμένο:
  αθώος, αρχαίος, αστείος, κρύος, νέος, τελευταίος κ.ά.

β) Μερικά επίθετα τονισμένα στην παραλήγουσα με χαρακτήρα σύμφωνο:
  γκρίζος, πανούργος, σβέλτος (σβέλτα και σβέλτη), σκούρος, στείρος.

108

Κατά το π λ ο ύ σ ι ο ς σχηματίζονται :

α) Όλα τα επίθετα σε -ιος, -ειος, -οιος, -νος :

άγριος, αδέξιος, αιώνιος, δόλιος, ίσιος, καινούριος, κούφιος, μέτριος, όρθιος, ουράνιος, περίσσιος, σπάνιος, τεράστιος, τίμιος, παλιός· άδειος, επιτήδειος, κυκλώπειος, τέλειος· όμοιος, ανόμοιος, παρόμοιος· αλληλέγγυος.

β) Τα παράγωγα σε -ένιος, -ίσιος, καθώς:

ασημένιος, βελουδένιος, μαρμαρένιος, σιδερένιος, αρνίσιος, βουνίσιος κ.ά.

166. Μερικές φορές προπαροξύτονα επίθετα σε -ος τα χρησιμοποιούμε και για ουσιαστικά: *ο άρρωστος* (ουσ.), *ο κύριος* (ουσ.), *οι βάρβαροι* (ουσ.). Ως ουσιαστικά τονίζονται στην παραλήγουσα στη γενική του ενικού και στη γενική και αιτιατική του πληθυντικού, ενώ ως επίθετα κρατούν τον τόνο σε όλες τις πτώσεις στην ίδια συλλαβή. Θα πούμε:

το κρεβάτι του άρρωστου παιδιού, τους άρρωστους στρατιώτες, συνήθειες των βάρβαρων λαών·

αλλά *η καρδιά του αρρώστου, ο γιατρός κοίταξε τους αρρώστους, οι επιδρομές των βαρβάρων.*

167.   **3. Επίθετα σε -ός -ιά -ό**

γλυκός	γλυκιά	γλυκό

Ενικός

Ονομ.	ο	*γλυκός*	η	*γλυκιά*	το	*γλυκό*
Γεν.	του	*γλυκού*	της	*γλυκιάς*	του	*γλυκού*
Αιτ.	το	*γλυκό*	τη	*γλυκιά*	το	*γλυκό*
Κλητ.		*γλυκέ*		*γλυκιά*		*γλυκό*

Πληθυντικός

Ονομ.	οι	*γλυκοί*	οι	*γλυκές*	τα	*γλυκά*
Γεν.	των	*γλυκών*	των	*γλυκών*	των	*γλυκών*
Αιτ.	τους	*γλυκούς*	τις	*γλυκές*	τα	*γλυκά*
Κλητ.		*γλυκοί*		*γλυκές*		*γλυκά*

Κατά το γ λ ύ κ ό ς κλίνονται μερικά επίθετα σε -κός, -χός, -νός: *γνωστικός, θηλυκός, κακός, κρητικός, μαλακός, νηστικός, φτωχός, ζακυνθινός* και το *φρέσκος*, που συχνά σχηματίζουν το θηλυκό και σε -η: *κακός — κακιά* και *κακή, φτωχός — φτωχιά* και *φτωχή, ξανθός — ξανθιά* και *ξανθή.*

ΟΡΘΟΓΡΑΦΙΑ. — Το θηλυκό των επιθέτων σε -ός -ιά -ό γράφεται στον πληθυντικό χωρίς το -ι: *(η γλυκιά) οι γλυκές — των γλυκών, οι φτωχές, οι ευγενικές* κτλ.

Β.— Επίθετα με το αρσενικό σε - ύ ς, - ή ς

168.   Επίθετα σε - ύ ς - ι ά - ύ, - ή ς - ι ά - ί

βαθύς βαθιά βαθύ			σταχτής σταχτιά σταχτί	

Ενικός

Ονομ.	ο	*βαθύς*	*η*	*βαθιά*	*το*	*βαθύ*
Γεν.			*της*	*βαθιάς*		
Αιτ.	*το*	*βαθύ*	*τη*	*βαθιά*	*το*	*βαθύ*
Κλητ.		*βαθύ*		*βαθιά*		*βαθύ*

Πληθυντικός

Ονομ.	*οι*	*βαθιοί*	*οι*	*βαθιές*	*τα*	*βαθιά*
Γεν.	*των*	*βαθιών*	*των*	*βαθιών*	*των*	*βαθιών*
Αιτ.	*τους*	*βαθιούς*	*τις*	*βαθιές*	*τα*	*βαθιά*
Κλητ.		*βαθιοί*		*βαθιές*		*βαθιά*

Ενικός

Ονομ.	*ο*	*σταχτής*	*η*	*σταχτιά*	*το*	*σταχτί*
Γεν.	*(του*	*σταχτιού)**	*της*	*σταχτιάς*	*(του*	*σταχτιού)*
Αιτ.	*το*	*σταχτή*	*τη*	*σταχτιά*	*το*	*σταχτί*
Κλητ.		*σταχτή*		*σταχτιά*		*σταχτί*

---

* και *του σταχτή.*

Πληθυντικός

Ονομ.	οι	σταχτιοί	οι	σταχτιές	τα	σταχτιά
Γεν.	των	σταχτιών	των	σταχτιών	των	σταχτιών
Αιτ.	τους	σταχτιούς	τις	σταχτιές	τα	σταχτιά
Κλητ.		σταχτιοί		σταχτιές		σταχτιά

Κατά το **βαθύς** κλίνονται τα επίθετα:
αδρύς, αψύς, βαρύς, δασύς, ελαφρύς, μακρύς, παχύς, πλατύς, τραχύς, φαρδύς.

Κατά το **σταχτής** κλίνονται επίθετα που σημαίνουν χρώμα:
βυσσινής, θαλασσής, κανελής, καφετής, μαβής, μενεξεδής, ουρανής, χρυσαφής κ.ά.
Η ενική γενική του αρσενικού και του ουδετέρου είναι σπάνια (του βαθύ και του βαθιού).

Τα αδρύς, (ε)λαφρύς έχουν και τον τύπο αδρός — αδρό, ελαφρός — ελαφρό.

ΟΡΘΟΓΡΑΦΙΑ.—Το υ της κατάληξης των αρσενικών και των ουδετέρων και το η των αρσενικών διατηρείται μόνο στην ονομαστική, αιτιατική και κλητική του ενικού. Στις άλλες πτώσεις γράφεται ι: βαθύς, βαθύ — βαθιού, βαθιά, βαθιών· σταχτής, σταχτή (αιτ., κλητ. αρσ.). — σταχτιού, σταχτιοί, σταχτιών.

Γ.— Επίθετα με το αρσενικό σε -ης (ανισοσύλλαβο)

169. 5.— Επίθετα σε -ης -α -ικο

ο ζηλιάρης	η ζηλιάρα	το ζηλιάρικο

Τα επίθετα σε -ης -α -ικο είναι παροξύτονα και κλίνονται στο αρσενικό όπως τα ανισοσύλλαβα ουσιαστικά σε -ης (νοικοκύρης).

Ενικός

Ονομ.	ο	ζηλιάρης	η	ζηλιάρα	το	ζηλιάρικο
Γεν.	του	ζηλιάρη	της	ζηλιάρας	του	ζηλιάρικου
Αιτ.	το	ζηλιάρη	τη	ζηλιάρα	το	ζηλιάρικο
Κλητ.		ζηλιάρη		ζηλιάρα		ζηλιάρικο

111

Πληθυντικός

Ονομ.	οι	*ζηλιάρηδες*	οι	*ζηλιάρες*	τα	*ζηλιάρικα*
Γεν.	των	*ζηλιάρηδων*		—	των	*ζηλιάρικων*
Αιτ.	τους	*ζηλιάρηδες*	τις	*ζηλιάρες*	τα	*ζηλιάρικα*
Κλητ.		*ζηλιάρηδες*		*ζηλιάρες*		*ζηλιάρικα*

Όμοια κλίνονται:

α) *ακαμάτης, κατσούφης.*

β) Τα παράγωγα σε -*άρης*, -*ιάρης*:
πεισματάρης, αρρωστιάρης, γκρινιάρης, ζημιάρης, κιτρινιάρης, μεροκαματιάρης, φοβητσιάρης.

γ) Επίθετα με δεύτερο συνθετικό το *λαιμός, μαλλί, μάτι, μύτη, πόδι, φρύδι, χείλι, χέρι:*
μακρολαίμης, σγουρομάλλης, ανοιχτομάτης, ψηλομύτης, στραβοπόδης, καμαροφρύδης, απλοχέρης.

Η γενική του πληθυντικού των θηλυκών λείπει.

Τα υποκοριστικά σε -*ούλης* σχηματίζουν συχνά ουδέτερο και σε -*ούλι: μικρούλης — μικρούλι, φτωχούλης — φτωχούλι.*

Κάποτε τα θηλυκά παίρνουν και την κατάληξη -*ούσα* ή -*ού:*
ξανθομάλλης — ξανθομάλλα, ξανθομαλλούσα και *ξανθομαλλού, μαυρομάτης — μαυρομάτα, μαυροματούσα* και *μαυροματού.*

Μερικά ανισοσύλλαβα επίθετα σχηματίζονται σε -*άς* -*ού* -*άδικο: υπναράς — υπναρού — υπναράδικο.*

Έτσι και τα *λογάς, φαγάς* κτλ.

Τότε το αρσενικό κλίνεται κατά το ουσιαστικό *ψωμάς*, το θηλυκό κατά το *αλεπού.*

170. Συγκεντρωτικός πίνακας επιθέτου

Καταλήξεις		Παραδείγματα					
Ενικός	Πληθυντικός	Ενικός			Πληθυντικός		
-ος -η -ο	-οι -ες -α	καλός	καλή	καλό	καλοί	καλές	καλά
		όμορφος	όμορφη	όμορφο	όμορφοι	όμορφες	όμορφα
-ος -α -ο	-οι -ες -α	ωραίος	ωραία	ωραίο	ωραίοι	ωραίες	ωραία
-ος -ια -ο		πλούσιος	πλούσια	πλούσιο	πλούσιοι	πλούσιες	πλούσια
-υς -ια -υ	-οι -ες -α	γλυκός	γλυκιά	γλυκό	γλυκοί	γλυκές	γλυκά
-ης -ια -ι	-οι -ες -α	βαθύς	βαθιά	βαθύ	βαθιοί	βαθιές	βαθιά
		σταχτής	σταχτιά	σταχτί	σταχτιοί	σταχτιές	σταχτιά
-ης -α -ικο	-ηδες -ες -α	ζηλιάρης	ζηλιάρα	ζηλιάρικο	ζηλιάρηδες	ζηλιάρες	ζηλιάρικα

113

Ανώμαλα επίθετα

171. Ανώμαλα επίθετα είναι:

α) το επίθετο ο πολύς, η πολλή, το πολύ, που κλίνεται κατά τον ακόλουθο τρόπο:

Ενικός

Ονομ.	ο	πολύς	η	πολλή	το	πολύ
Γεν.		—	της	πολλής		—
Αιτ.	τον	πολύ	την	πολλή	το	πολύ
Κλητ.		—		—		—

Πληθυντικός

Ονομ.	οι	πολλοί	οι	πολλές	τα	πολλά
Γεν.	των	πολλών	των	πολλών	των	πολλών
Αιτ.	τους	πολλούς	τις	πολλές	τα	πολλά
Κλητ.		(πολλοί)		(πολλές)		(πολλά)

ΟΡΘΟΓΡΑΦΙΑ.—Το επίθετο *πολύς* γράφεται με ένα *λ* και *υ* στην ενική ονομαστική και αιτιατική του αρσενικού και του ουδετέρου· παντού αλλού γράφεται με δυο *λ* και σχηματίζεται όπως τα επίθετα σε -ος -η -ο.

β) Μερικά επίθετα σε -ης, -ης, -ες.

> **ο συνεχής   η συνεχής   το συνεχές**

Ενικός

Ονομ.	ο	συνεχής	η	συνεχής	το	συνεχές
Γεν.	(του	συνεχούς)	(της	συνεχούς)	(του	συνεχούς)
Αιτ.	το	συνεχή	τη	συνεχή	το	συνεχές
Κλητ.		συνεχή(ς)		συνεχής		συνεχές

Πληθυντικός

Ονομ.	οι	συνεχείς	οι	συνεχείς	τα	συνεχή
Γεν.	των	συνεχών	των	συνεχών	των	συνεχών
Αιτ.	τους	συνεχείς	τις	συνεχείς	τα	συνεχή
Κλητ.		συνεχείς		συνεχείς		συνεχή

Όμοια κλίνονται:

επιεικής, ακριβής, διεθνής, ελώδης κτλ.

114

Τα επίθετα αυτά έχουν σχεδόν τους ίδιους τύπους για το αρσενικό και το θηλυκό. Τα παροξύτονα στη γενική πληθυντικού τονίζονται κι αυτά στη λήγουσα: *ο ελώδης — των ελωδών.*

Τα επίθετα *συγγενής* και *ευγενής,* όταν χρησιμοποιούνται ως ουσιαστικά (στο αρσενικό γένος), σχηματίζουν τη γενική: *του συγγενή, του ευγενή.*

ΟΓΔΟΟ ΚΕΦΑΛΑΙΟ

ΠΑΡΑΘΕΤΙΚΑ

Οι βαθμοί του επιθέτου

Ο Γιώργος είναι εργατικός.
Ο Γιώργος είναι εργατικότερος (ή πιο εργατικός) από το Δημήτρη.
Ο Γιώργος είναι ο εργατικότερος (ή ο πιο εργατικός) από τους συμμαθητές του.
Ο Γιώργος είναι εργατικότατος (ή πολύ εργατικός).

172. Τα πρόσωπα στα παραπάνω παραδείγματα δεν είναι εργατικά στον ίδιο βαθμό. Το επίθετο φανερώνει το διαφορετικό βαθμό με ξεχωριστούς τύπους:

εργατικός, εργατικότερος (πιο εργατικός), εργατικότατος (πολύ εργατικός).

Τους τύπους αυτούς τους ονομάζουμε **βαθμούς** του επιθέτου.

Οι βαθμοί του επιθέτου είναι τρεις: ο *θετικός,* ο *συγκριτικός* και ο *υπερθετικός.*

α) *Ο Όλυμπος είναι ψηλός.*

Το επίθετο *ψηλός* φανερώνει ότι ο Όλυμπος έχει αυτή την ιδιότητα.

Όταν το επίθετο φανερώνει μονάχα πως ένα ουσιαστικό έχει μια ιδιότητα ή ποιότητα λέγεται **θετικού βαθμού** ή **θετικό.**

115

β) *Ο Όλυμπος είναι ψηλότερος από τον Κίσαβο.*

Εδώ συγκρίνουμε τον Όλυμπο με τον Κίσαβο και βρίσκουμε ότι ο Όλυμπος έχει την ιδιότητα που φανερώνει το επίθετο σε μεγαλύτερο βαθμό από τον Κίσαβο.

Όταν το επίθετο φανερώνει πως ένα ουσιαστικό έχει μια ποιότητα ή μια ιδιότητα σε μεγαλύτερο βαθμό από ένα άλλο, λέγεται **συγκριτικού βαθμού** ή **συγκριτικό.**

γ) *Ο Όλυμπος είναι το ψηλότερο (ή το πιο ψηλό) από τα βουνά της Ελλάδας.*
Ο Όλυμπος είναι πολύ ψηλός (ή υψηλότατος).

Στην πρώτη φράση συγκρίνουμε τον Όλυμπο με όλα τα βουνά της Ελλάδας, με το καθένα χωριστά, και βρίσκουμε ότι έχει την ιδιότητα που φανερώνει το επίθετο στον πιο μεγάλο βαθμό.

Όταν το επίθετο φανερώνει πως το ουσιαστικό έχει μιά ποιότητα ή ιδιότητα σε βαθμό ανώτερο από όλα τα όμοιά του, λέγεται **σχετικό υπερθετικό.**

Στη δεύτερη φράση δεν κάνουμε σύγκριση· λέμε μόνο ότι ο Όλυμπος έχει σε πολύ μεγάλο βαθμό αυτό που σημαίνει το επίθετο.

Όταν το επίθετο φανερώνει πως το ουσιαστικό έχει μια ποιότητα ή ιδιότητα σε πολύ μεγάλο βαθμό, χωρίς να γίνεται σύγκριση με άλλα ουσιαστικά, τότε το επίθετο λέγεται **απόλυτο υπερθετικό.**

Ώστε το επίθετο του υπερθετικού βαθμού, κατά τη σημασία που έχει, άλλοτε είναι σχετικό και άλλοτε απόλυτο.

Το συγκριτικό και το υπερθετικό ενός επιθέτου μαζί λέγονται μ' ένα όνομα **παραθετικά** του επιθέτου.

Ο σχηματισμός των παραθετικών

Α. — Σχηματισμός του συγκριτικού

173. 1. Ο συγκριτικός βαθμός των επιθέτων σχηματίζεται π ε ρ ι-
φ ρ α σ τ ι κ ά από το θετικό με το ποσοτικό επίρρημα *πιο*:
πιο καλός, πιο γενναίος, πιο βαθύς, πιο πεισματάρης.

2. Πολλά επίθετα σχηματίζουν και μ ο ν ο λ ε κ τ ι κ ό συγκρι-
τικό από το θετικό με την κατάληξη: -τερος, -τερη, -τερο.
Έτσι σχηματίζουν το μονολεκτικό συγκριτικό σε:

α) **-ότερος** τα επίθετα σε *-ος*:
μικρός — μικρότερος, στερεός — στερεότερος

β) **-ύτερος,** τα επίθετα σε *-ύς*:
βαρύς — βαρύτερος, μακρύς — μακρύτερος, φαρδύς — φαρδύτερος
και από τα επίθετα σε *-ος* τα *καλός, μεγάλος, πρώτος:*
καλύτερος, μεγαλύτερος, πρωτύτερος.

γ) **-έστερος,** τα επίθετα σε *-ης, -ης, -ες: επιεικής — επιεικέστερος, επιμελής —
επιμελέστερος.*

Μερικά επίθετα έχουν **διπλό συγκριτικό,** σε *-ότερος* και σε
-ύτερος:
  ελαφρότερος και *ελαφρύτερος*
  κοντότερος και *κοντύτερος*
  χοντρότερος και *χοντρύτερος.*

Β.— Σχηματισμός του υπερθετικού

174. 1. Το **σχετικό υπερθετικό** σχηματίζεται από το περιφρα-
στικό ή μονολεκτικό συγκριτικό, αφού πάρει μπροστά του το άρθρο:
  ο πιο καλός ή ο καλύτερος
  η πιο καλή ή η καλύτερη
  το πιο καλό ή το καλύτερο.

2. Το **απόλυτο υπερθετικό** σχηματίζεται από το θετικό με την
κατάληξη **-τατος** (-ότατος, -ύτατος).

117

Έτσι τα επίθετα σε -ος σχηματίζουν τον υπερθετικό σε -ότατος·
τα επίθετα σε -υς τον σχηματίζουν σε -ύτατος:

μικρός — μικρότατος, στερεός — στερεότατος
βαρύς — βαρύτατος και *γλυκός — γλυκύτατος.*

Το απόλυτο υπερθετικό μπορεί να σχηματιστεί και με το επίρρημα *πολύ* ή *πολύ πολύ* και το θετικό:

πλατύς — πολύ πλατύς,
πλούσιος — πολύ πλούσιος ή *πολύ πολύ πλούσιος* κτλ.

Τα επίθετα σε -ης, -ης, -ες. σχηματίζουν τον υπερθετικό σε -έστατος: *επιεικής — επιεικέστατος, επιμελής — επιμελέστατος.*

Παραδείγματα σχηματισμού παραθετικών

Θετικό	Συγκριτικό		Υπερθετικό	
	περιφραστικό	μονολεκτικό	σχετικό	απόλυτο
ψηλός	*πιο ψηλός*	*ψηλότερος*	*ο ψηλότερος* *ο πιο ψηλός*	*ψηλότατος* *πολύ ψηλός* *πολύ πολύ ψηλός*

Ανώμαλα παραθετικά

175. Μερικά επίθετα σχηματίζουν τα μονολεκτικά παραθετικά από διαφορετική ρίζα, δηλαδή από διαφορετικό αρχικό θέμα, ή διαφορετικά από τα άλλα επίθετα. Τα παραθετικά αυτά λέγονται **ανώμαλα.** Τέτοια είναι:

απλός	*απλούστερος*	*απλούστατος*
γέρος	*γεροντότερος*	—
κακός	*χειρότερος*	
καλός	*καλύτερος*	*άριστος.*
λίγος	*λιγότερος*	*ελάχιστος*
μεγάλος	*μεγαλύτερος*	*μέγιστος*
μικρός	*μικρότερος*	*ελάχιστος*
πολύς	*περισσότερος* (σπαν. *πιότερος*)	—

Ελλειπτικά παραθετικά

176. α) Μερικά παραθετικά δεν έχουν θετικό βαθμό. Αυτά σχηματίστηκαν από επιρρήματα ή προθέσεις αρχαίες:

κατώτερος — κατώτατος (κάτω)
ανώτερος — ανώτατος (άνω)
υπέρτερος — υπέρτατος (υπέρ).

β) Μερικά συγκριτικά δεν έχουν θετικό ούτε υπερθετικό:
προτιμότερος, προγενέστερος, μεταγενέστερος, πρωτύτερος.

γ) Συνηθίζονται ακόμη μερικά υπερθετικά μονολεκτικά, καθώς *φίλτατος, ύψιστος* και διάφοροι τιμητικοί τίτλοι και προσφωνήσεις καθώς *Εκλαμπρότατος, Εξοχότατος, Παναγιότατος, Σεβασμιότατος, Αιδεσιμότατος.* Μερικά από τα υπερθετικά αυτά δεν έχουν ούτε θετικό ούτε συγκριτικό: *Εκλαμπρότατος, Αιδεσιμότατος.*

Επίθετα χωρίς παραθετικά

177. Δε σχηματίζουν **παραθετικά** ούτε μονολεκτικά ούτε περιφραστικά πολλά επίθετα που σημαίνουν:

α) ύλη: *ασημένιος, μάλλινος, ξύλινος, σιδερένιος, χρυσός* κτλ.

β) καταγωγή ή συγγένεια: *σμυρναίικος, φράγκικος, προγονικός* κτλ.

γ) τόπο ή χρόνο: *ουράνιος, γήινος, θαλασσινός — τωρινός, χτεσινός, κυριακάτικος* κτλ.

δ) κατάσταση που δεν αλλάζει: *μισός, αθάνατος, πρωτότοκος* κτλ.

Παραθετικά των μετοχών

178. Παραθετικά σχηματίζουν και πολλές μετοχές παθητικές που το νόημά τους το επιτρέπει. Τα παραθετικά αυτά είναι πάντοτε περιφραστικά:

Θετικό	Συγκριτικό	Υπερθετικό	
		σχετικό	απόλυτο
χαρούμενος	*πιο χαρούμενος*	*ο πιο χαρούμενος*	*πολύ χαρούμενος*
προκομμένος	*πιο προκομμένος*	*ο πιο προκομμένος*	*πολύ προκομμένος*
ευτυχισμένος	*πιο ευτυχισμένος*	*ο πιο ευτυχισμένος*	*πολύ ευτυχισμένος*

Παραθετικά των επιρρημάτων

179. 1. Από τον πληθυντικό του ουδετέρου των επιθέτων σε -ος και σε -ύς σχηματίζονται επιρρήματα σε -α, -ιά:

ακριβός—ακριβά	αθώος—αθώα	άσχημος—άσχημα
καλός—καλά	γενναίος—γενναία	ευχάριστος—ευχάριστα
κακός—κακά	ωραίος—ωραία	όμορφος—όμορφα
βαθύς—βαθιά	βαρύς—βαριά	πλατύς—πλατιά.

Τα επιρρήματα αυτά σχηματίζουν παραθετικά, όπως τα επίθετα, μονολεκτικά σε -τερα -τατα ή περιφραστικά:

Θετικό	Συγκριτικό	Υπερθετικό
ωραία	ωραιότερα, πιο ωραία	ωραιότατα, πολύ ωραία
βαθιά	βαθύτερα, πιο βαθιά	βαθύτατα, πολύ βαθιά
καλά	καλύτερα, πιο καλά	άριστα, πολύ καλά

2. Από τα επίθετα *πολύς* και *λίγος* σχηματίζονται τα επιρρήματα *πολύ* και *λίγο* που έχουν τα ακόλουθα παραθετικά:

πολύ	*περισσότερο (πιότερο)*	*πάρα πολύ*
λίγο	*λιγότερο*	*πολύ λίγο (ελάχιστα).*

3. Τα επιρρήματα *νωρίς, (ε)μπρός, ύστερα* σχηματίζουν συγκριτικό *νωρίτερα, μπροστύτερα, υστερότερα.*

4. Το συγκριτικό επίρρημα *αρχύτερα* δεν έχει ούτε θετικό ούτε υπερθετικό.

5. Το επίρρημα *πρώτα* σχηματίζει συγκριτικό *πρωτύτερα* και το *γρήγορα* σχηματίζει υπερθετικό: *το γρηγορότερο.*

6. Σχηματίζουν παραθετικά περιφραστικά και πολλά τοπικά επιρρήματα:

κάτω — πιο κάτω — πολύ κάτω
πίσω — πιο πίσω — πολύ πίσω
έξω — πιο έξω — πολύ έξω κτλ.

7. Τα επιρρήματα σε -ως (-ως) των επιθέτων σε -ης, -ης, -ες

ΣΥΓΚΕΝΤΡΩΤΙΚΟΣ ΠΙΝΑΚΑΣ

Παραδείγματα σχηματισμού παραθετικών

	Θετικό	Συγκριτικό περιφραστικό	Συγκριτικό μονολεκτικό	Υπερθετικό σχετικό περιφραστικό	Υπερθετικό σχετικό μονολεκτικό	Υπερθετικό απόλυτο περιφραστικό	Υπερθετικό απόλυτο μονολεκτικό
επίθετα	ψηλή	πιο ψηλή	ψηλότερη	ο πιο ψηλή	ο ψηλότερη	πολύ ψηλή / πολύ πολύ ψηλή	ψηλότατη
επίθετα	σοφός	πιο σοφός	σοφότερος	ο πιο σοφός	ο σοφότερος	πολύ σοφός / πολύ πολύ σοφός	σοφότατος
επίθετα	βαθιά	πιο βαθιά	βαθύτερος	ο πιο βαθιά	ο βαθύτερος	πολύ βαθιά / πολύ πολύ βαθιά	βαθύτατος
επίθετα	πλούσιος	πιο πλούσιος	πλουσιότερος	ο πιο πλούσιος	ο πλουσιότερος	πολύ πλούσιος / πολύ πολύ πλούσιος	πλουσιότατος
επίθετα	βαθύς	πιο βαθύς	βαθύτερος	ο πιο βαθύς	ο βαθύτερος	πολύ βαθύς / πολύ πολύ βαθύς πολύ πλούσιος	βαθύτατος
επίθετα	επιεικής	πιο επιεικής	επιεικέστερος	ο πιο επιεικής	ο επιεικέστερος	πολύ επιεικής / πολύ πολύ επιεικής	επιεικέστατος
Μετοχές	ευτυχισμένος	πιο ευτυχισμένος	—			πολύ ευτυχισμένος / πολύ πολύ ευτυχισμένος	—
επιρρήματα	ψηλά	πιο ψηλά	ψηλότερα			πολύ ψηλά / πολύ πολύ ψηλά	ψηλότατα
επιρρήματα	επιεικώς	πιο επιεικώς	επιεικέστερα			πολύ επιεικώς / πολύ πολύ επιεικώς	επιεικέστατα

σχηματίζουν παραθετικά σε -έστερα - έστατα: *επιεικώς — επιεικέ-στερα — επιεικέστατα.* Κάποτε τα σχηματίζουν και περιφραστικά: *επιεικώς — πιο επιεικώς — πολύ πολύ επιεικώς.*

ΟΡΘΟΓΡΑΦΙΑ.— Τα παραθετικά έχουν πριν από τις καταλήξεις **-τερος, -τατος· -τερα, -τατα :**

1. **ο** *(-ότερος, -ότατος· -ότερα, -ότατα):*

σοφός	*σοφότερος*	*σοφότατος*
σοφά	*σοφότερα*	*σοφότατα*
ωραίος	*ωραιότερος*	*ωραιότατος*
ωραία	*ωραιότερα*	*ωραιότατα*

2. **ω** *(-ώτερος, -ώτατος· -ώτερα, -ώτατα),* όταν προέρχονται από τοπικά επιρρήματα σε **-ω:**

(άνω) ανώτερος	*ανώτατος*
(κάτω) κατώτερος	*κατώτατος*

3. **υ** *(-ύτερος, -ύτατος· -ύτερα, -ύτατα):*

βαθύς	*βαθύτερος*	*βαθύτατος*
βαθιά	*βαθύτερα*	*βαθύτατα.*

Εξαιρείται το *νωρίτερα,* που γράφεται με *ι.*

ΕΝΑΤΟ ΚΕΦΑΛΑΙΟ

ΤΑ ΑΡΙΘΜΗΤΙΚΑ

τέσσερα αγόρια — μια μαργαρίτα
πρώτος μήνας — δεύτερο βραβείο
διπλός κόπος — τριπλή κλωστή
παρέλαση σε τετράδες — καμιά δωδεκαριά
κερδίζει διπλάσια χρήματα από μένα.

180. Οι παραπάνω λέξεις που φανερώνουν ορισμένη αριθμητική ποσότητα ή εκφράζουν αριθμητικές έννοιες ή σχέσεις ονομάζονται **αριθμητικά.**

Τα αριθμητικά είναι ή **επίθετα** (*τέσσερα, πρώτος* κτλ.) ή **ουσιαστικά** (*τετράδες, δωδεκαριά*).

Α. ΑΡΙΘΜΗΤΙΚΑ ΕΠΙΘΕΤΑ

181. Τα αριθμητικά επίθετα τα χωρίζουμε σε **απόλυτα, τακτικά, πολλαπλασιαστικά** και **αναλογικά.**

α. — Απόλυτα αριθμητικά

182. Τα **απόλυτα αριθμητικά** φανερώνουν ορισμένο πλήθος από πρόσωπα, ζώα ή πράγματα:

τρία παιδιά, πέντε άλογα, δέκα βιβλία.

183. Κλίση. Τα απόλυτα αριθμητικά *δύο* ή *δυο* και από το *πέντε* ως το *εκατό* έχουν ένα μόνο τύπο για όλα τα γένη και για όλες τις πτώσεις.

Τα αριθμητικά *ένα, τρία* και *τέσσερα* έχουν τρία γένη και κλίνονται το *ένα* μόνο στον ενικό, το *τρία* και το *τέσσερα* στον πληθυντικό.

	ένας		
	αρσενικό	θηλυκό	ουδέτερο
Ονομ.	*ένας*	*μία, μια*	*ένα*
Γεν.	*ενός*	*μιας*	*ενός*
Αιτ.	*ένα(ν)*	*μία, μια*	*ένα*

123

τρεις, τέσσερις

	αρσενικό και θηλυκό		ουδέτερο	
Ονομ.	*τρεις*	*τέσσερις*	*τρία*	*τέσσερα*
Γεν.	*τριών*	*τεσσάρων*	*τριών*	*τεσσάρων*
Αιτ.	*τρεις*	*τέσσερις*	*τρία*	*τέσσερα*

Τα αριθμητικά από το *διακόσια* και πάνω έχουν τρία γένη και κλίνονται, μόνο στον πληθυντικό, κατά το *πλούσιος:*
διακόσιοι — διακόσιες — διακόσια,
χίλιοι — χίλιες — χίλια.
Όμοια κλίνονται και τα : *δεκατρείς, δεκατέσσερις, είκοσι ένας* κτλ.

ΟΡΘΟΓΡΑΦΙΑ.
1. Τα απόλυτα αριθμητικά από το 13 ως το 19 γράφονται σε μια λέξη: *δεκατρία, δεκαέξι.*
2. Από το 21 και πέρα γράφονται σε χωριστές λέξεις: *είκοσι πέντε, ενενήντα οχτώ.*
3. Γράφονται με δύο *ν* το *εννέα — εννιά,* το *εννιακόσια* και τα παράγωγα του *εννιακόσια,* μ' ένα *ν* το *ένατος* και το *ενενήντα.*

184. **Μισός — μισή — μισό**
Για την έννοια της μισής μονάδας χρησιμοποιούμε συνήθως το επίθετο **μισός - μισή - μισό.** Στη σύνθεση με άλλα αριθμητικά (που μένουν πάντοτε άκλιτα) το *μισός* παίρνει και για τα τρία γένη τον άκλιτο τύπο **-ήμισι** έπειτα από σύμφωνο και **-μισι** ύστερα από φωνήεν:
τεσσερισήμισι μέρες, δυόμισι πεπόνια.
Το αρσενικό *ένας* και *μισός* λέγεται και *ενάμισης: πέρασε ενάμισης χρόνος.*

ΟΡΘΟΓΡΑΦΙΑ.— Τα σύνθετα με δεύτερο συνθετικό το *μισός* γράφονται στη λήγουσα με **η,** αν το πρώτο συνθετικό είναι το αρσενικό *ένας* ή το θηλυκό *μία,* και με **ι** σε όλες τις άλλες περιπτώσεις:
ενάμισης μήνας, ενάμιση τόνο, μιάμιση ώρα, μιάμισης μέρας,
αλλά ενάμισι πεπόνι, εξίμισι τόνους, τρεισήμισι· ώρες.

β.— Τακτικά αριθμητικά

185. Τα **τακτικά αριθμητικά** φανερώνουν τη θέση που παίρνει κάτι σε μια σειρά από όμοια πράγματα:

Ο Ιούνιος είναι ο έκτος μήνας.
Ο Δημήτρης είναι ο δέκατος στον κατάλογο.
Πήρε το πρώτο βραβείο.

Τα τακτικά αριθμητικά τελειώνουν σε -τος, εκτός από το *δεύτερος, έβδομος* και *όγδοος,* και κλίνονται όπως τα επίθετα σε -ος, -η, -ο. Στο κάθε απόλυτο αριθμητικό αντιστοιχεί ένα τακτικό, όπως φαίνεται και στον πίνακα.

Πίνακας των απόλυτων και των τακτικών αριθμητικών

Αραβικά ψηφία	Ελληνικά σημεία	Απόλυτα αριθμητικά	Τακτικά αριθμητικά
1	α΄	*ένας, μία-μια, ένα*	*πρώτος*
2	β΄	*δύο, δυο*	*δεύτερος*
3	γ΄	*τρεις, τρία*	*τρίτος*
4	δ΄	*τέσσερις, τέσσερα*	*τέταρτος*
5	ε΄	*πέντε*	*πέμπτος*
6	ϛ΄	*έξι*	*έκτος*
7	ζ΄	*εφτά (επτά)*	*έβδομος*
8	η΄	*οχτώ (οκτώ)*	*όγδοος*
9	θ΄	*εννέα, εννιά*	*ένατος*
10	ι΄	*δέκα*	*δέκατος*
11	ια΄	*έντεκα*	*ενδέκατος (εντέκατος)*
12	ιβ΄	*δώδεκα*	*δωδέκατος*
13	ιγ΄	*δεκατρία*	*δέκατος τρίτος*
14	ιδ΄	*δεκατέσσερα*	*δέκατος τέταρτος*
15	ιε΄	*δεκαπέντε*	*δέκατος πέμπτος*

Αραβικά ψηφία	Ελληνικά σημεία	Απόλυτα αριθμητικά	Τακτικά αριθμητικά
16	ιϛ΄	δεκαέξι (δεκάξι)	δέκατος έκτος
20	κ΄	είκοσι	εικοστός
21	κα΄	είκοσι ένας, είκοσι μία, είκοσι ένα	εικοστός πρώτος
22	κβ΄	είκοσι δύο	εικοστός δεύτερος
30	λ΄	τριάντα	τριακοστός
40	μ΄	σαράντα	τεσσαρακοστός
50	ν΄	πενήντα	πεντηκοστός
60	ξ΄	εξήντα	εξηκοστός
70	ο΄	εβδομήντα	εβδομηκοστός
80	π΄	ογδόντα	ογδοηκοστός
90	ϟ΄	ενενήντα	ενενηκοστός
100	ρ΄	εκατό	εκατοστός
101	ρα΄	εκατόν ένας, εκατό μία, εκατόν ένα	εκατοστός πρώτος
102	ρβ΄	εκατό δύο	εκατοστός δεύτερος
200	σ΄	διακόσιοι, -ες, -α	διακοσιοστός
300	τ΄	τριακόσιοι, -ες, -α	τριακοσιοστός
400	υ΄	τετρακόσιοι, -ες, -α	τετρακοσιοστός
500	φ΄	πεντακόσιοι, -ες, -α	πεντακοσιοστός
600	΄	εξακόσιοι, -ες, -α	εξακοσιοστός
700	ψ΄	εφτακόσιοι, -ες, -α	εφτακοσιοστός
800	ω΄	οχτακόσιοι, -ες, -α	οχτακοσιοστός
900	ϡ΄	εννιακόσιοι, -ες, -α	εννιακοσιοστός
1.000	,α	χίλιοι, χίλιες, χίλια	χιλιοστός
2.000	,β	δύο χιλιάδες	δισχιλιοστός
10.000	,ι	δέκα χιλιάδες	δεκακισχιλιοστός
100.000	,ρ	εκατό χιλιάδες	εκατοντακισχιλιοστός
1.000.000		ένα εκατομμύριο	εκατομμυριοστός
1.000.000.000		ένα δισεκατομμύριο	δισεκατομμυριοστός

γ.— Πολλαπλασιαστικά αριθμητικά

186. Τα **πολλαπλασιαστικά αριθμητικά** φανερώνουν από πόσα απλά μέρη αποτελείται κάτι και τελειώνουν σε **-πλός, -πλή, -πλό:**

διπλό παράθυρο, τριπλή κλωστή.

Πολλαπλασιαστικά αριθμητικά είναι:
απλός (και μονός), διπλός, τριπλός, τετραπλός, πενταπλός, εξαπλός, δεκαπλός, εικοσαπλός, εκατονταπλός (πολλαπλός).

Κοντά σ' αυτά συνηθίζονται και πολλαπλασιαστικά σύνθετα από το *διπλός: τρίδιπλος,* δηλ. *τριπλός, τετράδιπλος (τετραπλός), εφτάδιπλος* κτλ.

δ.— Αναλογικά αριθμητικά

187. Τα **αναλογικά αριθμητικά** φανερώνουν πόσες φορές μεγαλύτερο είναι ένα ποσό από ένα άλλο και τελειώνουν σε **-πλάσιος, -πλάσια, -πλάσιο:**

Αυτός κερδίζει διπλάσια χρήματα από κείνον.

Αναλογικά αριθμητικά είναι:
διπλάσιος, τριπλάσιος, τετραπλάσιος, πενταπλάσιος, δεκαπλάσιος, εικοσαπλάσιος, εκατονταπλάσιος, χιλιαπλάσιος, πολλαπλάσιος.
Αντί *διπλάσιος, τριπλάσιος* κτλ. λέγεται και *δύο, τρεις φορές μεγαλύτερος.*

Β. ΑΡΙΘΜΗΤΙΚΑ ΟΥΣΙΑΣΤΙΚΑ

Περιληπτικά αριθμητικά

188. Τα **περιληπτικά αριθμητικά** είναι αφηρημένα ουσιαστικά.

Σχηματίζονται από τα απόλυτα παίρνοντας ορισμένες καταλήξεις. Αυτές είναι:

127

1) **-(α)ριά:** *δεκαριά, δωδεκαριά, δεκαπενταριά, εικοσαριά, ενενηνταριά, τρακοσαριά* κτλ.

Φανερώνουν το π ε ρ ί π ο υ: *δεκαριά* = δέκα πάνω κάτω, *δωδεκαριά* = δώδεκα πάνω κάτω.

Τα περιληπτικά σε *-αριά* συνοδεύονται σχεδόν πάντοτε από το *καμιά: θα ήταν καμιά εικοσαριά άνθρωποι.*

2) **-άδα.** Φανερώνουν ένα πλήθος μονάδες που κάνουν ένα σύνολο: *δυάδα, τριάδα, τετράδα, εξάδα, δεκάδα, εικοσάδα, εκατοντάδα* κτλ. Το *χιλιάδα* χρησιμεύει στον πληθυντικό για απόλυτο αριθμητικό. Στο απόλυτο αριθμητικό *ένας* αντιστοιχεί το ουσιαστικό *μονάδα.*

Συγκεντρωτικός πίνακας αριθμητικών

Απόλυτα	Τακτικά	Πολλαπλα-σιαστικά	Αναλογικά	Περιληπτικά	
	-(τ)ρς -(τ)η -(τ)ο	-πλός -πλή -πλό	-πλάσιος -πλάσια -πλάσιο	**-αριά**	**-άδα**
ένας *δύο* *τρία* κτλ. *δέκα* κτλ.	*πρώτος* *δεύτερος* *τρίτος* κτλ. *δέκατος* κτλ.	*απλός* *διπλός* *τριπλός* κτλ. *δεκαπλός* κτλ.	— *διπλάσιος* *τριπλάσιος* κτλ. *δεκαπλάσιος* κτλ.	— — — — *δεκαριά* κτλ.	— — — — *δεκάδα* κτλ.

ΔΕΚΑΤΟ ΚΕΦΑΛΑΙΟ

ΟΙ ΑΝΤΩΝΥΜΙΕΣ

Τι κάνει ο Γιώργος; Δεν τον είδα (τον, δηλ. το Γιώργο).
Ποιος ήταν εκείνος; (το εκείνος μπήκε στη θέση ονόματος).
Το παιδί αυτό είναι ζωηρό. Τέτοιο (δηλ. ζωηρό) ήταν από μικρό.

189. Οι λέξεις που μεταχειριζόμαστε στη θέση ονομάτων ουσιαστικών ή επιθέτων, λέγονται **αντωνυμίες.**

Οι αντωνυμίες είναι οχτώ ειδών:
προσωπικές, κτητικές, αυτοπαθείς, οριστικές, δεικτικές, αναφορικές, ερωτηματικές, αόριστες.

1.— Προσωπικές αντωνυμίες

190. Οι **προσωπικές αντωνυμίες** φανερώνουν τα τρία πρόσωπα του λόγου:

εκείνον δηλαδή που μιλεί (π ρ ώ τ ο   π ρ ό σ ω π ο εγώ),
εκείνον που του μιλούμε (δ ε ύ τ ε ρ ο   π ρ ό σ ω π ο εσύ) και
εκείνον ή εκείνο που γι' αυτό γίνεται λόγος (τ ρ ί τ ο   π ρ ό σ ω-
π ο αυτός):

εγώ *μιλώ*   εσύ *γράφεις*   αυτός *διαβάζει*

Σ χ η μ α τ ι σ μ ο ί

		Α' ΠΡΟΣΩΠΟ		Β' ΠΡΟΣΩΠΟ	
		τ ύ π ο ι		τ ύ π ο ι	
		δυνατοί	αδύνατοι	δυνατοί	αδύνατοι
Ενικός	Ονομ.	*εγώ*	—	*εσύ*	—
	Γεν.	*εμένα*	*μου*	*εσένα*	*σου*
	Αιτ.	*εμένα*	*με*	*εσένα*	*σε*
	Κλητ.	—	—	*εσύ*	—
Πληθυντικός	Ονομ.	*εμείς*	—	*εσείς*	—
	Γεν.	*εμάς*	*μας*	*εσάς*	*σας*
	Αιτ.	*εμάς*	*μας*	*εσάς*	*σας*
	Κλητ.	—	—	*εσείς*	—

129

		δυνατοί τύποι			αδύνατοι τύποι		
Ενικός	Ονομ.	αυτός	αυτή	αυτό	τος	τη	το
	Γεν.	αυτού	αυτής	αυτού	του	της	του
	Αιτ.	αυτόν	αυτή(ν)	αυτό	τον	τη(ν)	το
Πληθυντικός	Ονομ.	αυτοί	αυτές	αυτά	τοι	τες	τα
	Γεν.	αυτών	αυτών	αυτών	τους	τους	τους
	Αιτ.	αυτούς	αυτές	αυτά	τους	τις (τες)	τα

191. Οι τύποι που ονομάζονται **δυνατοί** συνηθίζονται, όταν βρίσκονται μόνοι στο λόγο ή όταν θέλουμε να τονίσουμε κάτι ή να το ξεχωρίσουμε από άλλο:

Ποιον φώναξαν; — Εμένα. Εσένα θέλω. Να φύγουν αυτοί, όχι εσείς.

Οι **αδύνατοι** τύποι είναι συχνότεροι. Αυτούς συνήθως μεταχειριζόμαστε, όταν δε θέλουμε να τονίσουμε κάτι ή να το ξεχωρίσουμε από άλλο:

Με φώναξε. Σε θέλω. Μου το πήρε, σου το έδωσε, φέρε το.

192. Κλίση.— Το πρώτο και δεύτερο πρόσωπο έχουν έναν τύπο για τα τρία γένη και κλίνονται ανώμαλα. Η τριτοπρόσωπη αντωνυμία έχει ξεχωριστούς τύπους για τα τρία γένη και κλίνεται όπως το επίθετο *καλός.*

Κλητική έχει μόνο το δεύτερο πρόσωπο: *εσύ, εσείς:*

εσύ, έλα πιο κοντά· προχωρείτε, εσείς.

Το *τις* μπαίνει πριν από το ρήμα, το *τες* ύστερα από αυτό:

Τις βλέπω που περνούν εκεί κάτω, σταμάτησέ τες.

Αν τις δεις, χαιρέτα τες.

193.   **Επαναληπτική και προληπτική προσωπική αντωνυμία**

Πολλές φορές ένα όνομα που ειπώθηκε ξαναλέγεται με τον αντίστοιχο αδύνατο τύπο της τριτοπρόσωπης προσωπικής αντωνυμίας:

όσο για το Γιάννη, δεν τον είδα καθόλου.

Η αντωνυμία αυτή λέγεται **επαναληπτική.**

Άλλοτε, η τριτοπρόσωπη προσωπική αντωνυμία προαγγέλλει όνομα που θα ειπωθεί παρακάτω:

να την η Ελένη
τον είδες με τα μάτια σου τον πατριάρχη;
Η αντωνυμία αυτή λέγεται **προληπτική**.

ΟΡΘΟΓΡΑΦΙΑ.—Η ενική αιτιατική του αρσενικού *αυτόν, τόν* φυλάγει πάντοτε το τελικό *ν : Τον βλέπω. Αυτόν θέλω. Νά τον* (§ 48). Η αιτιατική του θηλυκού *αυτήν, την* φυλάγει το *ν*, αν ακολουθεί λέξη από φωνήεν ή στιγμιαίο σύμφωνο (§ 47) : *Την έχω δει. Αυτήν ήθελα.* Αλλά : *Αυτή θέλω. Θα μας τη δώσουν.*

2.— Κτητικές αντωνυμίες

Το βιβλίο μου. Η ποδιά της. Τα παιχνίδια τους.

194. | Οι αντωνυμίες *μου, της, τους* φανερώνουν σε ποιον ανήκει κάτι (τον κτήτορα) και λέγονται **κτητικές**.

1. Κτητικές αντωνυμίες είναι οι αδύνατοι τύποι της προσωπικής αντωνυμίας στη γενική χωρίς τόνο: *μου, σου, του, της, του, μας, σας, τους.* Τις μεταχειριζόμαστε, όταν θέλουμε απλώς να πούμε πως κάτι ανήκει σε κάποιον:

Ο πατέρας μου και ο φίλος του.
Η κόρη του με τη φίλη της.
Το παιδί καταγίνεται με τα παιχνίδια του.

2. Όταν θέλουμε να τονίσουμε πως κάτι ανήκει σε κάποιον ή να ξεχωρίσουμε καλύτερα τον κτήτορα, ή και όταν θέλουμε να πούμε απλώς σε ποιον ανήκει κάτι, μεταχειριζόμαστε τις ακόλουθες κτητικές αντωνυμίες:

Α΄ προσώπου.— Για έναν κτήτορα: *δικός μου, δική μου, δικό μου.*
Για πολλούς κτήτορες: *δικός μας, δική μας, δικό μας.*
Β΄ προσώπου.— Για έναν κτήτορα: *δικός σου, δική σου, δικό σου.*
Για πολλούς κτήτορες: *δικός σας, δική σας, δικό σας.*
Γ΄ προσώπου.— Για έναν κτήτορα: *δικός του (της), δική του (της), δικό του (της).*
Για πολλούς κτήτορες: *δικός τους, δική τους, δικό τους.*

131

Ο δικός μου πατέρας. Των δικών μου φίλων.
Τα βιβλία είναι δικά του, όχι δικά σου. Αυτό είναι δικό μου.
Το *δικός,-ή, -ό* κλίνεται όπως το *καλός, -ή, -ό.*

3.— Αυτοπαθείς αντωνυμίες

Φροντίζω τον εαυτό μου. Ήρθε στον εαυτό του.
Αυτοί σκέπτονται μόνο τον εαυτό τους.

195.

> Οι αντωνυμίες που φανερώνουν πως το ίδιο πρόσωπο ενεργεί και το ίδιο δέχεται την ενέργεια λέγονται **αυτοπαθείς.**

Οι αυτοπαθείς αντωνυμίες έχουν μόνο γενική και αιτιατική και κλίνονται όπως το *καλός:*

Ενικός

Α' προσώπου
      Γεν.   *του εαυτού μου*
      Αιτ.   *τον εαυτό μου*
Β' προσώπου
      Γεν.   *του εαυτού σου*
      Αιτ.   *τον εαυτό σου*
Γ' προσώπου
      Γεν.   *του εαυτού του (της)*
      Αιτ.   *τον εαυτό του (της)*

Πληθυντικός

Α' προσώπου
      Γεν.   *του εαυτού μας ή των εαυτών μας*
      Αιτ.   *τον εαυτό μας ή τους εαυτούς μας*
Β' προσώπου
      Γεν.   *του εαυτού σας ή των εαυτών σας*
      Αιτ.   *τον εαυτό σας ή τους εαυτούς σας*
Γ' προσώπου
      Γεν.   *του εαυτού τους (των) ή τῶν εαυτών τους*
      Αιτ.   *τον εαυτό τους (των) ή τους εαυτούς τους (των).*

4.— Οριστικές αντωνυμίες

Ήρθε ο ίδιος ο πατέρας του (ο πατέρας του, όχι κανένας άλλος).
Μας επισκέφτηκαν την ίδια τη μέρα (όχι άλλη μέρα).
Κάνει τις δουλειές του μόνος του (όχι με άλλους).

196. Οι αντωνυμίες που ορίζουν και ξεχωρίζουν κάτι από άλλα του ίδιου είδους λέγονται **οριστικές.**

Για οριστικές αντωνυμίες χρησιμεύουν:
α) Το επίθετο **ο ίδιος, η ίδια, το ίδιο** (με το άρθρο).
β) Το επίθετο **μόνος, μόνη, μόνο,** χωρίς το άρθρο με τη γενική των αδύνατων τύπων των προσωπικών αντωνυμιών χωρίς τόνο *μου, σου, του, μας, σας, τους:*

μόνος, -η, -ο μου	*μόνοι, -ες, -α μας*
μόνος, -η, -ο σου	*μόνοι, -ες, -α σας*
μόνος, -η, -ο του, της, του	*μόνοι, -ες, -α τους*

Το *ίδιος* κλίνεται όπως το επίθετο *πλούσιος,* και το *μόνος* όπως το επίθετο *μαύρος.*

5.— Δεικτικές αντωνυμίες

197. **Δεικτικές αντωνυμίες** λέγονται εκείνες που τις χρησιμοποιούμε όταν δείχνουμε:

Αυτό το παιδί. Εκείνο τον καιρό.

Δεικτικές αντωνυμίες είναι οι ακόλουθες:
α) **αυτός, αυτή, αυτό.** Τη μεταχειριζόμαστε για να δείχνουμε ένα πρόσωπο ή πράγμα που είναι κοντά μας ή που το αναφέραμε λίγο πριν:
Αυτός ο κύριος είναι γείτονάς μας.
Θα έρθει αυτές τις μέρες.
Αυτό είπε και σώπασε.
β) **(ε)τούτος, (ε)τούτη, (ε)τούτο.** Τη μεταχειριζόμαστε για να δείχνουμε κάτι (πρόσωπο ή πράγμα) που είναι πολύ κοντά:
Τούτο είναι το βιβλίο μου.

γ) **εκείνος, εκείνη, εκείνο.** Τη μεταχειριζόμαστε για να δείχνουμε ένα πρόσωπο ή πράγμα που είναι μακριά:

Εκείνο εκεί το σπίτι είναι καλοχτισμένο.

Εκείνο το χρόνο μέναμε στο χωριό.

δ) **τέτοιος, τέτοια, τέτοιο.** Τη μεταχειριζόμαστε για να δείχνουμε την ποιότητα του ουσιαστικού:

Δεν είναι τέτοιος που νομίζεις.

ε) **τόσος, τόση, τόσο.** Τη μεταχειριζόμαστε για να δείχνουμε την ποσότητα του ουσιαστικού:

Πέρασαν τόσα χρόνια από τότε.

Οι αντωνυμίες *αυτός, (ε)τούτος, εκείνος, τόσος* κλίνονται όπως το *καλός* και το *μαύρος,* η αντωνυμία *τέτοιος* όπως το *πλούσιος.*

6.— Αναφορικές αντωνυμίες

198. | **Αναφορικές** λέγονται οι αντωνυμίες με τις οποίες ο-λόκληρη πρόταση αναφέρεται, δηλ. αποδίδεται, σε μια άλλη λέξη.

Αναφορικές αντωνυμίες είναι:

α) Το πολύ συχνό άκλιτο **που.** Αναφέρεται σε ονόματα κάθε γένους, αριθμού και πτώσης:

Ο άνθρωπος που είδα.

Οι μέρες που πέρασαν.

Οι φωνές των παιδιών που παίζουν.

β) **ο οποίος, η οποία, το οποίο** (όχι πολύ συχνή). Έχει τρία γένη και κλίνεται με το άρθρο όπως το *ωραίος.*

Την αντωνυμία αυτή τη μεταχειριζόμαστε αντί για το *που* όταν έτσι αποφεύγουμε την ασάφεια ή όταν υπάρχουν στην ίδια φράση πολλά *που.*

γ) **όποιος, όποια, όποιο** και το άκλιτο **ό,τι.** Το *όποιος, όποια, ό-ποιο* κλίνεται χωρίς άρθρο όπως το *πλούσιος:*

Όποιος θέλει ας δοκιμάσει. *Έλα ό,τι ώρα μπορείς.*

Βάλε όποια ρούχα θέλεις. *Έφαγαν ό,τι φαγητά βρέθηκαν.*

Γράφε ό,τι ξέρεις.

δ) **όσος, όση, όσο.** Κλίνεται χωρίς το άρθρο όπως το επίθετο *μαύρος:*
Ήρθαν όσοι μπόρεσαν.

199. *Οποιεσδήποτε δυσκολίες. Οτιδήποτε ζητήσεις θα το πάρεις.*

Οι αντωνυμίες *όποιος, -α, -ο — όσος, -η, -ο* και *ό,τι* συνθέτονται με το ά-
κλιτο *-δήποτε* και σχηματίζουν τους τύπους:

οποιοσδήποτε	*οποιαδήποτε*	*οποιοδήποτε*
οσοσδήποτε	*οσηδήποτε*	*οσοδήποτε*
οτιδήποτε	*οτιδήποτε*	*οτιδήποτε*

Με τον τρόπο αυτό γίνεται ακόμα πιο αόριστη η σημασία των αντωνυμιών.

ΟΡΘΟΓΡΑΦΙΑ.—

Η αναφορική αντωνυμία *ό,τι* γράφεται με υποδιαστολή, ενώ
η αντωνυμία *οτιδήποτε* γράφεται χωρίς υποδιαστολή. Το *ότι,* σύν-
δεσμος ειδικός, γράφεται χωρίς υποδιαστολή:

Κάμε ό,τι μπορείς. Παίρνει ό,τι του δίνουν. Έλεγε ό,τι ήθελε.

Αλλά: *Νομίζει ότι αυτό είναι το σωστό.*

Είπε ότι θά 'ρθει ό,τι ώρα μπορέσει.

7.— Ερωτηματικές αντωνυμίες

200. | **Ερωτηματικές αντωνυμίες** λέγονται εκείνες που τις με-
ταχειριζόμαστε όταν ρωτούμε:

Ποιος ακούεται; Πόσοι ήταν;

Ερωτηματικές αντωνυμίες είναι:

α) Το άκλιτο **τι:**

Τι θα κάμουμε; Τι ώρα έρχεται; Τι παιδιά είναι αυτά;

β) το **ποιος; ποια; ποιο;** Κλίνεται όπως το επίθετο *παλιός:*

Ποιοι έρχονται; Ποια ώρα θα φύγουμε; Για ποιο πράγμα μιλάς;

Σε ορισμένες περιπτώσεις χρησιμοποιούμε για γενική του *ποιος*
και τη γενική *τίνος* για τον ενικό και σπανιότερα *τίνων* για τον πλη-
θυντικό:

Τίνος είναι το χωράφι; Τίνων παιδί είναι ο μικρός;

γ) Το **πόσος; πόση; πόσο;** Κλίνεται κατά το *μαύρος:*

Πόσες μέρες πέρασαν; Πόσα χρωστώ;

135

ΟΡΘΟΓΡΑΦΙΑ.— Δεν πρέπει να μπερδεύουμε το ουδέτερο της ερωτηματικής αντωνυμίας *ποιο* με το ποσοτικό επίρρημα *πιο:*
Ποιο παιδί; Ποιο βιβλίο;
Αλλά: *Αυτό είναι πιο μικρό. Αυτό το μήλο είναι πιο αφράτο.*
Ποιο χωριό βρίσκεται πιο μακριά;

8.— Αόριστες αντωνυμίες

201 | **Αόριστες** λέγονται οι αντωνυμίες που τις μεταχειρι-ζόμαστε για ένα πρόσωπο ή πράγμα, που δεν το ο-νομάζουμε, γιατί δεν το ξέρουμε ή γιατί δε θέλουμε:

Περιμένει κάποιος στην πόρτα.
Με ποιον ήσουν; —Με κάποιον.

Αόριστες αντωνυμίες είναι:

1) **ένας, μια (μία), ένα:** Είναι το ίδιο με το αριθμητικό, που χρησιμεύει και για αόριστο άρθρο: *Μου έλεγε ένας.*

2) **κανένας (κανείς), καμιά (καμία), κανένα.** Κλίνεται όπως το *ένας, μια, ένα* μόνο στον ενικό.

Το *κανείς* έχει δυο σημασίες:
α) Σημαίνει κ ά π ο ι ο ς όταν η φράση δεν έχει άρνηση:
Αν με ζητήσει κανείς. Πέρασε από το σπίτι καμιά μέρα. Αν δεις κανένα παιδί στο δρόμο.
β) Σημαίνει ο ύ τ ε έ ν α ς και κ ά π ο ι ο ς, όταν η φράση είναι αρνητική:
Αν δεν το πήρε κανείς (κάποιος), θα βρεθεί. Δεν το πήρε κανείς. Δεν τον είδε κανείς (ούτε ένας).

3) **κάποιος, κάποια, κάποιο.** Κλίνεται κατά το *πλούσιος:*
Ήρθε κάποιος. Είδα κάποιον στο δρόμο. Κάποια μέρα.

4) **μερικοί, μερικές, μερικά** (όταν είναι για λίγα πρόσωπα ή πράγματα). Κλίνεται μόνο στον πληθυντικό όπως το *καλοί:*
Μερικοί το πίστεψαν. Μερικές γυναίκες. Έκαμα μερικά ψώνια.

5) **κάτι, κατιτί.** Είναι άκλιτα:
Κάτι θα έγινε. Ξέρω κι εγώ κατιτί. Ήταν κάτι άνθρωποι. Διάβασα σε κάτι βιβλία.

6) **τίποτε (τίποτα).** Είναι άκλιτο και έχει δυο σημασίες:

α) *Πες μας τίποτε (κάτι). Έμαθες τίποτε (κάτι) νέα;*
   Αν βρεις τίποτε κάστανα, παίρνεις και για μένα.

β) *Δεν ξέρω τίποτε. Τι θέλεις; — Τίποτε.*

7) **κάμποσος, κάμποση, κάμποσο.** Φανερώνει ένα ποσό όχι ορισμένο και κλίνεται κατά το *όμορφος:*
   Ήταν κάμποσοι άνθρωποι. Πέρασε κάμποση ώρα. Έχω κάμποσα βιβλία.

8) **κάθε· καθένας, καθεμιά (καθεμία), καθένα.**

Το *κάθε* είναι άκλιτο και συνηθίζεται σαν επίθετο, με άρθρο ή χωρίς άρθρο, με ονόματα κάθε πτώσης:
   (Ο) κάθε άνθρωπος. (Το) κάθε παιδί. Κάθε βδομάδα.
   Η πρόοδος του κάθε παιδιού. Κάθε δυο χρόνια.

Το *καθένας* κλίνεται στον ενικό όπως το *ένας:*
   Ο καθένας με τη σειρά του. Καθεμιά τη δουλειά της.

   Δεν πρέπει να λέμε ο *καθένας άνθρωπος,* αλλά ο *κάθε άνθρωπος* κτλ.

9) **καθετί.** Είναι άκλιτο ουδέτερο και συνηθίζεται με το άρθρο ή χωρίς άρθρο στην ονομαστική και την αιτιατική:
   Θ' ακούσω (το) καθετί που θα πεις.

10) **(ο, η, το) δείνα, (ο, η, το) τάδε.** Και οι δύο λέγονται συνήθως στον ενικό, και για τα τρία γένη. Τις λέμε όταν δε θέλουμε να ονομάσουμε τα πρόσωπα ή τα πράγματα:
   Ήρθε ο δείνα και μου λέει. Να πας στο τάδε μέρος.

11) **άλλος, άλλη, άλλο.** Κλίνεται κατά το *μαύρος:*
   Πού είναι ο άλλος; Έλα άλλη μέρα. Άλλα παιδιά φώναζαν.

Συσχετικές αντωνυμίες

202. Σε κάθε ερώτηση που κάνουμε με μια ερωτηματική α- ντωνυμία μπορεί να δοθεί απάντηση με ορισμένες κάθε φορά αντωνυμίες αόριστες, δεικτικές και αναφορικές. Οι αντωνυμίες αυτές έχουν μεταξύ τους κάποια σχέση. Γι' αυτό λέγονται **συσχετικές αντωνυμίες.**

Πίνακας συσχετικών αντωνυμιών			
Ερωτηματικές	Αόριστες	Δεικτικές	Αναφορικές
ποιος;	ένας, κάποιος κανένας, μερικοί άλλος ο δείνα, ο τάδε καθένας (κάθε)	αυτός (ε)τούτος εκείνος	(εκείνος) που όποιος
τι;	κάτι, κατιτί κάθε, καθετί τίποτε	αυτό, τούτο εκείνο	ό,τι
τι (λογής);		τέτοιος	οποιοσδήποτε
τι (είδος);		τέτοιος	οτιδήποτε
πόσος;	κάμποσος	τόσος	όσος

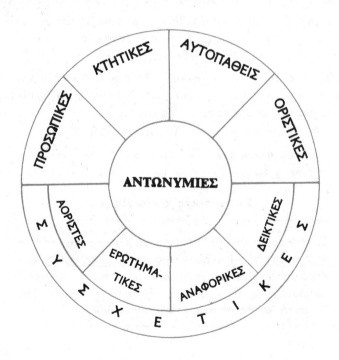

138

ΤΑ ΡΗΜΑΤΑ

ΓΕΝΙΚΑ

Η μητέρα κεντά.
Το δέντρο ξεριζώθηκε.
Η γάτα κοιμάται.

203. Όταν ακούσουμε να λένε *η μητέρα, το δέντρο, η γάτα,* καταλαβαίνουμε πως γίνεται λόγος για τη μητέρα, για το δέντρο, για τη γάτα, αλλά δεν ξέρουμε τι κάνουν ή τι τους συμβαίνει.

Αν όμως ακούσουμε να λένε: *η μητέρα κεντά, το δέντρο ξεριζώθηκε, η γάτα κοιμάται,* τότε ξέρουμε από τη λέξη *κεντά* πως η μητέρα κάνει κάτι, ενεργεί, από τη λέξη *ξεριζώθηκε* πως το δέντρο έπαθε* κάτι, από τη λέξη *κοιμάται* πως η γάτα βρίσκεται σε μια κατάσταση. Οι λέξεις *κεντά, ξεριζώθηκε, κοιμάται* είναι **ρήματα**.

> Ρήματα λέγονται οι λέξεις που φανερώνουν πως ένα πρόσωπο, ζώο ή πράγμα ενεργεί ή παθαίνει ή βρίσκεται σε μια κατάσταση.

204. Με τα ρήματα κάνουμε φράσεις που έχουν ακέραιο νόημα και λέγονται **προτάσεις**. Σε κάθε πρόταση εκτός από το ρήμα υπάρχει και ένα ουσιαστικό ή άλλη λέξη με σημασία ουσιαστικού, που φανερώνει για ποιον γίνεται λόγος. Στην πρόταση: *η μητέρα κεντά* η λέξη *μητέρα* φανερώνει ποιος κάνει κάτι. Στην πρόταση: *το δέντρο ξεριζώθηκε* η λέξη *δέντρο* φανερώνει ποιος έπαθε. Στην πρόταση: *η γάτα κοιμάται* η λέξη *γάτα* φανερώνει ποιος βρίσκεται σε μια κατάσταση. Στις προτάσεις λοιπόν αυτές γίνεται λόγος για τη μητέρα (πρόσωπο), για το δέντρο (πράγμα), για τη γάτα (ζώο) :

> Το πρόσωπο, το ζώο ή το πράγμα, που γι' αυτό γίνεται λόγος στην πρόταση, λέγεται **υποκείμενο**.

---

* Στη Γραμματική το ρήμα *παθαίνω* σημαίνει δέχομαι ενέργεια είτε κακή *(το δέντρο ξεριζώθηκε)* είτε καλή *(ο κάμπος φωτίστηκε).*

ΕΝΔΕΚΑΤΟ ΚΕΦΑΛΑΙΟ

ΔΙΑΘΕΣΕΙΣ ΚΑΙ ΦΩΝΕΣ

Διαθέσεις

Ο τεχνίτης διορθώνει τη βρύση.
Ο Γιάννης ντύνεται.
Η κάμαρα φωτίζεται από τη λάμπα.
Ο εργάτης ξεκουράζεται.

205. Στην πρώτη πρόταση το ρήμα *(διορθώνει)* φανερώνει πως· το υποκείμενο *(ο τεχνίτης)* ενεργεί, στη δεύτερη πρόταση το ρήμα *(ντύνεται)* φανερώνει ότι το υποκείμενο ενεργεί και η ενέργεια γυρίζει στο ίδιο, στην τρίτη πρόταση το ρήμα *(φωτίζεται)* φανερώνει πως το υποκείμενο παθαίνει κάτι και στην τέταρτη πρόταση το ρήμα *(ξεκουράζεται)* φανερώνει ότι το υποκείμενο ούτε ενεργεί ούτε παθαίνει κάτι, αλλά βρίσκεται σε μια κατάσταση ουδέτερη.

> Η ιδιότητα αυτή του ρήματος να δείχνει τι κάνει, τι παθαίνει ή σε ποια κατάσταση βρίσκεται το υποκείμενο λέγεται **διάθεση**.

Οι διαθέσεις του ρήματος είναι τέσσερις: **ενεργητική, παθητική, μέση** και **ουδέτερη**.

206. α. *Ο γεωργός οργώνει το χωράφι.* Στην πρόταση αυτή το ρήμα *(οργώνει)* φανερώνει ότι το υποκείμενο *(ο γεωργός)* κάνει κάτι, ενεργεί. Το ίδιο και στην πρόταση: *τα παιδιά παίζουν στην αυλή,* το ρήμα *(παίζουν)* φανερώνει πως το υποκείμενο *(τα παιδιά)* κάνουν κάτι, ενεργούν.

> Τα ρήματα που σημαίνουν πως το υποκείμενο ενεργεί έχουν **ενεργητική διάθεση** και λέγονται **ενεργητικά**.

β. *Ο κάμπος φωτίστηκε από τον ήλιο.* Εδώ το ρήμα *(φωτίστηκε)* φανερώνει ότι το υποκείμενο *(ο κάμπος)* δέχτηκε μια ενέργεια από άλλον (από τον ήλιο). Το ίδιο και στην πρόταση: *το δέντρο ξεριζώθηκε από τον αέρα,* το ρήμα *(ξεριζώθηκε)* φανερώνει πως το υποκείμενο *(το δέντρο)* δέχτηκε μια ενέργεια από άλλον *(από τον αέρα).*

Τα ρήματα που σημαίνουν πως το υποκείμενο **παθαίνει,** δηλαδή δέχεται μια ενέργεια από άλλον, έχουν **παθητική διάθεση** και λέγονται **παθητικά.**

γ. *Το πρωί σηκώνομαι στις εφτά.* Στην πρόταση αυτή το ρήμα *(σηκώνομαι)* σημαίνει σηκώνω τον εαυτό μου, δηλαδή το υποκείμενο *(εγώ)* κάνει κάτι στον εαυτό του. Το ίδιο και όταν λέμε *ντύνομαι, χτενίζομαι, ετοιμάζομαι,* τα ρήματα σημαίνουν *ντύνω* τον εαυτό μου, χτενίζω τον εαυτό μου, ετοιμάζω τον εαυτό μου.

Τα ρήματα που σημαίνουν πως το υποκείμενο ενεργεί και η ενέργεια γυρίζει σ' αυτό έχουν **μέση διάθεση** και λέγονται **μέσα.**

δ. *Το παιδί κοιμάται.* Εδώ το ρήμα *(κοιμάται)* φανερώνει πως το υποκείμενο *(το παιδί)* ούτε ενεργεί ούτε δέχεται ενέργεια από άλλον παρά βρίσκεται σε μια κατάσταση. Το ίδιο και όταν λέμε *πεινώ, διψώ, κάθομαι,* τα ρήματα φανερώνουν πως βρίσκομαι σε μια κατάσταση.

Τα ρήματα που σημαίνουν πως το υποκείμενο (ούτε ενεργεί ούτε δέχεται ενέργεια από άλλον, παρά) βρίσκεται σε μια κατάσταση έχουν **ουδέτερη διάθεση** και λέγονται **ουδέτερα.**

207. Τα ενεργητικά ρήματα είναι δύο ειδών: **μεταβατικά** και **αμετάβατα.**

Στην πρόταση *η μητέρα ετοιμάζει το τραπέζι* το ρήμα φανερώνει πως η ενέργεια που κάνει το υποκείμενο πηγαίνει στο τραπέζι. Το ίδιο και στις προτάσεις *χτυπώ την πόρτα* — *ο περιβολάρης ποτίζει τα λουλούδια* η ενέργεια που κάνουν τα υποκείμενα πηγαίνει σε κάτι, στην πόρτα, στα λουλούδια.

Τα ενεργητικά ρήματα που η ενέργειά τους πηγαίνει σε κάποιο πρόσωπο ή πράγμα λέγονται **μεταβατικά**.

Το πρόσωπο ή το πράγμα στο οποίο πηγαίνει η ενέργεια λέγεται **αντικείμενο**.

Τα μεταβατικά ρήματα συνοδεύονται πάντοτε από το αντικείμενο.

Όταν λέμε *τα παιδιά τρέχουν, πηδούν, γελούν,* τα ρήματα φανερώνουν ενέργεια, είναι δηλαδή ενεργητικά, αλλά η ενέργεια δεν πηγαίνει σε κάτι έξω από το υποκείμενο· δεν έχουν αντικείμενο.

Τα ρήματα που η ενέργειά τους δεν πηγαίνει σε πρόσωπο ή πράγμα λέγονται **αμετάβατα**.

Τα ρήματα λοιπόν ως προς τη διάθεση χωρίζονται σε **ενεργητικά, παθητικά, μέσα** και **ουδέτερα**. Τα ενεργητικά χωρίζονται σε **μεταβατικά** και σε **αμετάβατα**.

Φωνές

δένω	*έδενα*	*δένομαι*	*δενόμουν*
δένεις	*έδενες*	*δένεσαι*	*δέθηκα*
δένει	*έδεσα*		
θα δέσω		*θα δεθώ*	
έχω δέσει		*έχω δεθεί*	

208.   Τα ρήματα, όπως και τα άλλα κλιτά μέρη του λόγου, σχη-

ματίζουν πολλούς τύπους. Εδώ έχουμε δύο ομάδες από τύπους, που λέγονται **φωνές**.

1. | Το σύνολο των ρηματικών τύπων που έχουν στο πρώ- το ενικό πρόσωπο της οριστικής του ενεστώτα την κα- τάληξη -ω ονομάζεται **ενεργητική φωνή**.

Τα ρήματα *δένω, ακούω, γελώ* είναι ενεργητικής φωνής.

2. | Το σύνολο των ρηματικών τύπων που έχουν στο πρώτο ενικό πρόσωπο της οριστικής του ενεστώτα κατάληξη -*μαι* ονομάζεται **παθητική φωνή**.

Τα ρήματα *δένομαι, ακούομαι, χτυπιέμαι* είναι παθητικής φωνής.

Συνήθως ακολουθούν την ενεργητική φωνή ρήματα με διά- θεση ενεργητική, και την παθητική φωνή ρήματα με διάθεση παθητι- κή ή μέση:

γράφω, μοιράζω, ντύνω — γράφομαι, μοιράζομαι, ντύνομαι.

Τα ουδέτερα ρήματα άλλοτε ακολουθούν την ενεργητική φωνή και άλλοτε την παθητική:

πεινώ, διψώ — κοιμούμαι, χαίρομαι.

Πολλά ρήματα έχουν και τις δύο φωνές: *ακούω — ακούομαι.*

Υπάρχουν όμως και ρήματα που σχηματίζονται μόνο στη μία φωνή:

ζω, ξυπνώ, γερνώ, τρέχω — έρχομαι, φαίνομαι, χρειάζομαι.

| Τα ρήματα που έχουν μόνο παθητική φωνή λέγονται **αποθετικά***:

   *αισθάνομαι, γίνομαι, δέχομαι, εργάζομαι,
   εύχομαι, θυμούμαι, μεταχειρίζομαι, σέβομαι,
   συλλογίζομαι, φοβούμαι* κτλ.

---

* Τα ρήματα αυτά τα ονόμασαν *αποθετικά*, γιατί παλαιότερα νόμιζαν ότι αυτά είχαν *αποθέσει* (αποβάλει, χάσει) τους τύπους της ενεργητικής φωνής.

143

ΔΩΔΕΚΑΤΟ ΚΕΦΑΛΑΙΟ

ΕΓΚΛΙΣΕΙΣ ΚΑΙ ΧΡΟΝΟΙ — ΑΡΙΘΜΟΙ ΚΑΙ ΠΡΟΣΩΠΑ

Εγκλίσεις

Έγραψα τα ονόματα.
Ας γράψουμε.
Γράψε στον πίνακα το ρήμα.

209. Όταν λέμε: *έγραψα τα ονόματα*, μιλούμε για κάτι που έγινε, για κάτι πραγματικό. Αν πούμε: *ας γράψουμε*, δείχνουμε ότι θέλουμε να γίνει το γράψιμο. Αν πάλι πούμε: *γράψε στον πίνακα το ρήμα*, προστάζουμε. Σε κάθε πρόταση παρατηρούμε ότι το ρήμα έχει άλλη μορφή.

> Οι μορφές που παίρνει το ρήμα για να φανερώσει πώς θέλουμε να παρουσιάσουμε αυτό που σημαίνει (το ρήμα) λέγονται **εγκλίσεις**.

Οι εγκλίσεις είναι τρεις: η **οριστική**, η **υποτακτική** και η **προστακτική**.

1. Η **οριστική** παριστάνει αυτό που σημαίνει το ρήμα σαν κάτι βέβαιο και πραγματικό:

Ο ήλιος λάμπει. Χτες έβρεξε. Το απόγεμα θα παίξω.

2. Η **υποτακτική** παριστάνει αυτό που σημαίνει το ρήμα σαν κάτι που θέλουμε ή περιμένουμε να γίνει:

Ας παίξουμε (= θέλω να παίξουμε).
Όταν έρθουν οι διακοπές, θα πάμε εξοχή. (= περιμένω νά 'ρθουν οι διακοπές).

3. Η **προστακτική** παριστάνει αυτό που σημαίνει το ρήμα σαν προσταγή, επιθυμία, ευχή:

Φύγε. Άκουσέ με. Βοήθησέ με, Θεέ μου.

Η οριστική, η υποτακτική και η προστακτική έχουν ξεχωριστούς τύπους για τα διάφορα πρόσωπα κάθε αριθμού, και ονομάζονται γι'αυτό **προσωπικές εγκλίσεις** *(δένω, δένεις, δένουμε, να δένω, να δένει* κτλ.)*.

Ως εγκλίσεις λογαριάζουμε και το **απαρέμφατο** και τη **μετοχή**.

4. Το **απαρέμφατο** είναι άκλιτος τύπος του ρήματος και χρησιμεύει για να σχηματίζονται, όπως θα δούμε, ορισμένοι χρόνοι του ρήματος. Απαρέμφατο έχει και η ενεργητική φωνή *(δέσει, γράψει, βρέξει)* και η παθητική *(δεθεί, γραφεί, βραχεί)*.

$$\left.\begin{matrix} έχω \\ είχα \\ θα\ έχω \end{matrix}\right\} δέσει \qquad \left.\begin{matrix} έχω \\ είχα \\ θα\ έχω \end{matrix}\right\} δεθεί$$

5. Η **μετοχή** σχηματίζεται κι αυτή και στις δύο φωνές. Στην ενεργητική από τον ενεστώτα *(δένοντας, τιμώντας)*, και είναι άκλιτη. Στην παθητική από τον ενεστώτα ή τον παρακείμενο, και είναι κλιτή με τρία γένη *(εργαζόμενος, -η, -ο, δεμένος, -η, -ο)*.

Το απαρέμφατο και η μετοχή ονομάζονται **απρόσωπες εγκλίσεις**, επειδή δεν έχουν ξεχωριστούς τύπους για τα διάφορα πρόσωπα.

210.

ΟΙ ΕΓΚΛΙΣΕΙΣ

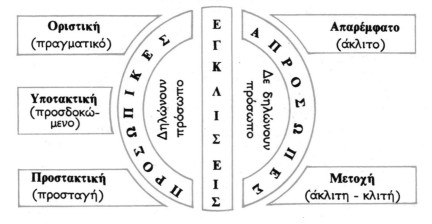

Χρόνοι του ρήματος

δένω (τώρα)
έδενα (στα περασμένα)
θα δέσω (στο μέλλον)

211. Όπως βλέπουμε, υπάρχουν ξεχωριστοί ρηματικοί τύποι που φανερώνουν πότε γίνεται αυτό που σημαίνει το ρήμα. Οι τύποι αυτοί λέγονται **χρόνοι**.

Οι χρόνοι είναι τριών ειδών: α) **παροντικοί**, β) **παρελθοντικοί** και γ) **μελλοντικοί**.

Η σημασία των χρόνων στην οριστική

Α.— Παροντικοί χρόνοι

212. Παροντικοί χρόνοι είναι ο ενεστώτας και ο παρακείμενος.

1. Ο **ενεστώτας** φανερώνει κάτι που γίνεται τώρα, εξακολουθητικά: *Βγαίνει ο ήλιος. Τρέχω να τον πιάσω.* Ή κάτι που επαναλαμβάνεται: *Κάθε πρωί ξυπνώ στις έξι και σηκώνομαι αμέσως.*

2. Ο **παρακείμενος** φανερώνει πως εκείνο που σημαίνει το ρήμα έγινε στο παρελθόν και είναι πια αποτελειωμένο την ώρα που μιλούμε: *Έχω διαβάσει τα μαθήματά μου* (= τα διάβασα, και **τώρα** είναι τελειωμένο το διάβασμα).

Β.— Παρελθοντικοί χρόνοι

213. Παρελθοντικοί χρόνοι είναι ο παρατατικός, ο αόριστος και ο υπερσυντέλικος.

3. Ο **παρατατικός** φανερώνει πως εκείνο που σημαίνει το ρήμα γινόταν στο παρελθόν εξακολουθητικά ή με επανάληψη:

Χτες το απόγεμα διάβαζα.
Το καλοκαίρι ξυπνούσα στις έξι.

4. Ο **αόριστος** φανερώνει πως εκείνο που σημαίνει το ρήμα έγινε στο παρελθόν:

Χτύπησα την πόρτα.
Περάσαμε ωραία στο ταξίδι.

5. Ο **υπερσυντέλικος** φανερώνει πως εκείνο που σημαίνει το

ρήμα ήταν τελειωμένο στο παρελθόν πριν γίνει κάτι άλλο:
Όταν έφτανες, εγώ είχα φύγει.

Γ.— Μελλοντικοί χρόνοι

214. Μελλοντικοί χρόνοι είναι ο εξακολουθητικός **μέλλοντας**, ο στιγμιαίος **μέλλοντας** και ο συντελεσμένος **μέλλοντας**.

6. Ο **εξακολουθητικός μέλλοντας** φανερώνει κάτι που θα γίνεται με αδιάκοπη συνέχεια ή με επανάληψη:
Όλο το απόγεμα θα γράφω.
Από αύριο θα σηκώνομαι στις έξι.

7. Ο **στιγμιαίος μέλλοντας** φανερώνει κάτι που θα γίνει στο μέλλον χωρίς συνέχεια ή επανάληψη :
Αύριο θα ξυπνήσω πολύ πρωί.
Θα μιλήσω με τον καθένα σας χωριστά.

8. Ο **συντελεσμένος μέλλοντας** φανερώνει κάτι που θα είναι τελειωμένο στο μέλλον, αφού πρώτα γίνει κάτι άλλο:
Όταν βραδιάσει, θα έχω τελειωμένες τις δουλειές μου.
Στις πέντε το πρωί θα έχω φύγει.

215. Από τα παραπάνω γίνεται φανερή και άλλη μια διάκριση των χρόνων. Η διάκριση αυτή αναφέρεται στον τρόπο με τον ο-ποίο παρουσιάζεται αυτό που σημαίνει το ρήμα· αν δηλαδή γίνεται:

α) ε ξ α κ ο λ ο υ θ η τ ι κ ά : *γράφω, έγραφα, θα γράφω.*

β) σ τ ι γ μ ι α ί α : *έγραψα, θα γράψω* ή

γ) αν έ χ ε ι π ι ά τ ε λ ε ι ώ σ ε ι (συντελεστεί): *έχω γράψει, είχα γράψει, θα έχω γράψει.*

Έτσι έχουμε χρόνους:
α) **εξακολουθητικούς**: ενεστώτας, παρατατικός, εξακολουθητικός μέλ-λοντας·

β) **στιγμιαίους**: αόριστος, στιγμιαίος μέλλοντας και

γ) **συντελεσμένους**: παρακείμενος, υπερσυντέλικος, συντελεσμένος μέλλοντας.

Μονολεκτικοί και περιφραστικοί χρόνοι

216. Από τους χρόνους του ρήματος άλλοι σχηματίζονται με μια

147

μόνο λέξη και λέγονται **μονολεκτικοί** και άλλοι με δυο ή τρεις λέξεις και λέγονται **περιφραστικοί**.

1. Οι **μονολεκτικοί** χρόνοι είναι τρεις:
   ο ε ν ε σ τ ώ τ α ς : *δένω — δένομαι,*
   ο π α ρ α τ α τ ι κ ό ς : *έδενα — δενόμουν* και
   ο α ό ρ ι σ τ ο ς : *έδεσα — δέθηκα.*

2. Οι **περιφραστικοί** χρόνοι είναι πέντε:
   ο ε ξ α κ ο λ ο υ θ η τ ι κ ό ς μ έ λ λ ο ν τ α ς ,
   ο σ τ ι γ μ ι α ί ο ς μ έ λ λ ο ν τ α ς,
   ο π α ρ α κ ε ί μ ε ν ο ς,
   ο υ π ε ρ σ υ ν τ έ λ ι κ ο ς και
   ο σ υ ν τ ε λ ε σ μ έ ν ο ς μ έ λ λ ο ν τ α ς.

   Ο εξακολουθητικός μέλλοντας σχηματίζεται με το μόριο *θα* και την υποτακτική του ενεστώτα:
   θα δένω — θα δένομαι.

   Ο στιγμιαίος με το *θα* και την υποτακτική του αορίστου:
   θα δέσω — θα δεθώ.

   Ο παρακείμενος, ο υπερσυντέλικος και ο συντελεσμένος μέλλο-ντας έχουν δυο τύπους:

   Ο πρώτος τύπος σχηματίζεται με το ρήμα **έχω** *(είχα, θα έχω)* και το απαρέμφατο του αορίστου *(δέσει, δεθεί):*
   έχω δέσει, είχα δέσει, θα έχω δέσει
   έχω δεθεί, είχα δεθεί, θα έχω δεθεί.

   Ο δεύτερος τύπος σχηματίζεται:
   α) στην ε ν ε ρ γ η τ ι κ ή φωνή με το ρήμα **έχω** *(είχα, θα έχω)* και τη μετοχή του παθητικού παρακειμένου:
   έχω δεμένο, -η, -ο, είχα δεμένο, -η, -ο, θα έχω δεμένο, -η, -ο·
   β) στην π α θ η τ ι κ ή φωνή με το ρήμα **είμαι** *(ήμουν, θα είμαι)* και τη μετοχή του παθητικού παρακειμένου:
   είμαι δεμένος, -η, -ο, ήμουν δεμένος, -η, -ο, θα είμαι δεμένος, -η, -ο.

Τα ρήματα *έχω* και *είμαι*, όταν βοηθούν να σχηματι-στούν οι περιφραστικοί χρόνοι, λέγονται **βοηθητικά ρήματα**.

---

217. Πίνακας των χρόνων της οριστικής

Ρήμα: γ ρ ά φ ω

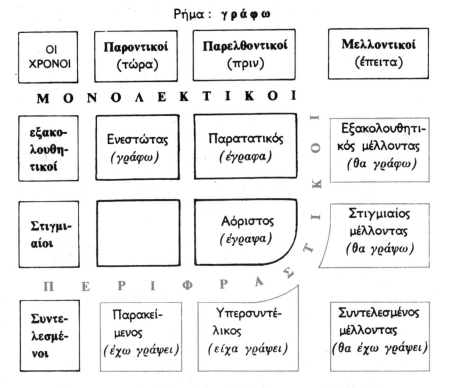

ΟΙ ΧΡΟΝΟΙ	Παροντικοί (τώρα)	Παρελθοντικοί (πριν)	Μελλοντικοί (έπειτα)

Μ Ο Ν Ο Λ Ε Κ Τ Ι Κ Ο Ι

εξακο-λουθη-τικοί	Ενεστώτας (γράφω)	Παρατατικός (έγραφα)	Εξακολουθητι-κός μέλλοντας (θα γράφω)
Στιγμι-αίοι		Αόριστος (έγραψα)	Στιγμιαίος μέλλοντας (θα γράψω)

Π Ε Ρ Ι Φ Ρ Α Σ

Συντε-λεσμέ-νοι	Παρακεί-μενος (έχω γράψει)	Υπερσυντέ-λικος (είχα γράψει)	Συντελεσμένος μέλλοντας (θα έχω γράψει)

Ο σχηματισμός της υποτακτικής και της προστακτικής

2ϊ8. 1. Η **υποτακτική** έχει ενεστώτα, αόριστο και παρακείμενο : *Να γράφω, να γράψω, να έχω γράψει.* Σχηματίζεται παίρνοντας μπροστά ένα από τα μόρια **ας, να** ή έναν από τους συνδέσμους **για να, όταν, αν** ή το απαγορευτικό **μη** :

να μένει, όταν φύγουμε, αν κάθονται, μην τρέχεις.

2. Η **προστακτική** έχει ενεστώτα *(γράφε),* αόριστο *(γράψε)* και πολύ σπάνια παρακείμενο *(έχε γραμμένο).* Στην παθητική φωνή έχει ξεχωριστούς τύπους, μονολεκτικούς, στον αόριστο, *γράψου, γρα-φτείτε ·* στον ενεστώτα είναι σπάνιοι οι μονολεκτικοί τύποι *(γράφου, γράφεστε).* Οι τύποι που λείπουν αναπληρώνονται από την υπο-τακτική, που παίρνει τότε το μόριο **ας** *(να):* ας *γράφει, να είναι γραμμένο.*

149

Η προστακτική έχει μόνο δύο πρόσωπα, το δεύτερο και το τρίτο. Το τρίτο πρόσωπο δεν έχει ξεχωριστό τύπο και συμπληρώνεται από την υποτακτική:

ας γράφει ή *να γράφει.*

Αριθμοί και πρόσωπα

τρέχω	*τρέχουμε*
τρέχεις	*τρέχετε*

219. 'Οταν λέμε *τρέχω, τρέχεις,* το υποκείμενο είναι έ ν α πρόσωπο *(εγώ, εσύ).* 'Οταν λέμε *τρέχουμε, τρέχετε,* το υποκείμενο είναι π ο λ λ ά πρόσωπα *(εμείς, εσείς).* Το *άλογο τρέχει:* το υποκείμενο είναι έ ν α ζώο *(το άλογο).* Τα *αυτοκίνητα τρέχουν:* το υποκείμενο είναι π ο λ λ ά πράγματα *(τα αυτοκίνητα).*

> Ο τύπος του ρήματος που φανερώνει αν το υποκείμενό του είναι ένα ή πολλά πρόσωπα, ζώα ή πράγματα λέγεται **αριθμός** του ρήματος.

Οι αριθμοί είναι στο ρήμα, όπως και στο όνομα, δύο: ο **ενικός** και ο **πληθυντικός**.

220. | **Πρόσωπο** λέγεται ο τύπος που παίρνει το ρήμα για να φανερώσει τα πρόσωπα της ομιλίας.

Τα πρόσωπα της ομιλίας είναι τρία:
α) το π ρ ώ τ ο πρόσωπο: *(εγώ)* **γράφω** — *(εμείς)* **γράφουμε**,
β) το δ ε ύ τ ε ρ ο πρόσωπο: *(εσύ)* **γράφεις** — *(εσείς)* **γράφετε**,
γ) το τ ρ ί τ ο πρόσωπο: *(αυτός)* **γράφει** — *(αυτοί)* **γράφουν**.

Καθώς φαίνεται από τα παραδείγματα, ο α ρ ι θ μ ό ς και το π ρ ό σ ω π ο του ρήματος φανερώνονται από τις ξεχωριστές **καταλήξεις** που παίρνει το ρήμα.

Παρεπόμενα του ρήματος. Η διάθεση και η φωνή, η έγκλιση και ο χρόνος, ο αριθμός και το πρόσωπο παρουσιάζονται πάντοτε στους τύπους που σχηματίζει ένα ρήμα και λέγονται **παρεπόμενα του ρήματος.**

ΔΕΚΑΤΟ ΤΡΙΤΟ ΚΕΦΑΛΑΙΟ

ΤΑ ΣΤΟΙΧΕΙΑ ΤΟΥ ΣΧΗΜΑΤΙΣΜΟΥ

221.   Ι. Θέμα, κατάληξη και χαρακτήρας

Οριστική

Ενεστώτας   Αόριστος

                    Ενεργητικός   Παθητικός

	-ω		-α		-ηκα
	-εις		-ες		-ηκες
πληρων-	-ει	πληρωσ-	-ε	πληρωθ-	-ηκε
	-ουμε		-αμε		-ηκαμε
	-ετε		-ατε		-ηκατε
	-ουν		-αν		-ηκαν

222. 1. Όταν κλίνεται το ρήμα, ένα μέρος του, το πρώτο, δεν αλλάζει· αυτό λέγεται **θέμα**: *πληρων-, πληρωσ-, πληρωθ-*. Ένα άλλο μέρος του, το τελευταίο, αλλάζει· αυτό λέγεται **κατάληξη**: *-ω, -εις, -ει* κτλ.

2. Τα θέματα του ρήματος είναι δύο: α) το ε ν ε σ τ ω τ ι κ ό και β) τ ο α ο ρ ι σ τ ι κ ό (θέμα ενεργητικού αορίστου και θέμα παθητικού αορίστου). Του ρήματος *πληρώνω* π.χ. το ενεστωτικό θέμα είναι *πληρων-*· το αοριστικό είναι *πληρωσ-* για τον ενεργητικό αόριστο και *πληρωθ-* για τον παθητικό αόριστο.

> Ο τελευταίος φθόγγος του ενεστωτικού ή του αοριστικού θέματος λέγεται **ενεστωτικός** ή **αοριστικός χαρακτήρας**.

Στα θέματα *πληρων-, πληρωσ-, πληρωθ-* οι χαρακτήρες είναι *ν, σ, θ*.

151

Το φωνήεν ή το δίψηφο που βρίσκεται στη συλλαβή την πριν από την κατάληξη λέγεται **θεματικό φωνήεν.**

Του *πληρώνω* λ.χ. θεματικό φωνήεν είναι το *ω·* του *λείπω* το *ει.*

223. Το θέμα και οι χρόνοι.

Το θέμα είναι βασικό στοιχείο για το σχηματισμό των χρόνων.

α) Από το ε ν ε σ τ ω τ ι κ ό θ έ μ α σχηματίζονται οι εξακολουθητικοί χρόνοι και των δύο φωνών, δηλαδή ο ενεστώτας, ο παρατατικός και ο εξακολουθητικός μέλλοντας:

λύν-ω	*λύν-ομαι*
έλυν-α	*λυν-όμουν*
θα λύν-ω	*θα λύν-ομαι*
να λύν-ω	*να λύν-ομαι·*
λύν-ε	*λύν-ου*
λύν-οντας	—

β) Από το θέμα του ε ν ε ρ γ η τ ι κ ο ύ α ο ρ ί σ τ ο υ σχηματίζονται οι στιγμιαίοι χρόνοι της ενεργητικής φωνής, δηλαδή ο αόριστος και ο στιγμιαίος μέλλοντας, καθώς και το απαρέμφατο της ενεργητικής φωνής:

έ-λυσ-α	*(έχω)*	
θα λύσ-ω	*(είχα)*	*λύσ-ει*
	(θα έχω)	

γ) Από το θέμα του π α θ η τ ι κ ο ύ α ο ρ ί σ τ ο υ σχηματίζονται οι στιγμιαίοι χρόνοι της παθητικής φωνής, το παθητικό απαρέμφατο και οι συντελεσμένοι χρόνοι στο άκλιτό τους μέρος:

λύθ-ηκα	*(έχω)*	
θα λυθ-ώ	*(είχα)*	*λυθ-εί*
	(θα έχω)	

Ο ενεστώτας και ο αόριστος λέγονται α ρ χ ι κ ο ί χ ρ ό ν ο ι του ρήματος, επειδή από το θέμα τους σχηματίζονται όλοι οι άλλοι χρόνοι.

224.

Πίνακας σχηματισμού των χρόνων
Ρήμα: δέν-ω

ΧΡΟΝΟΙ

	ΘΕΜΑ	Ενεστώτας — Οριστική	Υποτακτική	Προστακτική	1. απαρέμφατο / 2. μετοχή	Παρατατικός	Μέλλοντας
Εξακολουθητικοί χρόνοι							
Ενεστώτα — Ενεργ.	δεν- {	δέν-ω	να δέν-ω	δέν-ε	1. — 2. δέν-οντας	έ-δεν-α	θα δέν-ω
παθ.		δέν-ομαι	να δέν-ομαι	δέν-ου	—	δεν-όμουν	θα δέν-ομαι
Στιγμιαίοι χρόνοι		**Αόριστος**					
Αορίστου — Ενεργητικού	δεσ-	έ-δεσ-α	να δέσ-ω	δέσ-ε	1. δέσ-ει* 2.	—	θα δέσ-ω
Παθητικού	δεθ-	δέθ-ηκα	να δεθ-ώ	δεθ-είτε	1. δεθ-εί** 2.	—	θα δεθ-ώ

* Με το απαρέμφατο (δέσει) και το βοηθητικό ρήμα έχω σχηματίζονται οι συντελεσμένοι χρόνοι του δένω: έχω (είχα, θα έχω) δέσει.

** Με το απαρέμφατο (δεθεί) και το βοηθητικό ρήμα έχω σχηματίζονται οι συντελεσμένοι χρόνοι του δένομαι: έχω (είχα, θα έχω) δεθεί.

153

2. Αύξηση

λύνω, έ-λυνα, έ-λυσα

1. Όσα ρήματα αρχίζουν από σύμφωνο παίρνουν εμπρός από το θέμα, στον παρατατικό και στον αόριστο της οριστικής, ένα ε. Το ε- αυτό λέγεται **αύξηση**, και οι ρηματικοί τύποι που το παίρνουν λέγονται **αυξημένοι τύποι**.

Μερικά ρήματα παίρνουν αύξηση **η-** αντί **ε-**:

πίνω (έπινα) - **ήπια**,   *θέλω* - **ήθελα**,
βρίσκω (έβρισκα) - **ήβρα**,   *ξέρω* - **ήξερα**.

έ-λυνα, έ-λυνες — λύναμε, λύνατε

2. Όπως βλέπουμε στα παραπάνω παραδείγματα, η αύξηση μένει όταν τονίζεται, ενώ χάνεται όταν δεν τονίζεται.

ανάβω - άναβα - ανάφτηκε
ορίζω - όρισα
ευχαριστώ - ευχαριστούσα

3. Όσα ρήματα αρχίζουν από φωνήεν ή δίψηφο δεν παίρνουν αύξηση, αλλά κρατούν το φωνήεν ή το δίψηφο σε όλους τους χρόνους. Εξαιρούνται τα ρήματα:

έχω - **είχα**, *έρχομαι* - **ήρθα**, *είμαι* - **ήμουν**.

Εσωτερική αύξηση

Μερικά σύνθετα ρήματα με πρώτο συνθετικό επίρρημα, όπως *πολύ, πάρα, καλά, κακά* κτλ. παίρνουν την τονισμένη αύξηση στην αρχή του δεύτερου συνθετικού. Η αύξηση αυτή λέγεται **εσωτερική αύξηση**:

δεν τον πολυέβλεπα, δεν πολυήξερε, παραήθελε κτλ.

Εσωτερική αύξηση παίρνουν και μερικοί τύποι λόγιων ρημάτων, σύνθετων με πρόθεση.

Τα πιο συνηθισμένα είναι:

εκφράζω - εξέφραζα, εγκρίνω - ενέκρινα, ενδιαφέρω - ενδιέφερα, εμπνέω - ενέπνεα, συμβαίνει - συνέβη.

Στους παρελθοντικούς χρόνους του ρήματος *υπάρχω* τρέπεται το α σε *η: υπήρχα - υπήρξε.*

Και η εσωτερική αύξηση διατηρείται μόνο όταν είναι τονισμένη: *εξέφραζα, εξέφρασε, (εξέφραζαν),* αλλά *εκφράζαμε, εκφράζονταν, εκφράστηκε* κτλ.

ΟΡΘΟΓΡΑΦΙΑ.

1. Γράφονται με *η* τα: *ήρθα, ήβρα, ήπια, ήμουν, ήξερα, ήθελα.*
2. Γράφονται με *ει* τα: *είδα, είπα, είχα.*

3. Βοηθητικά στοιχεία σχηματισμού

226. Για να σχηματιστούν οι περιφραστικοί χρόνοι των ρημάτων χρησιμεύουν:

α) το μελλοντικό μόριο *θα* για τους μέλλοντες: *θα δένω, θα δέσω, θα έχω δεθεί.*

β) τα βοηθητικά ρήματα *έχω* και *είμαι* για τους συντελεσμένους χρόνους.

227. Το βοηθητικό ρήμα *έχω*

Μονολεκτικοί χρόνοι				
Ενεστώτας				Παρατατικός
Οριστική	Υποτακτική *(να, όταν, για να)*	Προστα-κτική	Μετοχή	
έχω	*έχω*			*είχα*
έχεις	*έχεις**	*έχε*		*είχες*
έχει	*έχει*			*είχε*
έχουμε	*έχουμε*		*έχοντας*	
(έχομε)	*(έχομε)*			*είχαμε*
έχετε	*έχετε*	*έχετε*		*είχατε*
έχουν	*έχουν*			*είχαν*
Περιφραστικός χρόνος. Μέλλοντας: *θα έχω* κτλ.				

* Παλαιότερα ξεχώριζαν τις καταλήξεις της υποτακτικής *(να έχης, να έχη, να έχωμε),* και αυτό συνεχίζεται και σήμερα ακόμη από μερικούς.

228. Το βοηθητικό ρήμα είμαι

Μονολεκτικοί χρόνοι			
Ενεστώτας			**Παρατατικός**
Οριστική	Υποτακτική *(να, όταν, για να)*	Μετοχή	
είμαι	*είμαι*		*ήμουν*
είσαι	*είσαι*		*ήσουν*
είναι	*είναι*	*όντας*	*ήταν*
είμαστε	*είμαστε*		*ήμαστε*
είστε	*είστε*		*ήσαστε*
είναι	*είναι*		*ήταν*
Περιφραστικός χρόνος. Μέλλοντας: θα είμαι κτλ.			

Η προστακτική αναπληρώνεται από τύπους της υποτακτικής: *να (ας) είσαι, να είναι, να είστε, να είναι.*

ΔΕΚΑΤΟ ΤΕΤΑΡΤΟ ΚΕΦΑΛΑΙΟ

ΟΙ ΣΥΖΥΓΙΕΣ

229. Τα ρήματα δεν κλίνονται όλα με τον ίδιο τρόπο. Στον ενεστώτα και στον παρατατικό παρουσιάζουν διαφορές:

δένω — έδενα, αγαπώ — αγαπούσα,
δένομαι — δενόμουν, αγαπιέμαι — αγαπιόμουν.

Τα ρήματα που κλίνονται κατά τον ίδιο τρόπο αποτελούν μια **συζυγία.**

Οι συζυγίες είναι δύο:

Στην **πρώτη συζυγία** ανήκουν τα ρήματα που τονίζονται στην παραλήγουσα στο πρώτο πρόσωπο της οριστικής του ενεργητικού ενεστώτα, και στην προπαραλήγουσα στο πρώτο πρόσωπο της οριστικής του παθητικού ενεστώτα.

Τα ρήματα αυτά τελειώνουν σε **-ω** στην ενεργητική φωνή και σε **-ομαι** στην παθητική:

δέν-ω — δέν-ομαι, γράφ-ω — γράφ-ομαι.

Στην πρώτη συζυγία ανήκουν τα περισσότερα ρήματα.

Στη **δεύτερη συζυγία** ανήκουν τα ρήματα που τονίζονται στη λήγουσα στο πρώτο πρόσωπο της οριστικής του ενεργητικού ενεστώτα, και στην παραλήγουσα στο πρώτο πρόσωπο της οριστικής του παθητικού ενεστώτα.

Τα ρήματα αυτά τελειώνουν σε **-ω** στην ενεργητική φωνή και σε **-ιέμαι** ή **-ούμαι** στην παθητική:

αγαπώ — αγαπιέμαι, λυπώ - λυπούμαι.

Ρήματα της πρώτης συζυγίας
230. Ενεργητική φωνή
δένω

ΧΡΟΝΟΙ	Οριστική	Υποτακτική (να, όταν, για να κτλ.)	Προστακτική	Απαρέμφατο	Μετοχή	ΧΡΟΝΟΙ	Οριστική
Ενεστώτας	δένω δένεις δένει δένουμε, δένομε δένετε δένουν	δένω δένεις δένει δένουμε, δένομε δένετε δένουν	δένε δένετε		δένοντας	**Παρατατικός**	έδενα έδενες έδενε δέναμε δένατε έδεναν
Αόριστος	έδεσα έδεσες έδεσε δέσαμε δέσατε έδεσαν	δέσω δέσεις δέσει δέσουμε, δέσομε δέσετε δέσουν	δέσε δέστε	δέσει			

Οριστική

Περιφραστικοί χρόνοι	
Εξακολουθητικός μέλλοντας :5όντας: θα δένω, θα δένεις, θα δένει κτλ.	
Στιγμιαίος μέλλοντας: θα δέσω, θα δέσεις, θα δέσει κτλ.	
Παρακείμενος: έχω δέσει, έχεις δέσει (ή έχω δεμένο κτλ.)	
Υπερσυντέλικος :5οκε: είχα δέσει, είχες δέσει (ή είχα δεμένο κτλ.)	
Συντελεσμένος μέλλοντας :5ο(?)ντας: θα έχω δέσει (ή θα έχω δεμένο κτλ.)	

Υποτακτική

Παρακείμενος:
να έχω δέσει, να έχεις δέσει,
να έχει δέσει, να έχουμε δέσει
κτλ. (ή να έχω δεμένο, να
έχεις δεμένο κτλ.)

231. Παθητική φωνή

ΧΡΟΝΟΙ	Οριστική	Υποτακτική (να, όταν, για να κτλ.)	Προστακτική	Απαρέμφατο	Μετοχή	ΧΡΟΝΟΙ	Οριστική
Ενεστώτας	δένομαι δένεσαι δένεται δενόμαστε δένεστε δένονται	δένομαι δένεσαι δένεται δενόμαστε δένεστε δένονται	(δένου) (δένεστε)			**Παρατατικός**	δενόμουν δενόσουν δενόταν δενόμαστε δενόσαστε δένονταν
Αόριστος	δέθηκα δέθηκες δέθηκε δεθήκαμε δεθήκατε δέθηκαν	δεθώ δεθείς δεθεί δεθούμε δεθείτε δεθούν	δέσου δεθείτε	δεθεί			
Παρακείμενος					δεμένος		

Περιφραστικοί χρόνοι

Οριστική

Εξακολουθητικός μέλλοντας: θα δένομαι, θα δένεσαι κτλ.

Στιγμιαίος μέλλοντας: θα δεθώ, θα δεθείς, θα δεθεί κτλ.

Παρακείμενος: έχω δεθεί, έχεις δεθεί, έχει δεθεί (ή είμαι δεμένος κτλ.)

Υπερσυντέλικος: είχα δεθεί, είχες δεθεί, είχε δεθεί (ή ήμουν δεμένος κτλ.)

Συντελεσμένος μέλλοντας: θα έχω δεθεί (ή θα είμαι δεμένος κτλ.)

Υποτακτική

Παρακείμενος:

να έχω δεθεί, να έχεις δεθεί, να έχει δεθεί (ή να είμαι δεμένος κτλ.)

232. Ενεργητική φωνή

κρύβω

XPONOI	Οριστική	Υποτακτική (νά, ὅταν, γιά νά κτλ.)	Προστακτική	Απαρέμφατο	Μετοχή	XPONOI	Οριστική
Ἐνεστώτας	κρύβω κρύβεις κρύβει κρύβουμε, -ομε κρύβετε κρύβουν	κρύβω κρύβεις κρύβει κρύβουμε, -ομε κρύβετε κρύβουν	κρύβε κρύβετε		κρύβοντας	**Παρατατικός**	έκρυβα έκρυβες έκρυβε κρύβαμε κρύβατε έκρυβαν
Αόριστος	έκρυψα έκρυψες έκρυψε κρύψαμε κρύψατε έκρυψαν	κρύψω κρύψεις κρύψει κρύψουμε, -ομε κρύψετε κρύψουν	κρύψε κρύψτε	κρύψει			

Υποτακτική

Παρακείμενος:

να έχω κρύψει, να έχεις κρύψει, να έχει κρύψει (ή) να έχω κρυμμένο κτλ.)
α έχω κρύψει, α έχεις κρύψει, α έχει κρύψει (ή) α έχω κρυμμένο κτλ.)
α έχω κρύψει κτλ.)

Περιφραστικοὶ χρόνοι

Οριστική

Εξακολουθητικός μέλλοντας: θα κρύβω, θα κρύβεις, θα κρύβει κτλ.
Στιγμιαίος μέλλοντας: θα κρύψω, θα κρύψεις, θα κρύψει κτλ.
Παρακείμενος: έχω κρύψει (ή) έχω κρυμμένο κτλ.
Υπερσυντέλικος: είχα κρύψει (ή) είχα κρυμμένο κτλ.
Συντελ. μέλλοντας: θα έχω κρύψει (ή) θα έχω κρυμμένο κτλ.

233. Παθητική φωνή
κρύβομαι

ΧΡΟΝΟΙ	Οριστική	Υποτακτική (να, όταν, για να κτλ.)	Προστακτική	Απαρέμφατο	Μετοχή	ΧΡΟΝΟΙ	Οριστική
Ενεστώτας	κρύβομαι κρύβεσαι κρύβεται κρυβόμαστε κρύβεστε κρύβονται	κρύβομαι κρύβεσαι κρύβεται κρυβόμαστε κρύβεστε κρύβονται	(κρύβου) (κρύβεστε)			**Παρατατικός**	κρυβόμουν κρυβόσουν κρυβόταν κρυβόμαστε κρυβόσαστε κρύβονταν
Αόριστος	κρύφτηκα κρύφτηκες κρύφτηκε κρυφτήκαμε κρυφτήκατε κρύφτηκαν	κρυφτώ κρυφτείς κρυφτεί κρυφτούμε κρυφτείτε κρυφτούν	κρύψου κρυφτείτε	κρυφτεί			
Παρακείμενος					κρυμμένος		

Ο ρ ι σ τ ι κ ή

Εξακολ. μέλλοντας: θα κρύβομαι, θα κρύβεσαι, θα κρύβεται κτλ.
Στιγμ. μέλλοντας: θα κρυφτώ, θα κρυφτείς, θα κρυφτεί κτλ.
Παρακείμενος: έχω κρυφτεί, έχεις κρυφτεί, έχει κρυφτεί κτλ.
Υπερσυντέλικος: είχα κρυφτεί, είχες κρυφτεί, είχε κρυφτεί κτλ.
Συντελ. μέλλοντας: θα έχω κρυφτεί (ή θα είμαι κρυμμένος) κτλ.

Υ π ο τ α κ τ ι κ ή

Παρακείμενος:
να έχω κρυφτεί, να έχεις κρυφτεί, να έχει κρυφτεί, να έχομε κρυφτεί, να έχετε κρυφτεί, να έχουν κρυφτεί (ή να είμαι κρυμμένος κτλ.)

(Περιφραστικοί χρόνοι — Παρακείμενος)

161

234. Ενεργητική φωνή

πλέκω

XPONOI	Οριστική	Υποτακτική (να, όταν, για να κτλ.)	Προστακτική	Απαρέμφατο	Μετοχή	XPONOI	Οριστική
Ενεστώτας	πλέκω πλέκεις πλέκει πλέκουμε, -ομε πλέκετε πλέκουν	πλέκω πλέκεις πλέκει πλέκουμε, -ομε πλέκετε πλέκουν	πλέκε πλέκετε		πλέκοντας	**Παρατατικός**	έπλεκα έπλεκες έπλεκε πλέκαμε πλέκατε έπλεκαν
Αόριστος	έπλεξα έπλεξες έπλεξε πλέξαμε πλέξατε έπλεξαν	πλέξω πλέξεις πλέξει πλέξουμε, -ομε πλέξετε πλέξουν	πλέξε πλέξτε	πλέξει		**Υποτακτική**	

Υποτακτική

Παρακείμενος: να έχω πλέξει, να έχεις πλέξει, να έχει πλέξει (ή να έχω πλεγμένο, 'άλλη διάθεση να έχω πλεγμένο κτλ.)

Περιφραστικοί χρόνοι — Οριστική

Εξακολ. μέλλοντας: θα πλέκω, θα πλέκεις, θα πλέκει, θά πλέκει κτλ.

Στιγμ. μέλλοντας: θα πλέξω, θα πλέξεις, θα πλέξει κτλ.

Παρακείμενος: έχω πλέξει, έχεις πλέξει (ή έχω πλεγμένο κτλ.)

Υπερσυντέλικος: είχα πλέξει, είχες πλέξει, είχε πλέξει (ή είχα πλεγμένο κτλ.)

Συντελ. μέλλοντας: θα έχω πλέξει (ή θα έχω πλεγμένο κτλ.)

235. Παθητική φωνή

πλέκομαι

XPONOI	Οριστική	Υποτακτική (να, όταν, για να κτλ.)	Προστακτική	Απαρέμφατο	Μετοχή	XPONOI	Οριστική
Ενεστώτας	πλέκομαι πλέκεσαι πλέκεται πλεκόμαστε πλέκεστε πλέκονται	πλέκομαι πλέκεσαι πλέκεται πλεκόμαστε πλέκεστε πλέκονται	(πλέκου) (πλέκεστε)			**Παρατατικός**	πλεκόμουν πλεκόσουν πλεκόταν πλεκόμαστε πλεκόσαστε πλέκονταν
Αόριστος	πλέχτηκα πλέχτηκες πλέχτηκε πλεχτήκαμε πλεχτήκατε πλέχτηκαν	πλεχτώ πλεχτείς πλεχτεί πλεχτούμε πλεχτείτε πλεχτούν	πλέξου πλεχτείτε	πλεχτεί			
Παρακεί-μενος					πλεγμένος		

Περιφραστικοί χρόνοι

Οριστική

Εξακολ. μέλλοντας: θα πλέκομαι, θα πλέκεσαι, θα πλέκεται κτλ.
Στιγμ. μέλλοντας: θα πλεχτώ, θα πλεχτείς, θα πλεχτεί κτλ.
Παρακείμενος: έχω πλεχτεί, έχεις πλεχτεί, έχει πλεχτεί (ή είμαι πλεγμένος κτλ.)
Υπερσυντέλικος: είχα πλεχτεί (ή ήμουν πλεγμένος κτλ.)
Συντελ. μέλλοντας: θα έχω πλεχτεί (ή θα είμαι πλεγμένος κτλ.)

Υποτακτική

Παρακείμενος:
να έχω πλεχτεί, να έχεις πλεχτεί,
να έχει πλεχτεί, να έχουμε πλεχτεί
κτλ. (ή να είμαι πλεγμένος κτλ.)

236. Ενεργητική φωνή
δροσίζω

XPONOI	Οριστική	Υποτακτική (να, όταν, για να κτλ.)	Προστακτική	Απαρέμφατο	Μετοχή	XPONOI	Οριστική
Ενεστώτας	δροσίζω δροσίζεις δροσίζει δροσίζουμε, -ομε δροσίζετε δροσίζουν	δροσίζω δροσίζεις δροσίζει δροσίζουμε, -ομε δροσίζετε δροσίζουν	δρόσιζε δροσίζετε		δροσίζοντας	**Παρατατικός**	δρόσιζα δρόσιζες δρόσιζε δροσίζαμε δροσίζατε δρόσιζαν
Αόριστος	δρόσισα δρόσισες δρόσισε δροσίσαμε δροσίσατε δρόσισαν	δροσίσω δροσίσεις δροσίσει δροσίσουμε, -ομε δροσίσετε δροσίσουν	δρόσισε δροσίστε	δροσίσει			
Περιφραστικοί χρόνοι	*Οριστική* Εξακολ. μέλλοντας: θα δροσίζω, θα δροσίζεις, θα δροσίζει κτλ. Στιγμ. μέλλοντας: θα δροσίσω, θα δροσίσεις, θα δροσίσει κτλ. Παρακείμενος: έχω δροσίσει, έχεις δροσίσει (ή έχω δροσισμένο κτλ.) Υπερσυντέλικος: είχα δροσίσει (ή είχα δροσισμένο κτλ.) Συντελ. μέλλοντας: θα έχω δροσίσει (ή θα έχω δροσισμένο κτλ.)	*Υποτακτική* Παρακείμενος: να έχω δροσίσει, να έχεις δροσίσει, να έχει δροσίσει (ή να έχω δροσισμένο κτλ.)					

237. Παθητική φωνή
δροσίζομαι

ΧΡΟΝΟΙ	Οριστική	Υποτακτική (να, όταν, για να κτλ.)	Προστακτική	Απαρέμφατο	Μετοχή	ΧΡΟΝΟΙ	Οριστική
Ενεστώτας	δροσίζομαι δροσίζεσαι δροσίζεται δροσιζόμαστε δροσίζεστε δροσίζονται	δροσίζομαι δροσίζεσαι δροσίζεται δροσιζόμαστε δροσίζεστε δροσίζονται	(δροσίζου) (δροσίζεστε)			**Παρατατικός**	δροσιζόμουν δροσιζόσουν δροσιζόταν δροσιζόμαστε δροσιζόσαστε δροσίζονταν
Αόριστος	δροσίστηκα δροσίστηκες δροσίστηκε δροσιστήκαμε δροσιστήκατε δροσίστηκαν	δροσιστώ δροσιστείς δροσιστεί δροσιστούμε δροσιστείτε δροσιστούν	δροσίσου δροσιστείτε	δροσιστεί			
Παρακεί-μενος					δροσισμένος	**Υποτακτική**	

Παρακείμενος:
να έχω δροσιστεί, να έχεις δροσιστεί, να έχει δροσιστεί (ή) να είμαι δροσισμένος κτλ.

Ο ρ ι σ τ ι κ ή

Εξακολ. μέλλοντας: θα δροσίζομαι, θα δροσίζεσαι κτλ.

Στιγμ. μέλλ.: θα δροσιστώ, θα δροσιστείς, θα δροσιστεί κτλ.

Παρακείμενος: έχω δροσιστεί (ή είμαι δροσισμένος κτλ.)

Υπερσυντέλικος: είχα δροσιστεί (ή ήμουν δροσισμένος κτλ.)

Συντελ. μέλλ.: θα έχω δροσιστεί (ή θα είμαι δροσισμένος κτλ.)

Περιφραστικοί χρόνοι

Κατά το δ έ ν ω κλίνονται:

χάνω, ψήνω, λύνω, ντύνω —
απλώνω, διορθώνω, διπλώνω, δυναμώνω, ενώνω, θαμπώνω,
καρφώνω, λιώνω, ξημερώνω, οργώνω, περικυκλώνω, πληρώνω,
σηκώνω, στεφανώνω —
ιδρύω κ.ά.

Κατά το κ ρ ύ β ω κλίνονται:

αλείβω, θλίβομαι, ράβω, σκάβω —
λείπω — βάφω, γράφω
(και με την παθητική μετοχή σε -*μένος* μ' ένα *μ*):
γιατρεύω (γιατρεμένος), δουλεύω, καβαλικεύω.
ξεθαρρεύομαι (ξεθαρρεμένος), ονειρεύομαι. παραξενεύομαι κ.ά.

Κατά το π λ έ κ ω κλίνονται:

μπλέκω — ανοίγω, διαλέγω, φυλάγομαι — δέχομαι, τρέχω —
δείχνω, ρίχνω, σπρώχνω — αναπτύσσω —
παίζω, πήζω, αλλάζω, αρπάζω, βουλιάζω, κοιτάζω κ.ά.

Κατά το δ ρ ο σ ί ζ ω κλίνονται:

αγωνίζομαι, αλωνίζω, ανθίζω, ελπίζω, θερίζω,
μεταχειρίζομαι, προφασίζομαι, στολίζω, συλλογίζομαι, συνεχίζω·
αθροίζω, δακρύζω, δανείζω· λούζω·
δοξάζω, εξετάζω, ωριμάζω·
αγκαλιάζω, λογαριάζω, μουδιάζω, μπολιάζω·
αλέθω, πείθω, πλάθω, σβήνω, ζώνω, πιάνω, φτάνω κ.ά.

Παρατηρήσεις για τα ρήματα της πρώτης συζυγίας

238. Ενεργητική φωνή. Προστακτική. Το δεύτερο ενικό πρόσωπο της προστακτικής του ενεργητικού αορίστου χάνει συχνά το τελικό ε όταν ακολουθεί η τριτοπρόσωπη προσωπική αντωνυμία *τον, τή(ν), το,* κάποτε και τύποι του άρθρου που αρχίζουν από *τ:*

φέρ' τον, βάλ' τα, κρύψ' το, πάρ' τα βιβλία.

Το *δώσε* χάνει συνήθως το ε και πριν από το *μου* και το *μας:*
δώσ' μου, δώσ' μας.

239. Παθητική φωνή.— Η μονολεκτική προστακτική του ενεστώτα είναι σπάνια. Λέγεται μόνο σε μερικά ρήματα:

γίνου, κάθου, ντύνου, πλύνου, προφασίζου,
ετοιμάζεστε, σηκώνεστε κτλ.

Συνήθως αντί για τη μονολεκτική προστακτική μεταχειριζόμαστε την υποτακτική με το *να:*

να δροσίζεσαι, να χτενίζεσαι,
να αγωνίζεστε, να έρχεστε.

Του *σηκώνομαι* ο παθητικός αόριστος έχει δεύτερο ενικό πρόσωπο *σηκώσου* και *σήκω.*

Ρήματα της δεύτερης συζυγίας

240. Τα ρήματα της δεύτερης συζυγίας διαιρούνται σε δύο τάξεις για κάθε φωνή, ανάλογα με τις καταλήξεις που παίρνουν στον ενικό του ενεστώτα της οριστικής:

Ενεργητικά ρήματα

Η πρώτη τάξη τελειώνει σε **-ώ, -άς, -ά** : *αγαπώ, αγαπάς, αγαπά.*

Η δεύτερη τάξη τελειώνει σε **-ώ, -είς, -εί** : *λαλώ, λαλείς, λαλεί.*

Παθητικά ρήματα

Η πρώτη τάξη τελειώνει σε **-ιέμαι, -ιέσαι, -ιέται** : *αγαπιέμαι, αγαπιέσαι, αγαπιέται.*

Η δεύτερη τάξη τελειώνει σε **-ούμαι, -άσαι, -άται** : *θυμούμαι, θυμάσαι, θυμάται.*

167

Δεύτερη συζυγία
Πρώτη τάξη

241. Ενεργητική φωνή

αγαπώ

ΧΡΟΝΟΙ		Οριστική	Υποτακτική (να, όταν, για να κτλ.)	Προστακτική	Απαρέμφατο	Μετοχή	ΧΡΟΝΟΙ	Οριστική
Ενεστώτας		*αγαπώ* *αγαπάς*[1] *αγαπά*[1] *αγαπούμε*[2] *αγαπάτε* *αγαπούν*[3]	*αγαπώ* *αγαπάς*[1] *αγαπά*[1] *αγαπούμε*, -ομε[2] *αγαπάτε* *αγαπούν*[3]	*αγάπα* *αγαπάτε*		*αγαπώντας*	Παρατατικός	*αγαπούσα* *αγαπούσες* *αγαπούσε* *αγαπούσαμε* *αγαπούσατε* *αγαπούσαν*
Αόριστος		*αγάπησα* *αγάπησες* *αγάπησε* *αγαπήσαμε* *αγαπήσατε* *αγάπησαν*	*αγαπήσω* *αγαπήσεις* *αγαπήσει* *αγαπήσουμε, -ομε* *αγαπήσετε* *αγαπήσουν*	*αγάπησε* *αγαπήστε*	*αγαπήσει*			

Οριστική

Υποτακτική

Παρακείμενος: *να έχω αγαπήσει, να έχεις αγα-*
πήσει, να έχει αγαπήσει (ή να
έχω αγαπημένο κτλ.)

Περιφραστικοί χρόνοι

Εξακολουθητικός μέλλοντας: θ' αγαπώ, θ' αγαπάς, θ' αγαπά κτλ.
Στιγμιαίος μέλλοντας: θ' αγαπήσω, θ' αγαπήσεις, θ' αγαπήσει κτλ.
Παρακείμενος: έχω αγαπήσει (ή έχω αγαπημένο κτλ.)
Υπερσυντέλικος: είχα αγαπήσει (ή είχα αγαπημένο κτλ.)
Συντελ. μέλλ.: θα έχω αγαπήσει (ή θα έχω αγαπημένο κτλ.)

1. Και *αγαπάει.*   2. Και *αγαπάμε.*   3. Και *αγαπάν(ε).*

Πρώτη τάξη

αγαπιέμαι

XPONOI	Οριστική	Υποτακτική (να, όταν, για να κτλ.)	Προστακτική	Απαρέμφατο	Μετοχή	XPONOI	Οριστική
Ενεστώτας	αγαπιέμαι αγαπιέσαι αγαπιέται αγαπιόμαστε αγαπιέστε αγαπιούνται	αγαπιέμαι αγαπιέσαι αγαπιέται αγαπιόμαστε· αγαπιέστε αγαπιούνται				**Παρατατικός**	αγαπιόμουν αγαπιόσουν αγαπιόταν αγαπιόμαστε αγαπιόσαστε αγαπιόνταν[1]
Αόριστος	αγαπήθηκα αγαπήθηκες αγαπήθηκε αγαπηθήκαμε αγαπηθήκατε αγαπήθηκαν	αγαπηθώ αγαπηθείς αγαπηθεί αγαπηθούμε αγαπηθείτε αγαπηθούν	αγαπήσου αγαπηθείτε	αγαπηθεί			
Παρακεί-μενος					αγαπημένος		

Οριστική

Εξακολ. μέλλοντας: θ' αγαπιέμαι, θ' αγαπιέσαι, θ' αγαπιέται κτλ.
Στιγμ. μέλλοντας: θ' αγαπηθώ, θ' αγαπηθείς, θ' αγαπηθεί κτλ.
Παρακείμενος: έχω αγαπηθεί (ή είμαι αγαπημένος) κτλ.
Υπερσυντέλικος: είχα αγαπηθεί (ή ήμουν αγαπημένος) κτλ.
Συντελ. μέλλ.: θα έχω αγαπηθεί (ή θα είμαι αγαπημένος) κτλ.

Περιφραστικοί χρόνοι

Υποτακτική

Παρακείμενος: να έχω αγαπηθεί (ή να είμαι αγαπημένος) κτλ.

1. Και αγαπιόταν.

Δεύτερη συζυγία — Δεύτερη τάξη

243. Ενεργητική φωνή

Ενεστώτας

Οριστική	Υποτακτική (να, όταν, για να κτλ.)	Προστακτική	Μετοχή
λαλώ λαλείς λαλεί λαλούμε λαλείτε λαλούν	λαλώ λαλείς λαλεί λαλούμε λαλείτε λαλούν	λάλει λαλείτε	λαλώντας

Οι άλλοι χρόνοι και οι εγκλίσεις σχηματίζονται όπως και στην πρώτη τάξη.

Η προστακτική τελειώνει σε μερικά ρήματα και σε -α, *τηλεφώνα*, όπως και στα ρήματα της πρώτης τάξης.

Δεύτερη συζυγία — Δεύτερη τάξη

244. Παθητική φωνή

Ενεστώτας		Παρατατικός
Οριστική	Υποτακτική (να, όταν, για να κτλ.)	Οριστική
θυμούμαι[1] θυμάσαι θυμάται θυμούμαστε θυμάστε θυμούνται	θυμούμαι[1] θυμάσαι θυμάται θυμούμαστε θυμάστε θυμούνται	θυμόμουν θυμόσουν θυμόταν θυμόμαστε θυμόσαστε θυμόνταν[2]

Οι άλλοι χρόνοι και οι εγκλίσεις σχηματίζονται όπως και στην πρώτη τάξη.

---

1. Και *θυμάμαι*.   2. Και *θυμούνταν*.

170

Κατά το α γ α π ώ κλίνονται:
α) *απαντώ, κεντώ, κυβερνώ, κυνηγώ, νικώ, ρωτώ, τιμώ, τρυπώ, χαιρετώ, χτυπώ* κ.ά.

β) με κάποια διαφορά στον αόριστο:
βαστώ, διψώ, δρω, κρεμώ, περνώ, πετώ, ρουφώ, σπω, χαλώ κ.ά.

Κατά το λ α λ ώ κλίνονται:
α) *αδιαφορώ, αδικώ, αργώ, δημιουργώ, εξαντλώ, επιχειρώ, ζω (ζεις, ζει), θεωρώ, θρηνώ, κατοικώ, κινώ, ποθώ, προσπαθώ, προχωρώ, συγκινώ, συμμαχώ, υμνώ, υπηρετώ, φιλώ, φρουρώ, ωφελώ* κ.ά.

β) με κάποια διαφορά στον αόριστο:
αποτελώ, αφαιρώ, καλώ, μπορώ, συναιρώ κ.ά.

Κατά το α γ α π ι έ μ α ι κλίνονται:
α) *αναρωτιέμαι, κρατιέμαι, μετριέμαι, παρηγοριέμαι, πουλιέμαι, σταυροκοπιέμαι, τρυπιέμαι* κ.ά.

β) με κάποια διαφορά στον παθητικό αόριστο και στην παθητική μετοχή:
βαριέμαι, γελιέμαι, καταριέμαι, κρεμιέμαι, κυλιέμαι, ξεχνιέμαι, παραπονιέμαι, πετιέμαι, στενοχωριέμαι, τραβιέμαι, τυραννιέμαι κ.ά.

Κατά το θ υ μ ο ύ μ α ι κλίνονται:
κοιμούμαι, λυπούμαι, φοβούμαι.

Πολλά ρήματα της δεύτερης συζυγίας κλίνονται στην ενεργητική φωνή και κατά την πρώτη τάξη και κατά τη δεύτερη:
μιλείς και *μιλάς, πατεί* και *πατά, τραγουδείτε* και *τραγουδάτε.*

Όμοια σχηματίζονται:
βαρώ, βοηθώ, ζητώ, καρτερώ, κελαηδώ, κληρονομώ, κουβαλώ, κρατώ, λαχταρώ, παρηγορώ, πονώ, πουλώ, συγχωρώ, τηλεφωνώ, φορώ κ.ά.

245. **Αρχαϊκή κλίση παθητικής φωνής.**— Μερικά ρήματα σε -ούμαι ακολουθώντας αρχαϊκή κλίση σχηματίζονται στον ενεστώτα και στον παρατατικό κατά το ακόλουθο παράδειγμα:

Ενεστώτας:

Οριστική : *στερούμαι, στερείσαι, στερείται, στερούμαστε, στερείστε, στερούνται.*

Υποτακτική : *να* κτλ. *στερούμαι, στερείσαι, στερείται, στερούμαστε, στερείστε, στερούνται.*

Παρατατικός:

στερούμουν, στερούσουν, στερούνταν, στερούμαστε, στερούσαστε, στερούνταν.

Όμοια σχηματίζονται τα αποθετικά ρήματα: *επικαλούμαι, μιμούμαι, προηγούμαι, συνεννοούμαι* κτλ., και μερικά παθητικά από ρήματα που σχηματίζονται κατά το *λαλώ,* καθώς *αποτελούμαι, αφαιρούμαι, εξαιρούμαι.*

Ακόμη πιο σπάνια είναι μερικά ρήματα σε *-ώμαι* που ακολουθούν αρχαϊκή κλίση:

Ενεστώτας: *εγγυώμαι, εγγυάσαι, εγγυάται, εγγυόμαστε, εγγυάστε(-σθε), εγγυώνται.*

Για τον παρατατικό των ρημάτων αυτών, που δεν πολυσυνηθίζεται, μπορούμε να χρησιμοποιούμε περίφραση: *έθετα εγγύηση, είχα εξάρτηση* κ.ά.

Όμοια σχηματίζονται: *εξαρτώμαι, διερωτώμαι, διασπώμαι* κτλ.

246. Συνηρημένα ρήματα

α) ακούω, καίω

	Ε ν ε σ τ ώ τ α ς			Ε ν ε σ τ ώ τ α ς		
	Οριστική	Υποτακτική (*να, όταν, για να* κτλ.)	Προστακτική	Οριστική	Υποτακτική (*να, όταν, για να* κτλ.)	Προστακτική
φωνηεντόληκτα	*ακούω*	*ακούω*		*καίω*	*καίω*	
	ακούς	*ακούς*	*άκου*	*καις*	*καις*	*καίγε*
	ακούει	*ακούει*		*καίει*	*καίει*	
	ακούμε	*ακούμε*		*καίμε*	*καίμε*	
	ακούτε	*ακούτε*	*ακούτε*	*καίτε*	*καίτε*	*καίτε*
	ακούν(ε)	*ακούν(ε)*		*καίν(ε)*	*καίν(ε)*	

1. Μερικά φωνηεντόληκτα ρήματα, όπως τα παραπάνω, συναιρούν συχνά στον ενεργητικό ενεστώτα της οριστικής, της υποτακτικής και της προστακτικής το θεματικό τους φωνήεν με το φωνήεν της κατάληξης. Έτσι παρουσιάζουν μερικούς τύπους συνηρημένους. Διατηρούν όμως κάποτε και τους ασυναίρετους. Τα ρήματα αυτά λέγονται **συνηρημένα**.

2. Όμοια με το *ακούω* και το *καίω* κλίνονται τα ρήματα *κλαίω* και *φταίω*. Όλα αυτά παίρνουν συνήθως ένα *γ*, όταν ύστερα από το *αι* ακολουθεί *ε*.

Προστακτική του ενεστώτα: *καίγε, κλαίγε*.

Παρατατικός: *έκαιγε, έφταιγε*.

Παθητικός ενεστώτας: *καίγεται, κλαίγεται*.

β) λ έ (γ) ω, π ά ω

		Ε ν ε σ τ ώ τ α ς		Ε ν ε σ τ ώ τ α ς		
	Οριστική	Υποτακτική (*να, όταν, για να κτλ.*)	Προστακτική	Οριστική	Υποτακτική (*να, όταν, για να κτλ.*)	Προστακτική
Ρήματα που χάνουν το χαρακτήρα -γ-	*λέ(γ)ω*	*λέ(γ)ω*		*πάω*	*πάω*	
	λες	*λες*	*λέγε*	*πας*	*πας*	*πήγαινε*
	λέει	*λέει*		*πάει*	*πάει*	
	λέμε	*λέμε*		*πάμε*	*πάμε*	
	λέτε	*λέτε*	*λέγετε και λέτε*	*πάτε*	*πάτε*	*πηγαίνετε*
	λέν(ε)	*λέν(ε)*		*πάν(ε)*	*παν(ε)*	

1. Κατά το ρήμα *λέ(γ)ω* κλίνονται τα ρήματα *φυλά(γ)ω*, *τρώ(γ)ω*.

2. Κατά το *πάω* κλίνεται ο μέλλοντας του *τρώγω*: θα *φάω* κτλ. και η υποτακτική του αορίστου *να φάω* κτλ., προστακτική: *φά(γ)ε*, *φάτε*.

3. Η προστακτική του *πάω* από το *πηγαίνω*: *πήγαινε, πηγαίνετε*.

4. Σε όλα τα συνηρημένα ρήματα συναιρούνται όλα τα πρόσωπα εκτός από το πρώτο και το τρίτο ενικό.

Γενικές παρατηρήσεις για το σχηματισμό των ρημάτων

247. 1. Οι τύποι του ρήματος που στο τρίτο πρόσωπο του πληθυντικού τελειώνουν σε -ν παίρνουν καμιά φορά και ε στο τέλος:

δένουν — δένουνε, έδεναν — (ε)δένανε, (έ)δεσαν — (ε)δέσανε, δέσουν — δέσουνε, δενόταν — δενότανε, δένονταν — δενόντανε, δεθούν — δεθούνε,

αγαπούν — αγαπούνε, αγαπούσαν — αγαπούσανε, αγάπησαν — α- γαπήσανε.

2. Στον παθητικό παρατατικό συνηθίζονται για το πρώτο και δεύτερο πρόσωπο του πληθυντικού και οι τύποι σε **-μασταν, -σασταν**:

δενόμαστε — δενόμασταν, δενόσαστε — δενόσασταν, αγαπιόμασταν κτλ.

248. *ΟΡΘΟΓΡΑΦΙΑ.* — Η ενεργητική μετοχή τελειώνει σε *-ώντας* με ω όταν τονίζεται στην παραλήγουσα, και σε *-οντας* με ο όταν τονίζεται στην προπαραλήγουσα: *πηδώντας, τραγουδώντας — λέγοντας, βλέποντας.*

ΔΕΚΑΤΟ ΠΕΜΠΤΟ ΚΕΦΑΛΑΙΟ

ΤΑ ΘΕΜΑΤΑ

Α.— Το ενεστωτικό θέμα

249. Το ενεστωτικό θέμα το βρίσκουμε, αν αφαιρέσουμε από το πρώτο πρόσωπο της οριστικής του ενεστώτα την κατάληξη **-ω** (ή **-ομαι, -ιέμαι, -ούμαι**):

δέν-ω, γελ-ώ, έρχ-ομαι, γελ-ιέμαι, θυμ-ούμαι.

250. Διαίρεση των ρημάτων κατά το ενεστωτικό θέμα

Τα ρήματα διαιρούνται στις παρακάτω κατηγορίες:

Α. ΡΗΜΑΤΑ ΠΡΩΤΗΣ ΣΥΖΥΓΙΑΣ

1.	**Φωνηεντόληκτα:** με χαρακτήρα **φωνήεν** ή **δίψηφο**	*ελκύ-ω, αποκλεί-ω, πλέ-ω, καί-ω, ακού-ω*
2.	**Χειλικόληκτα:** με χαρακτήρα **π, β, φ. πτ, φτ**[1] **αυ, ευ**	*λείπ-ω, κόβ-ω, γράφ-ω, απορρίπτ-ω, πέφτ-ω, αναπαύ-ω, δουλεύ-ω*
3.	**Λαρυγγικόληκτα:** με χαρακτήρα **κ, γ, χ, σκ, γγ, χν**[2]	*πλέκ-ω, ανοίγ-ω, βρέχ-ω, διδάσκ-ω, σφίγγ-ω, δείχν-ω*
4.	**Οδοντικόληκτα, Συριστικόληκτα:** με χαρακτήρα **τ (ττ), θ, σ (σσ), ζ**	*θέτ-ω, πλήττ-ω, αλέθ-ω, αρέσ-ω, διατάσσ-ω, δροσίζ-ω*
5.	**Υγρόληκτα, Ρινικόληκτα:** με χαρακτήρα **λ (λλ), ρ, (λν), (ρν), μ, ν**	*θέλ-ω, ανατέλλ-ω, ξέρ-ω, ψέλν-ω, σπέρν-ω, τρέμ-ω, μέν-ω.*

Β. ΡΗΜΑΤΑ ΔΕΥΤΕΡΗΣ ΣΥΖΥΓΙΑΣ

Ο χαρακτήρας μπορεί να είναι **οποιοδήποτε σύμφωνο**	*αγαπ-ώ, γελ-ώ, τραγουδ-ώ, αργ-ώ, κουν-ώ.*

1. Το *τ* που υπάρχει στο χειλικό χαρακτήρα —φτ— και -πτ- είναι ένα πρόσθετο σύμφωνο του ενεστωτικού θέματος.

2. Το *ν* στο χαρακτήρα —χν— είναι πρόσθετο.

Β.—Το αοριστικό θέμα του ενεργητικού αορίστου

251. Το αοριστικό θέμα το βρίσκουμε, αν αφαιρέσουμε από το πρώτο ενικό πρόσωπο της οριστικής του αορίστου την κατάληξη **-α** και την αύξηση (αν υπάρχει):

έ-δεσ-α, γέλασ-α, έ-πλυν-α, παράγγειλ-α.

Ο ενεργητικός αόριστος τελειώνει στο πρώτο ενικό πρόσωπο σε **-σα** και σπανιότερα σε **-α** χωρίς *σ:*

έδεσα, άκουσα, έπλυνα, έφυγα.

Ο αόριστος σε **-σα** λέγεται **σιγματικός αόριστος.**
Ο αόριστος σε **-α** λέγεται **άσιγμος αόριστος.**

Ο σιγματικός αόριστος

252. **1. Ρήματα φωνηεντόληκτα**

Ενεστώτας	Αόριστος	
ακού-ω	*άκουσα*	} **σα**
ιδρύ-ω	*ίδρυσα*	
Χαρακτήρας **φωνήεν** ή **δίψηφο (ου, υ** κτλ.) → αόριστος σε **-σα**		

Ρήματα με χαρακτήρα **φωνήεν** ή **δίψηφο** σχηματίζουν αόριστο σε **-σα**.
Εξαιρούνται τα *καίω - έκαψα, κλαίω - έκλαψα, φταίω - έφταιξα*.

2. Ρήματα χειλικόληκτα

Ενεστώτας	Αόριστος	
λείπ-ω	*έλειψα*	
κρύβ-ω	*έκρυψα*	
γράφ-ω	*έγραψα*	} **ψα**
αστράφτ-ω	*άστραψα*	
καλύπτ-ω	*κάλυψα*	
παύ-ω	*έπαψα*	
δουλεύ-ω	*δούλεψα*	
Χαρακτήρας **χειλικός (π, β, φ, φτ (πτ)**, αυ, ευ→αόριστος σε **-ψα**		

176

Όταν το ενεστωτικό θέμα έχει χαρακτήρα σ ύ μ φ ω ν ο χ ε ι-λ ι κ ό, ο αόριστος σχηματίζεται σε -ψα. Εξαιρείται το ρήμα *πέφτω - έπεσα*.

3. Ρήματα λαρυγγικόληκτα

Ενεστώτας	Αόριστος	
πλέκ-ω	*έπλεξα*	
πνίγ-ω	*έπνιξα*	} ξα
προσέχ-ω	*πρόσεξα*	
διώχν-ω	*έδιωξα*	
Χαρακτήρας λαρυγγικός (κ, γ, χ, χν)	→ αόριστος σε -ξα	

Όταν το ενεστωτικό θέμα έχει χαρακτήρα λ α ρ υ γ γ ι κ ό σ ύ μ-φ ω ν ο, ο αόριστος σχηματίζεται σε -ξα.

4. Ρήματα οδοντικόληκτα και συριστικόληκτα

Ενεστώτας	Αόριστος	
θέτ-ω	*έθεσα*	
αλέθ-ω	*άλεσα*	} σα
αρέσ-ω	*άρεσα*	
αγκαλιάζ-ω	*αγκάλιασα*	
πλήττ-ω	*έπληξα*	
απαλλάσσ-ω	*απάλλαξα*	} ξα
βουλιάζ-ω	*βούλιαξα*	
Χαρακτήρας οδοντικός, συριστικός (τ, (ττ), θ, σ (σσ), ζ)	→ αόριστος σε -σα ή -ξα	

Όταν το ενεστωτικό θέμα έχει χαρακτήρα ο δ ο ν τ ι κ ό ή συριστικό σύμφωνο, σχηματίζεται αόριστος σε -σα ή σε -ξα.

177

5. Ρήματα ρινικόληκτα

Ενεστώτας	Αόριστος
απλών-ω πιάν-ω αφήν-ω ανασταίν-ω αμαρτάν-ω	άπλωσα ⎫ έπιασα ⎪ άφησα ⎬ σα ανάστησα ⎪ αμάρτησα ⎭
Χαρακτήρας ρινικός (ν). Ρήματα σε -ώνω, -νω, -αίνω, -άνω	→ αόριστος σε -σα

Από τα ρινικόληκτα ρήματα έχουν σιγματικό αόριστο:
α) όλα τα ρήματα που τελειώνουν σε -ώνω,
β) πολλά ρήματα που τελειώνουν σε -νω και
γ) πολλά ρήματα που τελειώνουν σε -αίνω και -άνω.

Τα ρήματα της κατηγορίας αυτής κατά το σχηματισμό του σιγματικού αορίστου χάνουν το ν και αλλάζουν το θεματικό φωνήεν του ενεστώτα (Κ4).

6. Ρήματα της δεύτερης συζυγίας

Ενεστώτας	Αόριστος
τραγουδ-ώ αγαπ-ώ κυβερν-ώ	τραγούδησα ⎫ αγάπησα ⎬ ησα κυβέρνησα ⎭
Ενεστώτας σε -ώ	→ αόριστος σε -ησα

Τα ρήματα της δεύτερης συζυγίας σχηματίζουν αόριστο σε -ησα. Πολλά όμως δεν ακολουθούν τον κανόνα και σχηματίζουν αόριστο σε:

-ασα	(γελώ - γέλασα)	-εσα	(καλώ - κάλεσα)
-υσα	(μεθώ - μέθυσα)	-αξα	(πετώ - πέταξα)
-ηξα	(τραβώ - τράβηξα)	-εψα	(θαρρώ - θάρρεψα) (Κ9).

178

Ο άσιγμος αόριστος

1. Ρήματα υγρόληκτα

Ενεστώτας	Αόριστος	
προσφέρ-ω σφάλλ-ω γέρν-ω στέλν-ω	πρόσφερ-α έσφαλ-α έγειρ-α έστειλ-α	α
Χαρακτήρας ρ, λ(λ), ρν, λν →	αόριστος σε -α ˅	

Τα υγρόληκτα ρήματα σχηματίζουν ά σ ι γ μ ο α ό ρ ι σ τ ο αλλάζοντας, κάποτε, το θέμα τους: **σφάλλ-ω - έσφαλ-α, γέρν-ω - έγειρ-α** (Κ5, Κ6).

2. Ρήματα ρινικόληκτα

Ενεστώτας	Αόριστος	
κρίν-ω απονέμ-ω καταλαβαίν-ω ανασαίν-ω ακριβαίν-ω	έκριν-α απόνειμ-α κατάλαβ-α ανάσαν-α ακρίβυν-α	α
Χαρακτήρας ν, μ →	αόριστος σε -α	

Πολλά ρινικόληκτα ρήματα σχηματίζουν άσιγμο αόριστο, αλλάζοντας, κάποτε, το θέμα τους:
    μέν-ω   έμειν-α (Κ3)

Ρήματα σε -αίνω

Τα ρήματα που τελειώνουν σε **-αίνω** χωρίζονται σε τρεις ομάδες:

Στην πρώτη ανήκουν όσα χάνουν στον αόριστο τη συλλαβή -αιν: *καταλαβαίνω* - *κατάλαβα* (Κ 7).

Στη δεύτερη ανήκουν όσα σχηματίζουν τον αόριστο σε **-ανα**: *ανασαίνω* - *ανάσανα* (Π α').

Στην τρίτη ομάδα ανήκουν όσα σχηματίζουν τον αόριστο σε **-υνα**: *ακριβαίνω* - *ακρίβυνα* (Π γ').

254. **Άλλα ρήματα με άσιγμο αόριστο**

Άσιγμο αόριστο σχηματίζουν και ορισμένα ακόμη ρήματα:

α) Εκείνα που αλλάζουν στον αόριστο ολότελα το θέμα: *λέγω* - *είπα* (Κ 1).

β) Εκείνα που αλλάζουν στον αόριστο το θεματικό φωνήεν του ενεστώτα: *φεύγω* - *έφυγα* (Κ 3).

γ) Εκείνα που παίρνουν στον αόριστο την κατάληξη **-ηκα**: *ανεβαίνω* - *ανέβ**ηκα*** (§ 263).

255.   Ανωμαλίες στο σχηματισμό των εγκλίσεων
του άσιγμου αορίστου

Ενεστώτας	Αόριστος			
	Οριστική	Υποτακτική (να, όταν, για να κτλ.)	Προστακτική	Απαρέμφατο
1 *ανεβαίνω*	*ανέβηκα*	*ανέβω* ή *ανεβώ*	*ανέβα ανεβείτε*	*ανέβει* ή *ανεβεί*
2 *κατεβαίνω*	*κατέβηκα*	*κατέβω* ή *κατεβώ*	*κατέβα κατεβείτε*	*κατέβει* ή *κατεβεί*
3 *βγαίνω*	*βγήκα*	*να βγω* ή *νά βγω*	*βγες (έβγα) βγείτε*	*βγει*
4 *μπαίνω*	*μπήκα*	*να μπω* ή *νά μπω*	*μπες (έμπα) μπείτε*	*μπει*
5 *βρίσκω*	*βρήκα*	*να βρω* ή *νά βρω*	*βρες βρείτε*	*βρει*
6 *βλέπω*	*είδα*	*(ι)δώ*	*(ι)δές δείτε, δέ(σ)τε*	*(ι)δεί*
7 *λέ(γ)ω*	*είπα*	*(ει)πώ*	*πες πείτε, πέστε*	*(ει)πεί*
8 *πίνω*	*ήπια*	*πιω*	*πιες (πιε) πιείτε, πιέ(σ)τε*	*πιει*
9 *έρχομαι*	*ήρθα*	*έρθω* ή *να 'ρθω* ή *νά 'ρθω*	*έλα ελάτε*	*έρθει*
10 *πηγαίνω*	*πήγα*	*πάω*	—	*πάει*
11 *παίρνω*	*πήρα*	*πάρω*	*πάρε πάρετε*	*πάρει*
12 *τρώ(γ)ω*	*έφαγα*	*φά(γ)ω*	*φά(γ)ε φάτε*	*φά(γ)ει*

Παρατηρήσεις

Από τα ρήματα που αναφέρονται στην προηγούμενη σελίδα

1. Μερικά σχηματίζουν ενεργητικό αόριστο σε -ηκα : *μπήκα, ανέβηκα* κ.ά.

2. Άλλα αποβάλλουν τα αρχικά ει- και η- του αορίστου στις άλλες εγκλίσεις : *είδα-να (ι)δώ, ήπια-να πιω.*

3. Τα περισσότερα έχουν στις άλλες εγκλίσεις διαφορετικό θεματικό φωνήεν απ' ό,τι στην οριστική :
παίρνω - πήρα, αορ. θέμα *πηρ-,* αλλά να *πάρω, πάρε, πάρει.*
πηγαίνω-πήγα, αορ. θέμα *πηγ-,* αλλά να *πάω, πάμε, πάει.*

4. Σχηματίζουν τις άλλες εγκλίσεις χωρίς θεματικό φωνήεν τα ρήματα :
μπαίνω-μπήκα, αορ. θέμα *μπηκ-,* αλλά να *μπω, έμπα, μπει.*
Έτσι και *βγαίνω, ανεβαίνω, κατεβαίνω, διαβαίνω, βρίσκω.*

5. Τα πιο πολλά μετακινούν τον τόνο στην υποτακτική και μερικά στο απαρέμφατο :
να ανέβω, - ανεβώ, ανέβει - ανεβεί
να βρω-νά βρω, βρει.

6. Μερικά παρουσιάζουν στην προστακτική διάφορες άλλες καταλήξεις και όχι τις κανονικές :
βγες, μπες, βρες, δες, πες, πιες.

Γ.— Το θέμα του παθητικού αορίστου και της παθητικής μετοχής

256.   Ο σχηματισμός από το σιγματικό αόριστο

Ενεργητική φωνή		Παθητική	φωνή	
Ενεστ. Αόριστος		Αόριστος		Μετοχή
δένω *έδεσα* }σα		*δέθηκα* } θηκα	*δεμένος* } μένος	
τιμώ *τίμησα*		*τιμήθηκα*	*τιμημένος*	
πιάνω *έπιασα*		*πιάστηκα*	*πιασμένος*	
αλέθω *άλεσα* }σα		*αλέστηκα* } στηκα	*αλεσμένος* } σμένος	
μοιράζω *μοίρασα*		*μοιράστηκα*	*μοιρασμένος*	

-σα → -θηκα → -μένος
-στηκα → -σμένος

182

1. Όταν ο ενεργητικός αόριστος τελειώνει σε –σα, ο παθητικός αόριστος τελειώνει σε –θηκα ή –στηκα και η παθητική μετοχή σε –μένος ή –σμένος.

	Ενεστώτας	Αόριστος	
Ενεργητική φωνή	*κρύβω* *ανακαλύπτω* *εγκαταλείπω*	*έκρυψα* *ανακάλυψα* *εγκατάλειψα*	**ψα**
	Αόριστος		Μετοχή	
Παθητική φωνή	*κρύφτηκα* *ανακαλύφτηκα* *εγκαταλείφτηκα*	**φτηκα**	*κρυμμένος* *ανακαλυμμένος* *εγκαταλειμμένος*	**μμένος**

-ψα → **-φτηκα** → **-μμένος**

2. Όταν ο ενεργητικός αόριστος τελειώνει σε **-ψα**, ο παθητικός αόριστος τελειώνει σε **-φτηκα** και η παθητική μετοχή σε **-μμένος**.

Ενεργητική φωνή		Παθητική φωνή		
Ενεστ. Αόριστος		Αόριστος		Μετοχή	
πλέκω *διώχνω* *αλλάζω*	*έπλεξα* *έδιωξα* *άλλαξα* **ξα**	*πλέχτηκα* *διώχτηκα* *αλλάχτηκα* **χτηκα**	*πλεγμένος* *διωγμένος* *αλλαγμένος* **γμένος**

-ξα → **-χτηκα** → **-γμένος**

3. Όταν ο ενεργητικός αόριστος τελειώνει σε **-ξα**, ο παθητικός αόριστος τελειώνει σε **-χτηκα** και η παθητική μετοχή σε **-γμένος**.

183

Ενεργητική φωνή		Παθητική φωνή	
Ενεστώτας	Αόριστος	Αόριστος	Μετοχή
παύω	*έπαψα*	*παύτηκα*	*παυμένος*
μαγεύω	*μάγεψα*	*μαγεύτηκα*	*μαγεμένος*
επιστρατεύω	*επιστράτευσα.*	*επιστρατεύτηκα*	*επιστρατευμένος*
-αύω → **-ψα** →		**-αύτηκα** →	**-αυμένος**
-εύω → **-ψα** →		**-εύτηκα** →	**-εμένος**
-εύω → **-ευσα** →		**-εύτηκα** →	**-ευμένος**

4. Όταν τα ρήματα τελειώνουν σε **-αύω, -εύω,** σχηματίζουν παθητικό αόριστο σε **-αύτηκα, -εύτηκα** και παθητική μετοχή σε **-αυμένος, -εμένος, -ευμένος.**

257.   **Ο σχηματισμός από τον άσιγμο αόριστο**

Ενεργητική φωνή		Παθητική φωνή	
Ενεστώτας	Αόριστος	Αόριστος	Μετοχή
βάζω (-βάλλω) *γδέρνω*	*έβαλα* *έγδαρα* } α	*βάλθηκα* *γδάρθηκα* } θηκα	*βαλμένος* *γδαρμένος* } μένος
Υγρόληκτα	**-α** →	**-θηκα** →	**-μένος**

1. Τα υγρόληκτα ρήματα σχηματίζουν τον παθητικό αόριστο σε **–θηκα** και την παθητική μετοχή σε **–μένος.**

184

Ενεργητική φωνή		Παθητική φωνή	
Ενεστώτας	Αόριστος	Αόριστος	Μετοχή
κρίνω *πλένω*	*έκρινα* *έπλυνα* } α	*κρίθηκα* *πλύθηκα* } θηκα	*κριμένος* *πλυμένος* } μένος
Ρινικόληκτα σε -νω, -α		→ -θηκα	→ -μένος

2. Τα ρινικόληκτα ρήματα σε -νω σχηματίζουν τον παθητικό αόριστο σε -θηκα και την παθητική μετοχή σε -μένος.

Ενεργητική φωνή		Παθητική φωνή	
Ενεστώτας	Αόριστος	Αόριστος	Μετοχή
επιβαρύνω *ευκολύνω* *αισθάνομαι*	*επιβάρυνα* *ευκόλυνα* — } α	*επιβαρύνθηκα* *ευκολύνθηκα* *αισθάνθηκα* } νθηκα	*επιβαρημένος* — —
Ρινικόληκτα υπερδισύλλαβα σε -ύνω		→ -νθηκα	
Το ρήμα **αισθάνομαι**		→ -νθηκα	

3. Τα ρινικόληκτα υπερδισύλλαβα σε -ύνω και το ρήμα **αισθάνομαι** σχηματίζουν τον παθητικό αόριστο σε -νθηκα. Οι μετοχές τους ή δεν υπάρχουν ή, όταν υπάρχουν, σχηματίζονται ανώμαλα: *μολύνω - μολυσμένος* (Κ 10).

Ενεργητική φωνή		Παθητική φωνή	
Ενεστώτας	Αόριστος	Αόριστος	Μετοχή
απολυμαίνω *ζεσταίνω*	*απολύμανα* *ζέστανα*	*απολυμάνθηκα* *ζεστάθηκα*	*απολυμασμένος* *ζεσταμένος*
Ρινικόληκτα σε -αίνω, -ανα		→ -νθηκα → -σμένος → -θηκα → -μένος	

185

4. Από τα ρινικόληκτα ρήματα σε **-αίνω** με ενεργητικό αόριστο **-ανα:**

α) άλλα διατηρούν το χαρακτήρα **ν** και έχουν τον παθητικό αόριστο σε **-νθηκα** και την παθητική μετοχή σε **-σμένος** (Π α')·

β) άλλα χάνουν το χαρακτήρα **ν** του ενεργητικού αορίστου και σχηματίζουν τον παθητικό αόριστο σε **-θηκα** και την παθητική μετοχή σε **-μένος** (Π β').

258. **Ανωμαλίες στο σχηματισμό του παθητικού αορίστου**

Τα περισσότερα παθητικά ρήματα σχηματίζονται σύμφωνα με όσα είπαμε πιο πάνω. Μερικά όμως δεν ακολουθούν τον κανονικό σχηματισμό και παρουσιάζουν ανωμαλίες ή στο θέμα (*δίνω* - ενεργ. αόρ. *έδωσα*, παθητ. αόρ. *δόθηκα*) ή στην κατάληξη *(βρίσκω - βρέθηκα).*

Τα ρήματα αυτά μπορείς να τα βρίσκεις στον Κατάλογο των Ανώμαλων Ρημάτων (σελ. 234 - 243).

259. **Δεύτερος παθητικός αόριστος**

Μερικά ρήματα σχηματίζουν τον παθητικό αόριστο σε **-ηκα** και όχι σε **-θηκα** ή **-τηκα**: *κόβω - κόπ-ηκα.* Ο αόριστος αυτός λέγεται **δεύτερος παθητικός αόριστος.**

Ο δεύτερος παθητικός αόριστος σχηματίζεται:

α) Με το ίδιο θεματικό φωνήεν που έχει το ρήμα στον ενεργητικό αόριστο της οριστικής:

έκοψα - κόπηκα, έπνιξα - πνίγηκα, έγραψα - γράφηκα.

β) Με διαφορετικό θεματικό φωνήεν:

έβρεξα - βράχηκα, ντρέπομαι - ντράπηκα,

έτρεψα - τράπηκα, φαίνομαι - φάνηκα,

χαίρομαι - χάρηκα.

Το θεματικό φωνήεν αλλάζει, κάποτε, και στην παθητική μετοχή, όταν αυτή υπάρχει: *έστρεψα - στράφηκα - στραμμένος* αλλά και *καταστρεμμένος.*

Το ίδιο φωνήεν, είτε αυτό είναι αλλαγμένο είτε όχι, έχουν και οι χρόνοι που σχηματίζονται από το θέμα του παθητικού αορίστου: *χάρηκα, θα χαρώ, να (σε) χαρώ, έχω χαρεί.*

Μερικά ρήματα σχηματίζουν κοντά στο δεύτερο παθητικό αόριστο και τον κανονικό σε **-θηκα** ή **-τηκα**:

γράφομαι - γράφηκα και *γράφτηκα*.

Ο δεύτερος παθητικός αόριστος κλίνεται όπως και ο πρώτος.

Δεύτερος παθητικός αόριστος

Οριστική	Υποτακτική *(να, όταν, για να)*	Προστακτική	Απαρέμφατο
γράφηκα	*γραφώ*		
γράφηκες	*γραφείς*	*γράψου*	
γράφηκε	*γραφεί*		*γραφεί*
γραφήκαμε	*γραφούμε*		
γραφήκατε	*γραφείτε*	*γραφείτε*	
γράφηκαν	*γραφούν*		

Πολλά από τα ρήματα αυτά μπορείς να τα βρίσκεις στον Κατάλογο των Ανώμαλων Ρημάτων (σελ. 234 - 243).

260. **Ανωμαλίες στο σχηματισμό της παθητικής μετοχής**

Μερικές παθητικές μετοχές δεν ακολουθούν ομαλό σχηματισμό· η μετοχή π.χ. του ρήματος *δυστυχώ* δεν είναι *δυστυχημένος* αλλά *δυστυχισμένος*.

Γι' αυτές τις ανωμαλίες θα συμβουλεύεσαι τον Κατάλογο των Ανώμαλων Ρημάτων (Κ 10).

261. **Διπλοί αόριστοι και διπλές παθητικές μετοχές**

Μερικά ρήματα σχηματίζουν διπλούς αορίστους, ενεργητικούς και παθητικούς, καθώς και διπλές παθητικές μετοχές:

       πηδώ - πήδησα   και   *πήδηξα*
       ξύνω - ξύστηκα   και   *ξύθηκα*
       πετώ - πεταμένος   και   *πεταγμένος*.

Καλό είναι σ' αυτές τις περιπτώσεις να χρησιμοποιούμε τον πιο κοινό τύπο: *πήδησα, ξύστηκα, πεταμένος*.

187

ΔΕΚΑΤΟ ΕΚΤΟ ΚΕΦΑΛΑΙΟ

ΡΗΜΑΤΑ ΕΛΛΕΙΠΤΙΚΑ, ΑΠΡΟΣΩΠΑ, ΑΝΩΜΑΛΑ

Ελλειπτικά ρήματα

262. Μερικά ρήματα δε συνηθίζονται σε όλους τους τύ- πους. Τα ρήματα αυτά λέγονται **ελλειπτικά.**

Ρήματα που συνηθίζονται μ ό ν ο σ ε μ ε ρ ι κ ο ύ ς τ ύ π ο υ ς τ ω ν ε ξ α κ ο λ ο υ θ η τ ι κ ώ ν χ ρ ό ν ω ν είναι :

ανήκω, είμαι, έχω, κείτομαι, μάχομαι, μέλει, μέλλω, ξέρω, οφείλω, παθαίνομαι, πρέπει, πρόκειται, χρωστώ κ.ά.

Στη θέση των χρόνων που λείπουν μεταχειριζόμαστε συνώνυμο ρήμα ή περίφραση· π.χ. για το *μάχομαι* θα πούμε στον αόριστο *πολέμησα,* για το *πρέπει: χρειάστηκε,* για το *τρέμω: μ' έπιασε τρομάρα* κτλ.

Απρόσωπα ρήματα

1. *Πρέπει να φύγω. Πρόκειται να ταξιδέψω.*
2. *Το πρωί χιόνιζε· τώρα βρέχει.*
3. *Ακούγεται πως θα γίνει ο γάμος.*

263. Μερικά ρήματα συνηθίζονται στο τρίτο ενικό πρόσω- πο χωρίς να έχουν υποκείμενο ένα πρόσωπο ή ένα πράγμα. Τα ρήματα αυτά λέγονται **απρόσωπα.**

Απρόσωπα ρήματα είναι:

α) Τα ρήματα: *πρέπει, πρόκειται, συμφέρει, μέλει, μέλλεται* (παράδ. 1).

β) Ρήματα που φανερώνουν φυσικά φαινόμενα: *βραδιάζει, βρέχει, βροντά, γλυκοχαράζει, ξημερώνει, φέγγει, φυσά, χαράζει, χειμωνιάζει, χιονίζει* κ.ά. (παράδ. 2).

Όσα από αυτά συνηθίζονται και με άλλη σημασία σχηματίζουν και άλλα πρόσωπα: *φέξε μου, φυσώ τη φωτιά.*

γ) Μερικά προσωπικά ρήματα σε ορισμένες φράσεις: *ακούγεται, λέγεται, αξίζει, γίνεται, θέλει, χρειάζεται, φαίνεται* κ.ά. (παράδ. 3).

Ανώμαλα ρήματα

264. Πολλά ρήματα δεν ακολουθούν στο σχηματισμό τους τους κανόνες των άλλων ρημάτων. Παρουσιάζουν ανωμαλία ή στο θ έ μ α *(βλέπω* - αόριστος *είδα)* ή στην κ λ ί σ η τους *(είδα* - υποτακτική *δω,* προστακτική *δες, δείτε).* Τα ρήματα αυτά ονομάζονται **ανώμαλα ρήματα.**

(Συγκεντρωμένα κατά κατηγορίες και αλφαβητικά μπορείς να τα βρεις στο Επίμετρο, στο κεφ. Ανώμαλα ρήματα,σελ. 231 - 233).

ΔΕΚΑΤΟ ΕΒΔΟΜΟ ΚΕΦΑΛΑΙΟ

265.　　　　ΟΙ ΜΕΤΟΧΕΣ

Ενεργητική φωνή		Παθητική φωνή	
Ενεστώτας	Κατα-λήξεις	Παρακείμενος	Κατα-λήξεις
1. *Μου διηγήθηκε την ι-στορία του κλαίγοντας*	-οντας	5. *Τον είδα κλαμένο και τρόμαξα*	-μένος
2. *Λέγοντας αυτά άνοιξε την πόρτα*	-οντας	6. *Η αυλή ήταν χορτα-ριασμένη*	-(σ)μένη
3. *Λέγοντας αυτά άνοι-ξαν τις πόρτες*	-οντας	7.*Τραγούδι τραγουδήστε μου χιλιοτραγουδημένο*	-(η)μένο
4. *Ανέβαιναν τραγου-δώντας*	-ώντας	8. *Ώρα έμεινε ακουμπι-σμένος στον τοίχο*	-(σ)μένος

189

Παρατηρήσεις

1. Μετοχές έχουν:

α) ο ενεστώτας στην ενεργητική φωνή (παραδ. 1-4) και

β) ο παρακείμενος στην παθητική φωνή (παραδ. 5-8).

2. Συνήθως ένα ρήμα έχει δύο μετοχές: την **ενεστωτική ή ενεργητική** (παραδ. 1-4) και τη **μετοχή** του **παθητικού παρακειμένου** ή **παθητική** (παραδ. 5-8).

3. Η ε ν ε ρ γ η τ ι κ ή μ ε τ ο χ ή τελειώνει σε -οντας (-ώντας) και είναι άκλιτη (παραδ. 1-4).

4. Η π α θ η τ ι κ ή μ ε τ ο χ ή τελειώνει σε -μένος, είναι κλιτή και έχει τρία γένη και δύο αριθμούς (παραδ. 5-8).

5. Η παθητική μετοχή συχνά ισοδυναμεί με επίθετο (παράδ. 7).

6. Παθητική μετοχή σχηματίζουν και ρήματα της ενεργητικής φωνής, που δεν έχουν άλλους τύπους της παθητικής (παράδ. 8).

Η μετοχή του παθητικού ενεστώτα

Μερικά ρήματα σχηματίζουν από το ενεστωτικό τους θέμα και μετοχή παθητικού ενεστώτα. Η μετοχή αυτή τελειώνει σε -άμενος, -ούμενος, -όμενος και είναι συνήθως επίθετο ρηματικό: *τρεμάμενα χέρια, οι εργαζόμενες γυναίκες, γλυκολυπούμενη χαμογελάει.*

Ορισμένες από τις μετοχές αυτές έχουν γίνει ουσιαστικά: *τα πλεούμενα, το περιεχόμενο, τα κρατούμενα, τα μελλούμενα, τα βρισκούμενα — προστατευόμενος, εμπορευόμενος.*

ΟΡΘΟΓΡΑΦΙΑ. — Μετοχές σε **-όμενος** και μετοχές σε **-ωμένος**.

Από τις μετοχές αυτές:

1. οι προπαροξύτονες γράφονται με ο: *εργαζόμενος, λεγόμενος, εμπορευόμενος.*

Σημείωση. — Μερικές μετοχές που προέρχονται από λόγια ρήματα της δεύτερης συζυγίας δεν ακολουθούν τον κανόνα και γράφονται με ω: *τιμώ - τιμώμενος, προσδοκώ - προσδοκώμενος, περισπώμενη λέξη* κτλ.

2. Οι παροξύτονες γράφονται με ω: *ειπωμένος, φαγωμένος, ξηλωμένος* (που είναι μετοχές παθητικού παρακειμένου).

II. ΤΑ ΑΚΛΙΤΑ ΜΕΡΗ ΤΟΥ ΛΟΓΟΥ

ΠΡΩΤΟ ΚΕΦΑΛΑΙΟ

266. ΕΠΙΡΡΗΜΑΤΑ

Έπεσε **κάτω.**   *Φεύγει* **αύριο.**

Βλέπει **καλά.**   *Μου αρέσει* **πολύ.**

Οι λέξεις *κάτω, αύριο, καλά, πολύ* είναι άκλιτες. Πηγαίνουν μαζί με ένα ρήμα, το προσδιορίζουν και φανερώνουν **πού** *έπεσε κάποιος* (τον τόπο), **πότε** *φεύγει* (το χρόνο), **πώς** *βλέπει* (τον τρόπο), **πόσο** *τον αρέσει* (το ποσό).

> Οι άκλιτες λέξεις που προσδιορίζουν ένα ρήμα και φανερώνουν τόπο, χρόνο, τρόπο, ποσό κ.ά. λέγονται **επιρρήματα.**

Τα επιρρήματα μπορεί να προσδιορίζουν και επίθετα ή άλλα επιρρήματα:

Ο καιρός είναι πολύ καλός.

Ο πατέρας βγήκε από το σπίτι κάπως νωρίς.

Το επίρρημα *πολύ* προσδιορίζει το επίθετο *καλός,* το *κάπως* προσδιορίζει το επίρρημα *νωρίς.*

Κατά τη σημασία τους τα επιρρήματα είναι πέντε ειδών: α) **τοπικά,** β) **χρονικά,** γ) **τροπικά,** δ) **ποσοτικά** και ε) **βεβαιωτικά, διστακτικά, αρνητικά.**

267.   Α. — Τοπικά επιρρήματα

Τα τοπικά επιρρήματα φανερώνουν τόπο και απαντούν στην ερώτηση **πού;**

Πού; *εδώ, εκεί, αυτού, αλλού, παντού, κάπου, πουθενά* κτλ.

191

268. B. — Χρονικά επιρρήματα

Τα χρονικά επιρρήματα φανερώνουν χρόνο και απαντούν στην ερώτηση **πότε;**

Πότε; *όποτε, ποτέ, πότε πότε, κάποτε, κάπου κάπου* κτλ.

269. Γ. — Τροπικά επιρρήματα

Τα τροπικά επιρρήματα φανερώνουν τρόπο και απαντούν στην ερώτηση **πώς;**

Πώς; *όπως, έτσι, μαζί, κάπως, αλλιώς — καλά, κακά* κτλ.

Στα τροπικά επιρρήματα ανήκουν και τα μόρια **σαν** και **ως.**

Από αυτά:

Το μόριο **σαν** συνοδεύει ονόματα ή αντωνυμίες:

α) όταν πρόκειται να δηλωθεί π α ρ ο μ ο ί ω σ η:

Πέθανε σαν παλικάρι.

Χυτή σαν λαμπάδα.

Είναι σαν εσένα.

β) όταν δηλώνεται α ι τ ί α:

Αυτός ας έλεγε ό,τι ήθελε· εσύ σαν συγγενής έπρεπε να με υποστηρίξεις (= επειδή είσαι συγγενής).

Το μόριο **ως** συνοδεύει ονόματα. Ένα όνομα με το μόριο **ως** μπροστά χρησιμοποιείται .ως κ α τ η γ ο ρ ο ύ μ ε ν ο.

Υπηρετεί στο γυμνάσιο ως καθηγητής.

Η Ελλάδα αναγνωρίστηκε ως ανεξάρτητο Κράτος.

Είναι σφάλμα να χρησιμοποιούμε σ' αυτή την περίπτωση το ομοιωματικό **σαν.**

270. Δ. — Ποσοτικά

Τα ποσοτικά επιρρήματα φανερώνουν ποσό και απαντούν στην ερώτηση **πόσο;**

Πόσο; *όσο, οσοδήποτε, τόσο, πολύ, περισσότερο, πιο, λίγο* κ.ά.

271. **Ε. — Βεβαιωτικά, διστακτικά, αρνητικά**

Με τα βεβαιωτικά επιρρήματα επιβεβαιώνουμε κάτι, με τα διστακτικά δείχνουμε το δισταγμό μας για κάτι, με τα αρνητικά αρνούμαστε κάτι.

α) **Βεβαιωτικά:** *ναι, μάλιστα, βέβαια* κτλ.

β) **Διστακτικά:** *ίσως, τάχα (τάχατε), δήθεν, πιθανόν:*
— *Θά 'ρθεις;* — *Ίσως, πιθανόν.*

γ) **Αρνητικά:** *όχι, δε(ν), μη(ν), όχι βέβαια, πια (δεν έχω πια).*

272. **Επιρρήματα σε -α**

Είναι πάρα πολλά τα επιρρήματα σε -**α,** που σχηματίζονται από τον πληθυντικό του ουδετέρου των επιθέτων:
ωραίος, πληθ. ουδ. *ωραία,* επίρρημα *ωραία: περάσαμε ωραία.*

Τα περισσότερα είναι τροπικά, υπάρχουν όμως και τοπικά *(δεξιά, χαμηλά* κτλ.*),* χρονικά *(αδιάκοπα)* και ποσοτικά *(αρκετά).*

273. **Επιρρήματα σε -ως**

Μερικά από τα επιρρήματα σε -α *(-ά)* μπορούν να σχηματιστούν και σε -**ως (-ώς).**
βέβαια — βεβαίως, σπάνια — σπανίως, χοντρικά — χοντρικώς.

Σε -*ώς* σχηματίζονται και τα επιρρήματα των επιθέτων σε -*ης, -ης, -ες:*
σαφής — σαφώς, συνεχής — συνεχώς, ακριβής — ακριβώς.

Τα πιο συνηθισμένα επιρρήματα είναι συγκεντρωμένα στον πίνακα που ακολουθεί.

	1. Τοπικά	2. Χρονικά
α. Ερωτηματικά	πού; (πούθε;)	πότε;
β. Αόριστα	κάπου, πουθενά, αλλού,	κάποτε, κάπου κάπου, πότε πότε, άλλοτε,
γ. Δεικτικά	εδώ, εκεί, αυτού, παντού,	τότε, τώρα, ποτέ,
δ. Αναφορικά	εκεί που, όπου, οπουδήποτε,	τότε που, όποτε, οποτεδήποτε,
ε. Διάφορα	(ε)πάνω, κάτω, καταγής, μέσα, έξω, (ε)μπρός, πίσω, δεξιά, αριστερά, ψηλά, χαμηλά, πλάι, δίπλα, κοντά, μακριά, απέναντι, γύρω, ολόγυρα, μεταξύ, αναμεταξύ, ανάμεσα, πέρα, αντίπερα, βόρεια, νότια, ανατολικά, δυτικά, βορειοανατολικά, νοτιοανατολικά κτλ.	αμέσως, ευθύς, κιόλας, ήδη, πια, μόλις, ακόμη (ακόμα), πάλι, ξανά, συχνά, συνήθως, ύστερα, έπειτα, κατόπιν, πρώτα, πριν, πρωτύτερα, νωρίς, αργά, γρήγορα, συνάμα, αδιάκοπα, έγκαιρα, χτες, προχτές, σήμερα, (ε)ψές, απόψε, αύριο, μεθαύριο, πέρ(υ)σι, πρόπερσι, φέτος, του χρόνου κτλ.

3. Τροπικά	4. Ποσοτικά	5 Βεβαιωτικά κ.ά.
πώς;	*πόσο;*	α) Βεβαιωτικά
κάπως, *αλλιώς,* *αλλιώτικα,*	*κάμποσο,*	*ναι,* *μάλιστα,* *βέβαια,* *βεβαιότατα,*
έτσι, μαζί,	*τόσο,*	*ορισμένως,* *αλήθεια (αληθινά),*
όπως, *καθώς,· ως, σαν,*	*όσο, οσοδήποτε,*	*σωστά.*
		β) Διστακτικά
καλά, κακά, σιγά, *έξαφνα (άξαφνα,* *ξαφνικά), ίσια, ωραία,* *χωριστά, μόνο,* *μονάχα (μοναχά),* *διαρκώς, μεμιάς,* *μονομιάς, επίσης,* *επικεφαλής, ιδίως,* *κυρίως, ειδεμή,* *του κάκου, τυχόν,* *καλώς, ακριβώς,* *εντελώς, ευτυχώς, εξής,* *ελληνικά, γαλλικά,* *χωριάτικα* κτλ.	*μόνο, πολύ,* *περισσότερο, πιο, λίγο,* *λιγάκι, λιγότερο,* *κομμάτι, αρκετά,* *σχεδόν, τουλάχιστο(ν),* *πάνω κάτω, περίπου,* *καθόλου, διόλου,* *ολωσδιόλου, ολότελα,* *μάλλον, εξίσου,* *μόλις* κτλ.	*ίσως,* *τάχα (τάχατε),* *δήθεν,* *πιθανόν,* *άραγε.* γ) Αρνητικά *όχι,* *δε(ν),* *μη(ν),* *όχι βέβαια.*

195

275.   Συσχετικά επιρρήματα

Σε κάθε ερώτηση που κάνουμε με επιρρήματα που έχουν ερωτηματική σημασία (ε ρ ω τ η μ α τ ι κ ά   ε π ι ρ ρ ή μ α τ α) μπορεί να δοθεί απάντηση με άλλα επιρρήματα που έχουν σημασία ή αόριστη (α ό ρ ι σ τ α   ε π.ι ρ ρ ή μ α τ α) ή δεικτική (δ ε ι κ τ ι κ ά   ε π ι ρ ρ ή μ α τ α) ή αναφορική (α ν α φ ο ρ ι κ ά   ε π ι ρ ρ ή μ α τ α). Τα επιρρήματα αυτού του είδους λέγονται **συσχετικά** και περιέχονται στον παρακάτω πίνακα.

276.   **Πίνακας συσχετικών επιρρημάτων**

Ερωτηματικά	Αόριστα	Δεικτικά	Αναφορικά
Τοπικά: *πού;*	*κάπου, αλλού*	*εδώ, αυτού, εκεί, πουθενά*	*που, όπου, οπουδήποτε*
Χρονικά: *πότε;*	*κάποτε, άλλοτε, πάντα, πάντοτε*	*τότε, τώρα, ποτέ*	*που, όποτε, οποτεδήποτε*
Τροπικά: *πώς;*	*κάπως, αλλιώς*	*έτσι*	*όπως, καθώς, οπωσδήποτε*
Ποσοτικά: *πόσο;*	*κάμποσο*	*τόσο, καθόλου*	*όσο, οσοδήποτε*

196

ΔΕΥΤΕΡΟ ΚΕΦΑΛΑΙΟ

277.   Π Ρ Ο Θ Ε Σ Ε Ι Σ

Με τις προθέσεις φανερώνεται

		↓
Έρχομαι **από** *το σπίτι*	από πού;	τόπος
Είναι άρρωστος **από** *χτες*	από πότε;	χρόνος
Έτρεμε **από** *το θυμό του*	γιατί;	αιτία
Πηγαίνω **προς** *την αγορά*	προς τα πού;	τόπος
Ήρθε **κατά** *το μεσημέρι*	πότε;	χρόνος
Πήγα **με** *τα πόδια*	πώς;	τρόπος
Απέχει **ως** *χίλια μέτρα*	πόσο;	ποσό

1   Οι άκλιτες λέξεις που μπαίνουν εμπρός από τα ονόματα
ή τα επιρρήματα, για να φανερώσουν μαζί τους τόπο,
χρόνο, αιτία, τρόπο, ποσό κτλ. λέγονται **προθέσεις**.

2. Οι προθέσεις είναι:

α) πέντε μονοσύλλαβες: *με, σε*, για, ως* (σπάνια *έως*), *προς·*
β) εφτά δισύλλαβες: *κατά, μετά, παρά, αντί(ς), από, δίχως, χωρίς.*
γ) η τρισύλλαβη: *ίσαμε.*

3. Από τις προθέσεις μερικές χρησιμεύουν ως πρώτα συνθετικά:

προς (τα ξημερώματα)	*προσθέτω*
κατά (την αγορά)	*κατακαθίζω*
μετά (τυ φαγητό)	*μεταλαβαίνω*
από (χτες)	*απόβροχο*
(δύο) αντί (τρεις)	*αντίδωρο*

---

* Το *εις*, παλαιότερος τύπος του *σε*, βρίσκεται, σπάνια, σε μερικές στερεότυπες ή ιστορικές φράσεις, σε δημοτικά τραγούδια κτλ.: *εις υγείαν, εις ανώτερα, εις βάρος μου, κοιμάται εις ύπνο βαθύ* (Σολωμός).

197

4. Κανονικά μετά την πρόθεση τα ονόματα μπαίνουν σε πτώση αιτιατική:

Κατά την αγορά. Προς τον κήπο.

278.   Ποιες προθέσεις συνθέτονται και ποιες όχι

ΠΡΟΘΕΣΕΙΣ	Μονοσύλλαβες	Δισύλλαβες	Τρισύλλαβες
Προθέσεις που δε συνθέτονται	*με, σε, για, ως*	*χωρίς, δίχως*	*ίσαμε*
Προθέσεις που χρησιμεύουν και ως πρώτα συνθετικά	*προς*	*αντί(ς), από, κατά, μετά, παρά*	

279.   Πάθη προθέσεων

Οι προθέσεις *με, σε, για, κατά, παρά, από* παθαίνουν συχνά έκθλιψη ή αποκοπή· παρουσιάζονται τότε χωρίς το τελικό τους φωνήεν.

α) **Έκθλιψη** παθαίνουν οι προθέσεις *με, σε, από, για, κατά, παρά, ίσαμε* εμπρός από φωνήεν:

μ' εσένα, σ' αυτόν, απ' αλλού, γι' αυτό, κατ' αυτά, παρ' όλο, ίσαμ' εδώ. (Βλ. και §§ 41, 45).

β) **Αποκοπή** παθαίνουν οι προθέσεις *σε* και *από* εμπρός από το *τ* του άρθρου: *στον κόσμο, απ' τη θάλασσα.*

280.   Πίνακας που φανερώνει τα πάθη των προθέσεων

ΠΡΟΘΕΣΕΙΣ	Αποκοπή	Έκθλιψη
Μονοσύλλαβες	*σε*	*με, σε, για*
Δισύλλαβες	*από*	*από, κατά, παρά*
Τρισύλλαβες	—	*ίσαμε*

198

Απαρχαιωμένες προθέσεις

281. Εκτός από τις παραπάνω προθέσεις λέγονται σε μερικές εκφράσεις και οι αρχαίες προθέσεις *δια, εκ, εν, επί, προ, υπέρ, υπό:*

δια: *δια πυρός και σιδήρου* (έτσι και το σύνθετο *διαμιάς*).

εκ-εξ: *εκ Θεού, εξ ουρανού* (έτσι και τα σύνθετα *εξαιτίας, εξαρχής*).

εν: *εν γνώσει* (έτσι και *εντάξει*).

επί: *επί Καποδίστρια* (έτσι και *επικεφαλής, επιτέλους*).

περί: *τον έχει περί πολλού, περί τα τοιαύτα.*

προ: *προ Χριστού, προ ολίγου* (έτσι και *προπάντων*).

υπέρ: *υπέρ το μέτρο, υπέρ το δέον.*

υπό: *υπό την προεδρία, κρατώ υπό σημείωση.*

Στα μαθηματικά χρησιμοποιούνται οι αρχαίες προθέσεις *συν, επί, δια,* το *πλην* και το *μείον.*

Η πρόθεση	σημαίνει	παράδειγμα
συν	και	*διακόσια συν τέσσερα*
επί	φορές	*χίλια επί δύο*
δια	μοιρασμένο σε	*εκατό δια δεκατρία*
πλην	από	*δώδεκα πλην τέσσερα*
μείον	από	*ΑΒ μείον ΓΔ*

TΡΙΤΟ ΚΕΦΑΛΑΙΟ

282. ΣΥΝΔΕΣΜΟΙ

*1. Η ημέρα **και** η νύχτα.*
*2. Έλα **ή** φύγε.*
*3. Το σπίτι είναι παλιό, **μα** νοικοκυρεμένο.*
*4. Είμ' Έλληνας, **ώστε** κι εγώ για λευτεριά διψάω.*

5. *Η εκκλησία του χωριού μας, **δηλαδή** ο Αϊ-Γιώργης, είναι ό-μορφη.*

6. *'Ελεγε **ότι** τον τραβούσε η θάλασσα.*

7. *'Οταν λείπει η γάτα, χορεύουν τα ποντίκια.*

8. *Πουλί, σου ανοίγω το κλουβί, **γιατί** πονώ για σένα.*

9. *Βρόντα, **αν** θέλεις να σ' ανοίξουν.*

10. *Θέλω **να** πάω **να** κοιμηθώ.*

11. *Με γέλασε τόσες φορές, **ώστε** δεν τον πιστεύω πια.*

12. *Φοβούμαι **μην** πάθεις κακό.*

13. *Καλύτερα μιας ώρας ελεύθερη ζωή*
    ***παρά** σαράντα χρόνια σκλαβιά και φυλακή.*

Οι άκλιτες λέξεις *και, ή, μα, ώστε, δηλαδή, ότι, όταν, γιατί, αν, να, μην, παρά* **συνδέουν** λέξεις (παράδ. 1) ή προτάσεις (παράδ. 2). Γι' αυτό και λέγονται **σύνδεσμοι.**

Πίνακας με τους συνδέσμους

Είδη	Σ ύ ν δ ε σ μ ο ι
1. Συμπλεκτικοί	*και (κι), ούτε, μήτε, ουδέ, μηδέ*
2. Διαχωριστικοί	*ή, είτε*
3. Αντιθετικοί	*μα, αλλά, παρά, όμως, ωστόσο, ενώ, αν και, μολονότι, μόνο*
4. Συμπερασματικοί	*λοιπόν, ώστε, άρα, επομένως, που*
5. Επεξηγηματικός	*δηλαδή*
6. Ειδικοί	*πως, που, ότι*
7. Χρονικοί	*όταν, σαν, ενώ, καθώς, αφού, αφότου, πριν (πριν να), μόλις, προτού, ώσπου, ωσότου, όσο που, όποτε*
8. Αιτιολογικοί	*γιατί, επειδή, αφού, τι (ποιητικό)*
9. Υποθετικοί	*αν, σαν, άμα*
10. Τελικοί	*να, για να (δυνατότερο από το να)*
11. Αποτελεσματικοί	*ώστε (να), που*
12. Διστακτικοί	*μη(ν), μήπως*
13. Συγκριτικός	*παρά*

200

283. *ΟΡΘΟΓΡΑΦΙΑ.*

1. Πρέπει να ξεχωρίζουμε τον ειδικό σύνδεσμο **πως** από το τροπικό επίρρημα **πώς**:

Είπε πως θά 'ρθει.
Πώς είσαι;

2. Πρέπει να ξεχωρίζουμε τον ειδικό σύνδεσμο **που** από το τοπικό επίρρημα **πού**:

Έμαθα που (ότι) ήσουν άρρωστος.
Δεν ξέρω πού είναι.

3. Πρέπει να ξεχωρίζουμε τον ειδικό σύνδεσμο **ότι** από την αναφορική αντωνυμία **ό,τι**:

Είπε ότι είναι άρρωστος.
Αυτός κάνει του κεφαλιού του, ό,τι κι αν του πεις.

4. Το **και** εμπρός από φωνήεν παίρνει τον τύπο **κι,** που συνηθίζεται κυρίως στη λογοτεχνία. Είναι όμως προτιμότερο να μη χρησιμοποιούμε συχνά τον τύπο **κι** στη συνηθισμένη γραπτή γλώσσα.

284. **Μόρια**

Λογαριάζονται για σύνδεσμοι και μερικές μονοσύλλαβες λέξεις, τα **μόρια**, που τις χρησιμοποιούμε πολύ συχνά στη γλώσσα μας με διάφορες σημασίες. Τα μόρια αυτά είναι το **ας, θα, να, μα, για** και περιέχονται στον ακόλουθο πίνακα.

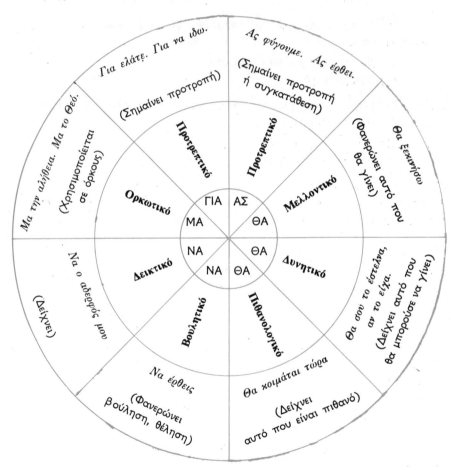

Ο πρώτος κύκλος, ο εσωτερικός, περιέχει τα μόρια, ο δεύτερος τα ονομάζει από τις σημασίες τους και ο τρίτος δίνει τα παραδείγματα. Στις παρενθέσεις αναλύονται οι σημασίες των μορίων.

1. Το **ας** σημαίνει συνήθως προτροπή ή συγκατάθεση:
   Ας φύγουμε. Ας έρθει.
2. Το **θα** είναι κατά τη σημασία:
   α) μελλοντικό: *Θα ξεκινήσω.*
   β) δυνητικό: *Θα σου το έστελνα, αν το είχα.*
   γ) πιθανολογικό: *Θα κοιμάται τώρα* (= ίσως κοιμάται τώρα).
3. Το βουλητικό **να**: *Να έρθεις* (= θέλω να έρθεις).
4. Το δεικτικό **να**: *Να τους έρχονται. Να που είχα δίκιο.*
5. Το ορκωτικό **μα**: *Μα την αλήθεια. Μα το Θεό.*
6. Το προτρεπτικό **για**: *Για ελάτε. Για να ιδώ τι κάνετε!*

285.   **ΕΠΙΦΩΝΗΜΑΤΑ**

Ω! τι όμορφος κόσμος!
Οχ! χτύπησα άσχημα!
Αχ! τι θα γίνω!

Στα παραπάνω παραδείγματα οι μονοσύλλαβες λέξεις **ω, οχ, αχ** φανερώνουν **θ α υ μ α σ μ ό, π ό ν ο, α π ο ρ ί α**, φανερώνουν δηλαδή **σ υ ν α ι σ θ ή μ α τ α**. Οι λέξεις αυτές ονομάζονται **επιφωνήματα**.

Τα επιφωνήματα είναι άκλιτα, συνοδεύονται, συνήθως, από μικρές φράσεις και φανερώνουν: θαυμασμό, απορία, πόνο, λύπη, περίπαιγμα, ευχή, έπαινο, κάλεσμα, ειρωνεία, στενοχώρια, αηδία, παρακίνηση, άρνηση, αβεβαιότητα.

Τα επιφωνήματα και η σημασία τους φαίνονται στον ακόλουθο πίνακα:

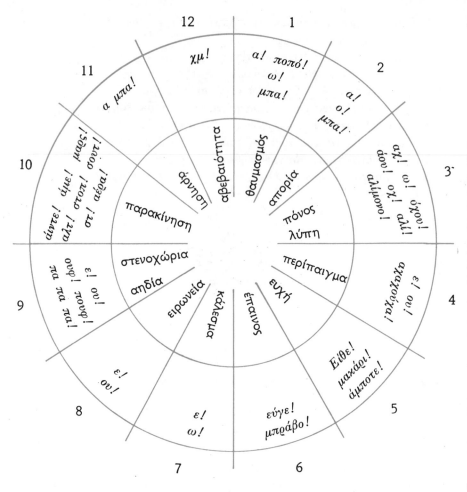

Ο εξωτερικός κύκλος περιέχει τα επιφωνήματα χωρισμένα σε συγγενικές ο-
μάδες· ο εσωτερικός δίνει τη σημασία τους.

286. **Επιφωνηματικές εκφράσεις**

Εκτός από τα καθαυτό επιφωνήματα, και κάθε λέξη ή έκφραση
που χρησιμεύει για επιφώνημα είναι **επιφωνηματική έκφραση**:
Κρίμα! Προσοχή! Χριστός και Παναγία!

Επιφωνηματικές εκφράσεις είναι ουσιαστικά, επίθετα, ρήματα, επιρρήματα και σύντομες φράσεις.

1. Ουσιαστικά	*κρίμα! φρίκη! Θεέ μου! Χριστός! βοήθεια!* *θάρρος!*
2. Επίθετα	*καλέ! μωρέ! κακομοίρη μου! τον καημένο!*
3. Ρήματα	*έλα δα! ορίστε! κόπιασε! ζήτω! ήμαρτον!* *στάσου!*
4. Επιρρήματα	*εμπρός! έξω! περαστικά! καλά! ωραία!* *μάλιστα!*
5. Φράσεις	*τέλος πάντων! με το συμπάθιο! να σε χαρώ!* *μα την αλήθεια! σε καλό σου!*

ΟΡΘΟΓΡΑΦΙΑ. — Στα επιφωνήματα σημειώνουμε συνήθως θαυμαστικό, κάποτε ερωτηματικό ή αποσιωπητικά:

Χα, χα, χα! Ωραία! Ε; 'Αιντε. . .

205

ΕΠΙΜΕΤΡΟ

I. ΟΡΘΟΓΡΑΦΙΚΟΣ ΟΔΗΓΟΣ

A. Δίψηφα σύμφωνα *μπ, ντ, γκ* σε ξένες λέξεις.

B. Συμφωνικά συμπλέγματα.

Γ. Πίνακας λέξεων με δύο σύμφωνα όμοια ή με ένα σύμφωνο (και με *ντζ*).

Δ. Καταλήξεις *ουσιαστικών*.

E. Καταλήξεις *επιθέτων*.

ΣΤ. Καταλήξεις *ρημάτων*.

Z. Καταλήξεις *επιρρημάτων*.

II. ΑΝΩΜΑΛΑ ΡΗΜΑΤΑ

A. Κατηγορίες ανώμαλων ρημάτων.

B. Κατάλογος ανώμαλων ρημάτων.

Γ. Ρήματα σε -*αίνω*.

I. ΟΡΘΟΓΡΑΦΙΚΟΣ ΟΔΗΓΟΣ

Α. Δίψηφα σύμφωνα μπ, ντ, γκ σε ξένες λέξεις

Α άλ-μπουρο
α-μπρί
αρ-γκό
αρα-μπάς
αρ-μπαρόριζα

Β βε-ντέτα (= κορυφαία
καλλιτέχνιδα, ενώ
βεν-τέτα = εκδίκηση)

Γ γαρ-μπής
γιορ-ντάνι
Γιου-γκοσλαβία

Ζ ζορ-μπάς

Κ καβουρ-ντίζω
καλ-ντιρίμι
κα-μπίνα
καρα-μπίνα
κό-μπρα
κου-μπούρα

Λ λι-μπρέτο

Μ μα-ντέμι
μαρα-μπού
μπα-γκέτα
μπαΐλ-ντίζω

μπα-μπάς
μπάρ-μπας
μπαρ-μπέρης
μπαρ-μπούνι
μπέ-μπης
μπι-γκόνια
μπι-μπερό
μπορ-ντούρα
μπουλ-ντόζα
μπου-ντρούμι

Ν ντα-ντά
ντό-μπρος

Ρ ρεπού-μπλικα
ρου-μπίνι

Σ σερ-μπέτι
σό-μπα
σουρ-ντίνα

Τ τα-μπούρι
τουρ-μπάνι
τουρ-μπίνα
τσι-μπούκι

Φ φαρ-μπαλάς
φίλ-ντισι

Β. Συμφωνικά συμπλέγματα

Τα συμφωνικά συμπλέγματα είναι πολλών ειδών, παρουσιάζονται σε πάρα πολλές λέξεις και δε γράφονται ομοιόμορφα· παραθέτουμε δείγματα:

χτ.

αδράχτι	καρδιοχτύπι	σταχτοπούτα	χτεσινός
αχτένιστος	κράχτης	σφαχτό	(και χθεσινός)
βουτηχτής	λαχτάρα	φούχτα	χτίζω
δάχτυλο	νυχτέρι	φράχτης	(και κτίζω)
δαχτυλιά	νυχτερίδα	φυλαχτάρι	χτικιάζω
δαχτυλίδι	ξενυχτίζω	φυλαχτό	χτίστης
δείχτης	οχτώ (οκτώ)	χταπόδι	χτυπώ
καληνυχτίζω	στάχτη	χτένι	

Έπαχτος (αλλά Ναύπακτος), Ουτρέχτη, Σαχτούρης,
όχτος, οχτιά (αλλά όχθη — παρόχθιος),
άφραχτος, απρόσεχτος,
πεταχτός, πνιχτός, ρουφηχτός,
τσουχτερός, φανταχτερός,
αρπάχτηκε, δέχτηκε, καταβρέχτηκε, κηρύχτηκε, ρουφήχτηκε,
σφίχτηκε, τραβήχτηκε,
μαζώχτρα, πήχτρα, σφυρίχτρα, φταίχτρα.

κτ.

ακτή	έκταση	εκτός	πλήκτρο
ακτοπλοΐα	εκτείνω	κτηνοτροφία	προστακτική
ανάκτορα	εκτελώ	κτητικός	σταλακτίτης
αποκτώ	εκτιμώ	νέκταρ	τακτικός
κατακτώ	εκτημόριο	Οκτώβριος (αλ-	συντακτικό(ς)
έκτακτος	έκτος	λά Οχτώβρης)	υποτακτική

αιματόβρεχτος, ανύπαρκτος, απαράδεκτος, αρπακτικός, τρομακτικός, σπαρακτικός·
Ακτιο, Λεύκτρα, Έκτορας, Ικτίνος, Κτησίας, Πακτωλός,
Φιλοκτήτης.

γκτ. ελεγκτής, ελεγκτικός, Κόδριγκτον, Ουάσιγκτον.

χθ. άχθος, ιχθυολογία, καταχθόνιος, μοχθηρός, σεισάχθεια, υποχθόνιος, 'Αραχθος.

φτ
(υτ).

βαφτίζω	ξεφτώ	φτελιά	φτιάνω
γύφτος	πέφτω	φτέρη	φτυάρι
εφτά (επτά)	ράφτης	φτερό	φτύνω
καθρέφτης	τρίφτης	φτέρνα	φτωχός
κλέφτης	φτάνω	φτερνίζομαι	χούφτα
ξεφτέρι	φταίω	φτηνός	

Διακοφτό,
κοφτός, σκυφτός, αστραφτερός, κοφτερός·
κρύφτηκε, νίφτηκε, σκέφτηκε, παύτηκε, κλαύτηκε, βολεύτηκε,
βραβεύτηκε, γεύτηκε, ερμηνεύτηκε, εμπιστεύτηκε, χωνεύτηκε.

πτ.

αλεξίπτωτο	ελλειπτική	οπτασία	πτέρυγα
αμερόληπτος	επισκέπτης	οπτικός	σεπτός
ανακαλύπτω	λεπτό	συνοπτικός	σκεπτικισμός
ανύποπτος	λεπτός	παραλήπτης	σκέπτομαι (αλ-
αποκαλυπτήρια	λεπτομέρεια	περίπτερο	λά σκέφτηκα)
αυτόπτης	μεροληπτώ	περίπτωση	(και σκέφτομαι)
γλύπτης	νιπτήρας	πταίσμα	σκωπτικός

Αίγυπτος, Νεοπτόλεμος,
γραπτός (αλλά και γραφτός, γραφτό),
αντισηπτικός, επαναληπτικός, καταστρεπτικός, πεπτικός, περιληπτικός, προληπτικός.

μπτ. άμεμπτος, σύμπτωμα, Πέμπτη.

φθ
(υθ).

απόφθεγμα	διευθύνω	ευθύνη	φθόγγος
αυθαίρετος	δίφθογγος	οφθαλμία	φθόνος
αυθεντία	ελευθερία	φθινόπωρο	φθορά
αυθόρμητος	(και λευτεριά)	φθίση	Φθία.
άφθονος	ευθεία		

στ. αγωνίστηκα, ακονίστηκα, δοξάστηκα, κρεμάστηκα, μεταχειρίστηκα, πείστηκα, πρήστηκα, σείστηκα,
κουλουριαστώ, συμβιβαστώ, χτενιστώ.

211

σθ. αισθάνομαι, συναίσθημα, ισθμός, μισθός, μισθωτής, προσθαλάσσωση, προσθήκη, προσθέτω, πρόσθετος, Ευρυσθέας, Κλεισθένης.

σκ. άσκημος, μοσκοβολώ, σκίζα, σκίζω, σκίνος, σκισμάδα, σκοινί, σκολνώ.

σχ.

ασχολία	μοσχοκάρφι	σχέδιο	σχολείο
απασχόληση	(αλλά μοσκοβολώ,	σχεδόν	(και σκολειό)
λέσχη	μοσκομυρίζω,	σχέση	σχολιάζω
ματαιόσχολος	μοσκοπουλώ)	σχετίζω	σχολικός
μοσχάτο	Πάσχα	σχήμα	σχόλιο
μόσχος	πασχαλιά	σχηματίζω	υπόσχομαι
μοσχοκάρυδο	πρόσχαρος		υποσχετικό.

μπ. ακουμπώ, γαμπρός, θαμπώνω, κολυμπώ, κολυμπήθρα (και κολυμβήθρα), μπόμπα (και βόμβα) (αλλά βομβαρδίζω).

μβ.

άμβωνας	εμβατήριο	ρεμβάζω	συμβόλαιο
βομβαρδίζω	εμβολή	συμβαίνω	συμβολή
διθύραμβος	έμβολο	συμβιβάζω	συμβουλή
εκατόμβη	θρίαμβος	συμβίωση	τύμβος
έμβασμα			

Καμβούνια, Μονεμβασία, Αμβέρσα, Αμβούργο, Βυρτεμβέργη, Εδιμβούργο.

μβρ. αμβροσία, Δεκέμβριος, εμβρίθεια, μεσημβρινός, Νοέμβριος, Αμβρακικός, Μεσημβρία, Αμβρόσιος.

μφ. άμφια, αμφιβολία, αμφισβητώ, ράμφος, συμφέρει, συμφορά, συμφωνώ.

μβλ. αμβλεία, έμβλημα.

ντ. έντεκα, εντέκατος (και ενδέκατος), καντήλι, κοντύλι, μάνταλο, μανταρίνι, σφεντόνα, χαντάκι.

ντρ. αντράκλα, άντρας, αντρειωμένος, δέντρο, παντρειά, χοντρός, Αντραβίδα, Αντρίτσαινα, Χαλάντρι.

νδ.

ανένδοτος	ενδιαφέρον	σπονδή	συνδιαλλακτικός
άσπονδος	ενδόμυχος	σπόνδυλος	συνδιοικητής
ένδειξη	ένδοξος	συνδαιτυμόνας	συνδυάζω
ενδεχόμενο	ινδικός	σύνδεσμος	

Πίνδος, Ελγολάνδη, Ινδία, Ιρλανδία, Λονδίνο, Ολλανδία, Πανδώρα, Πίνδαρος.

νδρ. *παλινδρομικός, Ανδρομέδα, Λύσανδρος.*

μ. *απόγεμα, ρέμα, ρεματιά, ψέμα, κάμα, κλάμα, αγρίεμα, βασίλεμα, κλάδεμα, σάλεμα, φύτεμα.*

βμ *γεύμα, γευματίζω, έγκαυμα, θαύμα, θαυμάζω, νεύμα, πνεύμα,*
(υμ). *πνευματισμός, πνεύμονας (και πνεμόνι), ρεύμα (λ.χ. ηλεκτρικό), ρευματισμός, πολίτευμα, εμπόρευμα κτλ.*

ψ. *δούλεψη, χώνεψη, κάψα, κλάψα, έκαψα, έκλαψα, αγγάρεψα, αγρίεψα, γειτόνεψα, γιάτρεψα, γοήτεψα, μούσκεψα, ταξίδεψα.*

φχ(υχ). *ευχή, ευχαριστώ, εύχομαι, προσεύχομαι, καυχιέμαι.*

φσ *απαιδευσία, ευσυνειδησία, εύσημο, παυσίλυπος, καύσιμος (αλλά*
(υσ). *κάψιμο), εμπορεύσιμος, στρατεύσιμος, επιστράτευση, απόλαυση, διάψευση.*

φστ *απολαυστικός, αυστηρός, καυστικός, κελευστής, ναύσταθμος,*
(υστ). *αναπνευστικός, εμπνεύστηκε, ρευστός,*
(αλλά ακατάπαυτος, άκαυτος, άκλαυτος).

χ. *κόχη, κοχύλι, ροχαλίζω, συχαρίκια.*

χν. *σπλάχνο, σπλαχνίζομαι, άσπλαχνος, σπλαχνικός.*

γχ. *αγχίνοια, αγχίστροφος, αγχόνη, εγχείρηση, ελέγχω, λόγχη, με-λαγχολία, συγχαίρω, συγχορδία, συγχύζω, συγχωρώ, Αγχίαλος, Κοπεγχάγη, Μάγχη.*

γχρ. *σύγχρονος, συγχρωτίζομαι*.*

---

* Στην ποιητική γλώσσα έχουν το λαϊκότερο τύπο και μερικές από τις λέξεις που αλλιώς λέγονται με το λόγιο συμφωνικό σύμπλεγμα.

213

Γ. Πίνακας λέξεων με δύο σύμφωνα όμοια ή με ένα σύμφωνο (και με ντζ)

Στον ακόλουθο πίνακα αναγράφονται οι περισσότερες λέξεις που παρουσιάζουν πρόβλημα αν γράφονται με δύο σύμφωνα όμοια ή μόνο με ένα.

Γράφονται με

ββ	*Σάββας, Σάββατο.*
β	*κρεβάτι.*
κκ	*ακκισμός, ανέκκλητος, εκκαθάριση, εκκλησία, εκκρεμώ, έκκριση, κόκκινος, κόκκος, λάκκος.*
κ	*κόκαλο, κόκορας, κοκίτης, κοκόνα, κουκί, κούκος, κουκούλα, κουκούλι, κουκούτσι, ξωκλήσι, ρόκα, σάκος.*

λλ			
αγαλλίαση	*ειδύλλιο*	*κολλώ*	*συλλείτουργο*
αγγέλλω (αλ-	*έλλειμμα*	*κοράλλι*	*σύλληψη*
λά *άγγελος*	*έλλειψη*	*κορυδαλλός*	*συλλογή*
—*αγγελία*)	(αλλά *έλειπα*	*κρύσταλλο*	*συλλογίζομαι*
αλλά	—*έλειψα*)	*κύπελλο*	*σύλλογος*
αλλαγή	*ελλειπτική*	*κωμειδύλλιο*	*συλλυπούμαι*
αλλάζω	*ελλόγιμος*	*μαλλί*	-*στέλλω* (δια-,συ-)
απαλλάσσω	*θάλλω*	*μάλλον*	*σφάλλω*
αλλεπάλληλος	*καλλιγραφία*	*μέταλλο*	*τριφύλλι*
άλλος	*καλλιέργεια*	*μεταλλείο*	(αλλά *Τριφυλία*)
αλλοπρόσαλλος	*κάλλιο*	*μέλλον*	*υπάλληλος*
αλλού	*καλλιτέχνης*	*μέλλω*	*φελλός*
άμιλλα	*καλλονή*	*παράλληλος*	*φύλλο*
απαράμιλλος	*καλλυντικός*	*ποικίλλω*	(αλλά *φυλή,*
αναγαλλιάζω	*καλλωπίζω*	(αλλά *ποικίλος*)	*φύλο*)
αναστέλλω	*κατάλληλος*	*πολλαπλασιάζω*	*χρυσαλλίδα*
απαλλοτριώνω	*κόλλα*	*πολλοί*	*ψάλλω*
βάλλω	*κολλιτσίδα*	*πρωτόκολλο*	*ψελλίζω*
βδέλλα	*κόλλυβα*	*συλλαβή*	*ψύλλος*
δικέλλι	*κολλύριο*	*συλλαλητήριο*	

Ελλάδα, Έλληνας, Καλλίδρομο, Κεφαλληνία, Κεφαλλονιά, Κυλλήνη, Πέλλα, Πελλήνη, Γαλλία (αλλά *Πορτογαλία*) *Έλλη, Καλλιόπη, Καλλέργης, Καλλίας, Καλλιγάς, Καλλίμαχος, Ρηγίλλη, Σίβυλλα, Σύλλας, Ψελλός.*

άργιλος	*γορίλας*	*μακελειό*	*σκύλος*
βάκιλος	*δολάριο*	*μαλώνω*	*τάλιρο*
βίλα	*θρύλος*	*μαξιλάρι*	*τορπίλα*
βανίλια	*καβάλα*	*μίλι*	*τρελός*
βούλα	*κάγκελο*	*μπάλα*	*τρούλος*
γάλος	*καλαισθησία*	*μπαλόνι*	*φάκελος*
(αλλά *Γάλλος*)	*καριοφίλι*	*παλικάρι*	*φάλαινα*
γρίλια	*κολάρο*	*πορτοφόλι*	*φυσαλίδα*
γρυλίζω	*κολίγας*	*πουλί*	*ψαλίδι*
γρύλος	*λίβελος*	*σέλα*	

Δαρδανέλια, Καβάλα, Πορτογαλία, Τριφυλία.

-έλα : *κανέλα, κασέλα, κοπέλα, μπροστέλα, σαρδέλα, φανέλα, φουστανέλα* (αλλά *βδέλλα, δικέλλα, θύελλα*)

-έλι : *κοκκινέλι, κουνέλι, κουρέλι, μπιζέλι, παστέλι*

-έλο : *βέλο, καπέλο, μοντέλο, πινέλο, φουρνέλο*

-ούλα : *βαρκούλα, καρδούλα*

-ούλι : *μεδούλι*

-ούλης : *μικρούλης*

-πουλο : *αρχοντόπουλο*

-πούλα : *ψαροπούλα*

-λος : **Κανόνας:** Τα αρχαία κύρια ονόματα σε -λος γράφονται με ένα λ όταν είναι παροξύτονα και με δύο λλ όταν είναι προπαροξύτονα: *Αισχύλος, Κρατύλος, Ρωμύλος, Ζωίλος·* αλλά *Κάτουλλος, Τίβουλλος, Κύριλλος — Τελέσιλλα.*

μμ | *άμμος* | *αόμματος* | *γράμμα* | *γραμμάριο* |
| *αμμωνία* | *βάμμα* | *γραμματέας* | *γραμμή* |
| *άναμμα* | *βλέμμα* | *γραμματική* | *δίλημμα* |

215

εκατομμύριο	κόμμα	πλημμέλημα	σύμμαχος
·έλλειμμα	κομμάτι	πλημμύρα	συμμερίζομαι
έμμεσος	κομματίζομαι	ράμμα	συμμετοχή
έμμετρος	κομματιάζω	στέμμα	συμμετρία
έμμισθος	κομμωτής	στρέμμα	συμμορία
έμμονος	κρεμμύδι	συμμαζεύω	συμμορφώνω
θρυμματίζω	λήμμα	συμμαθητής	τρίμμα
κάλυμμα			Εμμανουήλ.

μ γόμα, καμιά, κομοδίνο, μαμά, μαμή, μαμούθ, ρέμα, ψέμα.

νν
βλέννα	εννιακόσια	έννομος	παννυχίδα
γέεννα	(αλλά ένατος,	καννάβι	σύννεφο
γενναίος	ενενήντα,	κάννη	συννυφάδα
γέννημα	ενενηντάρης)	μάννα (το)	τήβεννος
γεννώ	έννοια	παλιννόστηση	τύραννος
εννιά	εννοώ		

Αλόννησος   Πελοπόννησος   (αλλά Χερσόνησος,
Πριγκιπόννησος,   Εφτάνησα)   Γιάννενα
Γιάννης,   Γεννάδιος,   Κόριννα,   Άννα.

ν
αέναος	ερινύες	μάνα	σονέτο
Γενάρης	κανέλα	νόνα	τόνος (για όλες
γενεά	κανίβαλος	νονός	τις σημασίες)
γούνα	κάνουλα	πανί	
ενεός	κολόνα	πένα	Βρετανία.

ππ ιππικό, ιπποδρόμιο, ιππότης, μόνιππο κτλ., παππούς (αλλά παπάς)

Καππαδοκία, Φιλιππίνες, Ιππίας, Λύσιππος, Φίλιππος.

π γρίπη, κάπα, καπέλο, παπάς, στέπα, στουπί.

ρρ
αιμορραγία	απορρίπτω	ετοιμόρροπος	παλίρροια
αμφίρροπος	απορροφώ	θάρρος	παρρησία
αναντίρρητος	άρρωστος	ιδιόρρυθμος	πρόρρηση
αναρριπίζω	διαρροή	ισορροπία	πυρρίχη
ανάρρωση	διαρρυθμίζω	καταρράκτης	πυρρός
αντίρρηση	επίρρημα	μεταρρυθμίζω	σύρριζα
αντίρροπος	επιρροή	μηχανορραφία	συρροή
απόρροια	έρρινος	ομόρρυθμος	ψυχορραγώ.

216

Όμοια λέξεις καθώς *υπερρομαντικός, υπερρεαλιστής* κτλ.
Αντίρριο, Σέρρες, Πύρρος.

ρ

α) Λέξεις που γράφονται με ένα ρ και στην αρχαία γλώσσα:
ευρυθμία, εύρωστος, Φερές, Φεραίος κτλ.

β) Οι ρηματικοί τύποι που είναι σύνθετοι με το επίρρημα *ξανά* ή το αχώριστο *ξε-*:
ξαναρίχνω, ξεριζώνω, ξεράβω.

γ) Οι αυξημένοι ρηματικοί τύποι των παρελθοντικών χρόνων:
έραψε, έριξε, ερύθμισε, ερήγωσα κτλ.

δ) Τα νεότερα σύνθετα:
αγριοροδιά, αναρωτιέμαι, ασπρόρουχα, βαθύριζος, κατάραχα, γλυκόριζα, ελληνορουμανικός, ελληνορωμαϊκός, καλορίζικος, ξενοράβω, συχνορωτώ κτλ.

ε) Οι ξένες λέξεις: *κάρο, καρούλι, περούκα, ταράτσα* κτλ.

σσ

βύσσινο	*κολοσσός*	*νεοσσός*	*πίσσα*
βυσσοδομώ	*κυπαρίσσι*	*πάσσαλος*	*συσσίτιο*
γλώσσα	*λύσσα*	*περισσεύω*	*σύσσωμος*
θάλασσα	*μέλισσα*	*περίσσιος*	*συσσωρεύω*
κασσίτερος	*μολοσσός*	*περισσότερο*	*τάσσω*
κίσσα	*νάρκισσος*	*πεσσός*	*τέσσερα.*
κισσός			

Τα παράγωγα σε *-ισσα: βασίλισσα, αρχόντισσα.*
Σαμιώτισσα (αλλά *Λάρισα* και *σάρισα*).
Αλικαρνασσός, Έδεσσα, Ελασσόνα, Θεσσαλία, Μασσαλία, Μεσσηνία, Οδησσός, Όσσα, Παρνασσός, Αβησσυνία, Ασσυρία, Βησσαρίωνας, Κασσάνδρα, Κασσιόπη.

σ

αλυσίδα	*κάσα*	*μισεύω*	*ρούσος*
άσος	*κλασικός*	*μπούσουλας*	*σουσάμι*
ατίθασος	*κλώσα*	*πασάς*	*φουσάτο*
δισάκι	*μασόνος*	*ποτάσα*	

Αμισός, Αργινούσες, Ερεσός (στη Μυτιλήνη), αλλά *Ιερισσός* (στη Χαλκιδική), *Γλισός, Κηφισιά, Κηφισός, Κίσαβος, Κνωσός, Λάρισα, Λεμεσός, Πάμισος, Πατήσια, Ρωσία, Βελισάριος.*
-έσα: κοντέσα, πριγκιπέσα.

ττ	αττικισμός, διττός, ελάττωμα, ελαττώνω, κύτταρο, περιττός (αλλά πυρετός), τριττός, ψιττακίζω Αττική, Λυκαβηττός, Υμηττός, Φρεαττύδα, Πιττακός.
τ	κότερο, πίτα, Βρετανία. -έτα : ομελέτα, οπερέτα, ρακέτα, ρουκέτα, τουαλέτα. -έτο : καβαλέτο, κασκέτο, κλαρινέτο, κουφέτο, πακέτο, σονέτο, στιλέτο. -ότο: βαρελότο, καρότο, μπισκότο, τσιρότο.

γγ

άγγελος	ίλιγγος	σπαράγγι	υπέγγυος
βεγγαλικό	κλαγγή	στραγγίζω	υπερφαλαγγίζω
γάγγλια	λαρύγγι	στραγγαλίζω	φάλαγγα
γάγγραινα	μαγγανεία	στρογγυλός	φάλαγγας
γογγύζω	μαγγάνιο	συγγενής	φαλάγγι
γογγύλι	(αλλά μάγκανο,	συγγνώμη	φαράγγι
έγγαμος	μαγκανοπήγαδο)	συγγραφέας	φεγγάρι
εγγόνι	μηλίγγι	συρίγγιο	φέγγω
εγγράμματος	μηνιγγίτης	σφαλάγγι	φερέγγυος
έγγραφο	παλιγγενεσία	σφίγγα	φθόγγος
εγγυητής	παραγγελία	σφίγγω	φόρμιγγα
ευαγγέλιο	παρασάγγης	σφουγγαρίζω	φραγγέλιο
εχέγγυο	σάλπιγγα	σφουγγίζω	

Μεσολόγγι, Παγγαίο, Αγγλία, Γάγγης, Μογγολία, Ουγγαρία, Αγγελική, Άγγελος, Βαγγέλης.

Λέξεις που παίρνουν ντζ (και όχι τζ)

ντζ

βελέντζα	μαντζουράνα	νεράντζι
γάντζος	(αλλά μελιτζάνα)	παντζάρι
καλικάντζαρος	μουντζούρα	παντζούρι
μαντζούνι	μπρούντζος	σκαντζόχοιρος

Μαντζουρία, Βιτσέντζος, Λορέντζος, Λορεντζάτος, Μάντζαρος, Φραντζής.

Δ. Καταλήξεις ουσιαστικών

α. Αρσενικά

Κατα-λήξεις	Παραδείγματα
-εμός	*μισεμός, ξενιτεμός, πηγεμός.*
-ητής	(συνήθως από ρήματα σε -ώ) *αθλητής, επιθεωρητής, περιηγητής, ποιητής, τηλεγραφητής* κτλ. Εξαιρούνται: *ιδρυτής, μηνυτής, κριτής.*
-ιστής	(συνήθως από ρήματα σε -ίζω) *ζυγιστής, θεριστής, λογιστής, τροχιστής* κτλ. *ανθρωπιστής, πολεμιστής* κτλ. Εξαιρούνται: *δανειστής, ληστής.*
-ίτης	(ουσιαστικά κοινά και εθνικά) *μεσίτης, οπλίτης, πολίτης, σπουργίτης, συντοπίτης* κτλ. *Ανατολίτης, Θασίτης, Λιβαδίτης, Μεσολογγίτης* κτλ. Αλλά: **αλήτης,** *διαβήτης, ιδιοκτήτης, κομήτης, κυβερνήτης, μαγνήτης, πλανήτης, πλοιοκτήτης, προφήτης —* **δύτης,** *θύτης, λύτης* (κοινά). *Αγιορείτης, Πηλιορείτης* και το *Αιγινήτης* (εθνικά).
-ονας	(κοινά προπαροξύτονα) *ακτήμονας, άξονας, βραχίονας, γείτονας, γνώμονας, δαίμονας, εμπειρογνώμονας, επιστήμονας, κίονας, πνεύμονας, (αρχι)τέκτονας* κτλ. Αλλά: *άμβωνας, (είρωνας), καύσωνας, μεσαίωνας, (θερμο)σίφωνας.*
-ορας	(κοινά και κύρια προπαροξύτονα) *αυτοκράτορας, διδάκτορας, εκλέκτορας, πράκτορας, ρήτορας* κτλ. *Έκτορας, Μέντορας, Νέστορας* κτλ.
-ότης	*αγρότης, δεσπότης, δημότης, δότης, εξωμότης, ιππότης, πότης, συνωμότης, τοξότης.* Τα υπόλοιπα σε *-ώτης: δεσμώτης, επαρχιώτης, θιασώτης, ιδιώτης, νησιώτης, πανηγυριώτης, πατριώτης, στρατιώτης* (κοινά).

Κατα- λήξεις	Παραδείγματα
	Ανδριώτης, Ηπειρώτης, Ρουμελιώτης, Σουλιώτης κτλ.· (εθνικά).
-τήρας	*ανεμιστήρας, κλητήρας, λαμπτήρας, οδοστρωτήρας* κτλ.
-ωμός	*λυτρωμός, σκλαβωμός, τελειωμός* κτλ. Αλλά: *ερχομός.*
-ώνας	(παροξύτονα κοινά, περιεκτικά και τοπωνύμια) *αγκώνας, αγώνας, αιώνας, αρραβώνας, θαμώνας, κολοφώνας,* *κυκλώνας, χειμώνας* κτλ. *αμπελώνας, ελαιώνας, κοιτώνας, ορνιθώνας, περιστεριώνας,* *πευκώνας, στρατώνας* κτλ. *Ελικώνας, Κιθαιρώνας, Μαραθώνας* κτλ. και το *Ποσειδώνας.* Εξαιρούνται: *αλαζόνας, ηγεμόνας, κανόνας, συνδαιτυμόνας.* *Στρυμόνας, Μακεδόνας, Παφλαγόνας* κτλ.
-ωνας	(αρχαία κύρια ονόματα και εθνικά προπαροξύτονα). *Απόλλωνας, Ζήνωνας, Ίερωνας, Κίμωνας, Κρίτωνας, Πλά-* *τωνας, Σόλωνας, Τρύφωνας, Ωρίωνας* κτλ. Και το *Πάρνωνας — Ίάπωνας, Ίωνας, Λάκωνας, Λάπωνας,* *Τσάκωνας* κτλ. Αλλά: *Αγαμέμνονας, Αριστογείτονας, Ιάσονας, Φιλήμονας* κτλ. *Αλιάκμονας.*

β. Θηλυκά

-αία	*αυλαία, ηλιαία* (δικαστήριο στην αρχαία Αθήνα), *κεραία,* *μαία, περικεφαλαία* κτλ. και τα π ρ ο π α ρ ο ξ ύ τ ο ν α *Νίκαια, Ποτίδαια, Φώκαια.* Εξαιρούνται: *θέα, ιδέα, νέα, παρέα.* *Ζέα, Κέα, Νεμέα, Ρέα, Τεγέα.*
-αινα	(προπαροξύτονα): *δράκαινα, λύκαινα* κτλ. *Γιώργαινα, Μαυρομιχάλαινα* κτλ.

220

Κατα-λήξεις	Παραδείγματα
-ιά	βαριά, βραδιά, βελονιά, ελιά, γειτονιά, κερασιά, ξενιτιά, οργιά, προβιά κτλ. Εξαιρούνται (από ρήματα σε -εύω): γιατρειά, δουλειά, σοδειά, παντρειά.
-ία	(παροξύτονα θηλυκά) αηδία, Ακαδημία, αμνηστία, απληστία, ασωτία, διετία, ευφορία, ηγεμονία, προεδρία, τυραννία, υπουργία, φιλοκαλία κτλ. Αρκαδία, Ασία κτλ. Αλλά (ουσιαστικά παράγωγα από ρήματα σε -εύω, από επίθετα σε -ύς και άλλα): αγγαρεία, αγυρτεία, αλαζονεία, βασιλεία, ερμηνεία, εταιρεία, εφεδρεία, εφορεία, θητεία κτλ. βαρεία, δασεία, οξεία, πλατεία κτλ. θεία, λεία, μνεία, χρεία και το ουσ. Τροία.
-ια	(λήγουσα με καταχρηστικό δίφθογγο) αρρώστια, γύμνια, ζήλια, κάμπια, ορφάνια, περηφάνια, πούλια, συμπόνια, φτήνια. Αλλά (τα προπαροξύτονα): άδεια, αλήθεια, αμέλεια, βοήθεια, ευλάβεια, συγγένεια, συνήθεια κτλ. Αντιόχεια, Δαύλεια, Δεκέλεια, Μαντίνεια, Φιλαδέλφεια κτλ. (ενώ Ερέτρια) — Θάλεια, Ιφιγένεια κτλ. άγνοια, αγχίνοια, διχόνοια, έννοια, εύνοια, ομόνοια, πρόνοια, παλίρροια, άπνοια, άπλοια και Εύβοια.
-ίδα	επικεφαλίδα, εφημερίδα, μερίδα κτλ. Εξαιρούνται: χλαμύδα, σημύδα.
-ίλα	(αφηρημένα ουσιαστικά) ανατριχίλα, καΐλα, σαπίλα κτλ.
-ισσα	αρχόντισσα, γειτόνισσα, Σαμιώτισσα κτλ. Εξαιρούνται: Λάρισα, σάρισα (= μακεδονικό δόρυ).

221

Κατα-λήξεις	Παραδείγματα
-ίτσα	(υποκοριστικά) *αλυσιδίτσα, μπαλίτσα, ποδίτσα* κτλ. Εξαιρείται: *θείτσα.*
-όνα	(παροξύτονα) *αλκυόνα, αμαζόνα, εικόνα, σταγόνα* κτλ. *Γκιόνα, Ελασσόνα, Καρχηδόνα, Χαλκηδόνα.* Όμοια και η *Λακεδαίμονα.* Εξαιρούνται: **αρραβώνα**, *αχυρώνα, κρυψώνα, λεγεώνα, χελώνα* κτλ. *Αυλώνα, Βαβυλώνα, Βραυρώνα, Καλυδώνα, Σιδώνα, Σικυώνα.*
-οσύνη	*αγραμματοσύνη, γρηγοροσύνη, δικαιωσύνη, καλοσύνη, μεγαλοσύνη, χριστιανοσύνη* κτλ.
-ότητα	*απλότητα, θερμότητα, ιδιότητα, ποιότητα* κτλ.
-ύτητα	*βαρύτητα, οξύτητα, ταχύτητα* κτλ. (από επίθετα σε -ύς).
-ωνία	*Βαβυλωνία, Ιαπωνία, Ιωνία, Κολωνία, Λακωνία, Λαπωνία, Πολωνία.* Ακόμη σε -ωνιά: *γωνιά, θημωνιά, κλειδωνιά, παγωνιά, χειμωνιά* κτλ. Αλλά: *Μακεδονία, Παφλαγονία* κτλ. και το *πετονιά.*
-ωτή	*καλαμωτή, πινακωτή, ςτερωτή.*

γ. Ουδέτερα

-είο	(παροξύτονα που φανερώνουν τόπο) *γραφείο, ιατρείο, σχολείο, σωματείο, ωδείο* κτλ. Εξαιρούνται: *τοπίο, πεδίο, θρανίο, βιβλίο, θηρίο* κ.ά. και *πλοίο.*
-ημα	*μηχάνημα, επιφώνημα, τηλεγράφημα* κτλ.
-ητό	*αγκομαχητό, αναφιλητό, βογκητό, κυνηγητό, παραμιλητό, ξεφωνητό, ποδοβολητό.*

222

Καταλήξεις	Παραδείγματα
-ί	αυτί, κλειδί, μαλλί, νησί, σπαθί. Εξαιρείται: οξύ.
-ι	αλάτι, θυμάρι, καλοκαίρι, τραγούδι κτλ. Εξαιρούνται: βράδυ, δάκρυ, δίχτυ, στάχυ και το δόρυ.
-ίδι	βαρίδι, ταξίδι, τουφεκίδι, φίδι κτλ. Εξαιρούνται: αντικλείδι, στρείδι — καρύδι, κρεμμύδι, μύδι, φρύδι — Παλαμήδι.
-ιο	γέλιο, συχώριο, τετράδιο. Εξαιρούνται: απόγειο, ισόγειο, υπόγειο, λύκειο.
-όνι	αηδόνι, λεμόνι, πριόνι, τιμόνι, τρυγόνι κτλ. Εξαιρούνται: αλώνι, κυδώνι, κωθώνι, παραγώνι.
-ριό	καμπαναριό, νοικοκυριό, συμπεθεριό κτλ. Εξαιρείται: μαγειρειό.
-τήρι	κλαδευτήρι, ξυπνητήρι, πατητήρι, ποτήρι, ποτιστήρι, τρυπητήρι κτλ. Εξαιρούνται: κεφαλοτύρι κτλ. (με δεύτερο συνθετικό το τυρί).
-τήριο	γυμναστήριο, δικαστήριο, πιεστήριο, σιδερωτήριο κτλ. Εξαιρούνται: κτίριο, μαρτύριο.

Σημείωση: Όσα ουδέτερα έχουν φωνήεν πριν από το ι της κατάληξης παίρνουν πριν από το ι αυτό, όταν παύσει να είναι τελικό, ένα γ: τσάι αλλά τσαγιού, τσάγια, ρολόι — ρολογιού, ρολόγια κτλ.

223

Ε. Καταλήξεις επιθέτων

Κατα- λήξεις	Παραδείγματα
-αίος	ακμαίος, ευκταίος, κεφαλαίος, μοιραίος, τελευταίος κτλ. Εξαιρείται: νέος. (Βλ. και στη σ. 225: -λέος, -τέος.)
-είος	αστείος, θείος, λείος, πληβείος. Εξαιρούνται: γελοίος, κρύος.
-ηρός	ανθηρός, δαπανηρός, ζωηρός, πνιγηρός, πονηρός, τολμηρός κτλ. Αλλά: αλμυρός, αργυρός, βδελυρός, βλοσυρός, γλαφυρός, ισχυρός, οχυρός, πορφυρός.·
-ιδερός	ασπριδερός, μαυριδερός.
-ικός	αθλητικός, αστικός, γνωστικός, ευγενικός, ναυτικός κτλ. Αλλά: θηλυκός, λιβυκός — δανεικός, δεκελεικός. Και τα ουσ. δαρεικός, Κεραμεικός.
-ιμος	δόκιμος, νόμιμος, νόστιμος, φρόνιμος, χρήσιμος. Αλλά (τα σύνθετα από το θυμός, όνομα, σήμα, σχήμα, δήμος, φήμη): εύθυμος, πρόθυμος, ομώνυμος, συνώνυμος, διάσημος, επίσημος, άσχημος, απόδημος, περίφημος. Και τα έρημος, έτοιμος.
-ινός	αντικρινός, βορινός, βραδινός, μακρινός, παντοτινός, φετινός κτλ. Εξαιρούνται: ελεεινός, κλεινός, ορεινός, σκοτεινός, ταπεινός, υγιεινός, φωτεινός.
-ινος	μάλλινος, μαρμάρινος, ξύλινος, πέτρινος, χάρτινος κτλ.
-ιος	άγιος, άγριος, αιώνιος, άξιος, ουράνιος, σάπιος, σεβάσμιος, τίμιος κτλ. Αλλά (όσα παράγονται από κύρια ονόματα προσώπων): αβερώφειος, κυκλώπειος, πυθαγόρειος κτλ. και τα: άδειος, αντρίκειος, βόρειος, γυναίκειος, επίγειος, (ισόγειος, υπόγειος), πρόβειος, τέλειος — όμοιος — αλληλέγγυος.

Κατα-λήξεις	Παραδείγματα
-ίσιμος	*νηστίσιμος, υπολογίσιμος* κτλ. Αλλά: *αρτύσιμος* — (από ρήματα β΄ συζυγίας) *κατοικήσιμος, συζητήσιμος* κτλ.
-ίσιος	*αρνίσιος, βουνίσιος, παιδιακίσιος, παλικαρίσιος.* Αλλά: *ετήσιος, ημερήσιος, γνήσιος,* *Ιθακήσιος, Μιλήσιος* (εθνικά) κτλ.
-λέος	*πειναλέος, διψαλέος, ρωμαλέος* κτλ.
-τέος	*διαιρετέος, μειωτέος, πολλαπλασιαστέος, προακτέος* κτλ.
-ωπός	*αγριωπός, κιτρινωπός, πρασινωπός, χαρωπός* κτλ.
-ωτός	*αγκαθωτός, θολωτός, μεταξωτός, σπαθωτός, φουντωτός, φτερωτός* κτλ.

ΣΤ. Καταλήξεις ρημάτων

α) Οι ενεστωτικές καταλήξεις των ρημάτων της α´ συζυγίας

Τα ρήματα τελειώνουν σε	Παραδείγματα	Εξαιρέσεις
1. -άβω	ανάβω, ράβω, σκάβω κ.ά.	απολαύω, παύω, αναπαύω
2. -εύω	κλαδεύω κ.ά. ονειρεύομαι κ.ά.	κλέβω, σέβομαι
3. -αίνω	ζεσταίνω κ.ά. φαίνομαι κ.ά.	δένω, μένω, πλένω
4. -έρνω	γέρνω, φέρνω κ.ά.	παίρνω
5. -ιάζω	αγκαλιάζω κ.ά. βιάζομαι κ.ά.	αδειάζω, χρειάζομαι μοιάζω, μονοιάζω, νοιάζομαι
6. -ίζω	αντικρίζω κ.ά., συλλογίζομαι κ.ά.	(μπήζω - μπήγω), πήζω, πρήζω — αναβλύζω, αναβρύζω, γογγύζω, δακρύζω, κατακλύζω, κελαρύζω, ολολύζω, συγχύζω, σφύζω — δανείζω — αθροίζω
7. -λλω	αναβάλλω, αναγγέλλω, μέλλω, ποικίλλω	θέλω, μέλει, οφείλω
8. -ώνω	κλειδώνω (κλείδωνα, -ωσα, -ώθηκα, -ωμένος) κ.ά.	
9. -σσω	αναπτύσσω, απαλλάσσω, εξελίσσω	αρέσω
10. -ττω	πλήττω, εισπράττω	θέτω, κείτομαι

226

Τα ρήματα τελειώνουν σε	Παραδείγματα	Εξαιρέσεις
11. -ίνω	*δίνω, κλίνω, κρίνω, πίνω, αποκρίνομαι, γίνονομαι*	—
-ήνω	*αφήνω, σβήνω, στήνω, ψήνω*	—
-ύνω	*γδύνω, λύνω, ντύνω, ξύνω, φτύνω, χύνω, διευθύνω, ευκολύνω, μολύνω, ξεδιαλύνω, οξύνω, ταχύνω, αμύνομαι*	—
-είνω	*κλείνω, τείνω*	—

β) Οι αοριστικοί τύποι

Α. Ρήματα που δεν αλλάζουν το θεματικό φωνήεν του ενεστώτα στον αόριστο

Θεμ. φω- νήεν	Παραδείγματα Ενεστώτα	Παραδείγματα Αορίστου	Εξαιρέσεις
-η-	*αφήνω, σβήνω, πρήζω, μπήζω*	*άφησα, έσβησα, έπρηξα, έμπηξα*	—
-ι-	*ορίζω* κτλ., *νίβω, πνίγω, γίνομαι*	*όρισα (διόρισα), ένιψα, έπνιξα, έγινα*	*δίνω: έδωσα, παθ. δόθηκα*
-υ-	*μολύνω* κτλ., *δακρύζω, χύνω, συγχύζω*	*μόλυνα, δάκρυσα, έχυσα, σύγχυσα*	—
-ει-	*αλείβω, κλείνω, σείω, τείνω*	*άλειψα, έκλεισα, έσεισα, έτεινα*	—
-οι-	*αθροίζω, ανοίγω*	*άθροισα, άνοιξα*	—
-ω-	*απλώνω* κτλ., *νιώθω, σώζω*	*άπλωσα, ένιωσα, έσωσα*	—
-ο-	*αρμόζω (εφαρμόζω* κτλ.), *δεσπόζω*	*άρμοσα (εφάρμοσα* κτλ.), *δέσποσα*	—

227

Β. Ρήματα που αλλάζουν το θεματικό φωνήεν του ενεστώτα στον αόριστο

Θεμ. φωνήεν	Παραδείγματα Ενεστώτα	Θεμ. φωνήεν	Παραδείγματα Αορίστου	Εξαιρέσεις
-ε-	*μένω, απονέμω, γέρνω* κτλ. *πλένω (πλύνω)*	-ει- -υ-	*έμεινα, απόνειμα, έγειρα* *έπλυνα*	— —
-αι-	*βαραίνω, κονταίνω* κτλ. *ανεβαίνω, κατασταίνω, βλασταίνω* κτλ.	-υ- -η-	*βάρυνα, κόντυνα* *ανέβηκα, κατάστησα βλάστησα*	— —
-α-	*αμαρτάνω, αυξάνω*	-η-	*αμάρτησα, αύξησα*	—

Γ. Τα ρήματα της β΄ συζυγίας σχηματίζουν τον αόριστο με την κατάληξη - η σ α

Παραδείγματα Ενεστώτα	Θεμ. φωνήεν	Παραδείγματα Αορίστου	Εξαιρέσεις
αγαπώ, λαλώ κτλ.	-η-	*αγάπησα, λάλησα*	*μεθώ, μέθυσα*
τραβώ κτλ.	-η-	*τράβηξα*	*μηνώ, μήνυσα*

Δ. Όσα ρήματα έχουν διπλό ενεστώτα σε -ω και -ίζω στον αόριστο παίρνουν την κατάληξη - ι σ α

Ενεστώτας	Αόριστος
σκορπώ και *σκορπίζω* *ανθώ* και *ανθίζω* *γυρνώ* και *γυρίζω* κτλ.	*σκόρπισα* *άνθισα* *γύρισα* κτλ.

γ) Η μ ε τ ο χ ή

1. **Οι ενεργητικές μετοχές** τελειώνουν σε:
-οντας, όταν είναι προπαροξύτονες:
λέγοντας, γράφοντας, τρέχοντας κτλ.

228

-ώντας, όταν είναι παροξύτονες:
γελώντας, πηδώντας, τραγουδώντας.

2. Οι παθητικές μετοχές τελειώνουν σε:

-μένος με ένα μ   *δένω - δεμένος, στήνω - στημένος, λύνω - λυμένος.*

-μμένος με δύο μ   στα ρήματα που έχουν χαρακτήρα χειλικό: *γράφω - γραμμένος, ράβω - ραμμένος, εγκαταλείπω - εγκαταλειμμένος, απορρίπτω - απορριμμένος.*

-εμένος με ε   πάντοτε στην προπαραλήγουσα: *βασιλεύω - βασιλεμένος, μαγεύω - μαγεμένος.*

-ημένος με η   στα ρήματα της δεύτερης συζυγίας: *αγαπώ - αγαπημένος,* και στις μετοχές *αποθαρρημένος* και *επιβαρημένος* των ρημάτων *αποθαρρύνω* και *επιβαρύνω.*

-ισμένος μέ ι   σε μερικά ρήματα της δεύτερης συζυγίας: *ξαγρυπνώ - ξαγρυπνισμένος, φοβούμαι - φοβισμένος.* Εξαιρείται η μετοχή *μεθυσμένος.*

-σμένος   σε ρήματα της πρώτης συζυγίας· το **ι, η, υ, ει, οι** που έχουν στην παραλήγουσα της οριστικής του ενεστώτα διατηρείται: *χτίζω - χτισμένος, σβήνω - σβησμένος, συγχύζω - συγχυσμένος, κλείνω - κλεισμένος, αθροίζω - αθροισμένος.*

-ωμένος με ω   α) στα ρήματα που τελειώνουν σε **-ώνω:** *απλώνω - απλωμένος* και
β) στα ακόλουθα ανώμαλα ρήματα:

βλέπω	*ιδωμένος*
λέγω	*ειπωμένος*
γίνομαι	*γινωμένος*
κάνω	*καμωμένος*
πίνω	*πιωμένος*
τρώγω	*φαγωμένος*

Τα έξι αυτά ρήματα τελειώνουν στην παθητική μετοχή σε **-ωμένος,** καθώς και στον παθητικό αόριστο σε **-ώθηκα,** ενώ δεν έχουν ενεργητικό αόριστο σε **-ωσα.** Βλ. Κατάλογο Ανώμαλων Ρημάτων.

229

Z. Καταλήξεις επιρρημάτων

Κατα-λήξεις	Παραδείγματα
-ει	*εκεί, παμψηφεί.*
-η	*ακόμη, ειδεμή, μη.*
-ι	*έτσι, μονορούφι, πάλι, πέρ(υ)σι, όχι, σταυροπόδι, μαζί.*
-ια	*αγάλια, ανάρια, μακριά, πλατιά, φαρδιά* κτλ.
-ις	*μόλις, αποβραδίς, κοντολογίς, ολονυχτίς* κτλ. Ε ξ α ι ρ ο ύ ν τ α ι και γράφονται με **η** μερικά σύνθετα με γενική: *απαρχής, εξαρχής, επικεφαλής, επίσης, καταγής, καταμεσής.*
-υ	*αντίκρυ, μεταξύ, πολύ.*
-ω	*γύρω, επάνω, κάτω, εδώ, έξω.*
-ως	*αμέσως, βεβαίως, κακώς, πώς* κτλ. Εξαιρούνται τα: *εμπρός, εντός, εκτός, (ε)φέτος, τέλος.*

II. ΑΝΩΜΑΛΑ ΡΗΜΑΤΑ

Α. Κατηγορίες ανώμαλων ρημάτων

Οι κατηγορίες που ακολουθούν είναι μικρές ή μεγάλες ομάδες από ρήματα που παρουσιάζουν την ίδια ανωμαλία· τα ρήματα π.χ. *βάζω, βγάζω* και *κάνω* ανήκουν στην ίδια κατηγορία, γιατί αλλάζουν στον αόριστο το χαρακτήρα του ενεστώτα. Έτσι και με τα άλλα ρήματα· το καθένα, ανάλογα με την ανωμαλία που παρουσιάζει, ανήκει και σε μία κατηγορία. Τα ίδια όμως ρήματα μπορείς να τα βρίσκεις καταταγμένα αλφαβητικά στον Κατάλογο των Ανώμαλων Ρημάτων που ακολουθεί.

1η Κατηγορία

Μερικά ρήματα σχηματίζουν **το αοριστικό τους θέμα** από άλλη ρίζα: *λέγω - είπα.* Τα ρήματα αυτά έχουν άσιγμο αόριστο και είναι τα ακόλουθα:

βλέπω, έρχομαι, λέγω, τρώ(γ)ω.

2η Κατηγορία

Μερικά ρήματα αλλάζουν **στο αοριστικό τους θέμα** το **χαρακτήρα** του ενεστώτα: *βγάζω - έβγαλα.* Τα ρήματα αυτά είναι τα ακόλουθα: *βάζω, βγάζω, κάνω.*

3η Κατηγορία

Ρινικόληκτα και μερικά άλλα ρήματα σχηματίζουν **το αοριστικό τους θέμα** αλλάζοντας το **θεματικό φωνήεν** του ενεστώτα: *μένω - έμεινα, φεύγω - έφυγα.* Από τα ρήματα αυτής της κατηγορίας άλλα σχηματίζουν άσιγμο αόριστο και άλλα σιγματικό· είναι τα ακόλουθα:

απονέμω, βαραίνω, βρέχω, δίνω, λεπταίνω, μακραίνω, μένω, ντρέπομαι, πλένω, στέκομαι, στρέφω, τείνω, τρέπω, τρέφω, φαίνομαι, φεύγω, φθείρω, χαίρομαι.

4η Κατηγορία

Πολλά ρινικόληκτα ρήματα που τελειώνουν σε **-αίνω, -άνω**

σχηματίζουν **το αοριστικό τους θέμα** αποβάλλοντας το ν και αλλάζοντας το **θεματικό φωνήεν** του ενεστώτα:

ανασταίνω - ανάστησα, αμαρτάνω - αμάρτησα.

Τα ρήματα της κατηγορίας αυτής σχηματίζουν σιγματικό αόριστο και είναι τα ακόλουθα:

αμαρτάνω, ανασταίνω, αποσταίνω, αρταίνω, αυξάνω, βλασταίνω, βυζαίνω, εγκατασταίνω, παρασταίνω, σωπαίνω, χορταίνω.

5η Κατηγορία

Τα υγρόληκτα ρήματα που τελειώνουν σε **-λλω** σχηματίζουν **το αοριστικό τους θέμα** αποβάλλοντας το ένα λ και αλλάζοντας, κάποτε, το θεματικό φωνήεν:

σφάλλω - έσφαλα, ανατέλλω - ανάτειλα.

Τα ρήματα αυτής της κατηγορίας έχουν άσιγμο αόριστο και είναι τα ακόλουθα:

(αν)αγγέλλω, ανατέλλω, (απο)βάλλω, (κατ)αγγέλλω, (παρ)αγγέλλω, σφάλλω, ψάλλω.

6η Κατηγορία

Γα υγρόληκτα ρήματα που τελειώνουν σε **-λνω, -ρνω** σχηματιζουν **το αοριστικό τους θέμα** αποβάλλοντας το **ν** που έχει ο ενεστώτας και αλλάζοντας, συχνά, το **θεματικό φωνήεν:**

φέρνω - έφερα, σπέρνω - έσπειρα - σπάρθηκα   σπαρμένος.

Τα ρήματα αυτής της κατηγορίας σχηματίζουν άσιγμο αόριστο και είναι τα ακόλουθα:

γδέρνω, γέρνω, δέρνω, παίρνω, σέρνω, σπέρνω, στέλνω, φέρνω, ''μέλνω.

7η Κατηγορία

Μερικά ρινικόληκτα ρήματα που τελειώνουμ σε **-αίνω** σχηματίζουν **το αοριστικό τους θέμα** αποβάλλοντας τη συλλαβή **-αιν-** του ενεστώτα:

καταλαβαίνω - κατάλαβα.

Τα ρήματα αυτά σχηματίζουν άσιγμο αόριστο και είναι τα ακόλουθα:

καταλαβαίνω	*λαβαίνω*	*λαχαίνω*	*μαθαίνω*
παθαίνω	*πετυχαίνω*	*πηγαίνω*	*τυχαίνω.*

8η Κατηγορία

Ρήματα **της πρώτης συζυγίας** σχηματίζουν χρόνους και τύπους κατά **τη δεύτερη συζυγία:**
θέλω - θέλησα, τρέχω - τρέχα.
Τα ρήματα αυτά είναι τα ακόλουθα:
βόσκω, δέομαι, διαμαρτύρομαι, εύχομαι, θέλω, στέκομαι, τρέχω.

9η Κατηγορία

Ρήματα της δεύτερης συζυγίας σχηματίζουν τον αόριστο σε:

-ασα: *γελώ - γέλασα·* τέτοια είναι τα ρήματα:
ανακλώ, γελώ, γερνώ, διαθλώ, διψώ, δρω, επιδρώ, κερνώ, κρεμνώ, ξεχνώ, πεινώ, περνώ, σπω, σχολνώ.

-εσα: *καλώ - κάλεσα·* τέτοια είναι τα ρήματα:
αναιρώ, αρκώ, αφαιρώ, βαρώ, διαιρώ, εξαιρώ, επαινώ, καθαιρώ, . καλώ, καταφρονώ, μπορώ, πλανώ, πονώ, στενοχωρώ, συ(γ)χωρώ, συναιρώ, τελώ, φορώ.

-υσα: *μεθώ - μέθυσα, μηνώ - μήνυσα.*

-αξα: *βαστώ - βάσταξα (βάστηξα), πετώ - πέταξα.*

-ηξα: *ρουφώ - ρούφηξα, τραβώ - τράβηξα.*

-εψα: *θαρρώ - θάρρεψα.*

10η Κατηγορία

Μερικές μετοχές σχηματίζονται ανώμαλα χωρίς να παίρνουν τις καταλήξεις τις κανονικές, τις καταλήξεις δηλαδή που παίρνουν οι μετοχές της κατηγορίας στην οποία ανήκουν. Έτσι π.χ. τα ρήματα *πηγαίνω* και *αγανακτώ* έχουν μετοχές: *πηγεμένος* και *αγανακτισμένος.*

Τέτοια ρήματα είναι· τα ακόλουθα:

αγανακτώ	*ξεψυχώ*	*φοβούμαι*	*βαραίνω*
αγρυπνώ	*ακουμπώ*	*αποθαρρύνω*	*κοιμούμαι*
δυστυχώ	*επιβαρύνω*	*ευτυχώ*	*μολύνω.*
λεπταίνω	*μαθαίνω*	*μακραίνω*	

233

Β. Κατάλογος ανώμαλων ρημάτων*

Ενεστώτας	Αόριστος		Μετοχή
	Ενεργητικός	Παθητικός	Παθητική
αγανακτώ (Κ10)	*αγανάκτησα*	—	*αγανακτισμένος*
-αγγέλλω (Κ5) (το βρίσκουμε σύνθετο)	*-άγγειλα*	*-αγγέλθηκα*	*-αγγελμένος*
αγρυπνώ (Κ10)	*αγρύπνησα*	—	*αγρυπνισμένος*
-αιρώ (Κ9) (σύνθετο πάντα)	*-αίρεσα*	*-αιρέθηκα*	*-αιρεμένος*
ακουμπώ (Κ10)	*ακούμπησα*	—	*ακουμπισμένος*
αμαρτάνω (Κ4)	*αμάρτησα*	—	—
αναγγέλλω βλ. *-αγγέλλω*			
αναιρώ βλ. *-αιρώ*			
ανακλώ (Κ9)	*ανάκλασα*	*ανακλάστηκα*	*ανακλασμένος*
ανασταίνω (Κ4)	*ανάστησα*	*αναστήθηκα*	*αναστημένος*
ανατέλλω (Κ5)	*ανάτειλα*	—	—
ανεβαίνω	*ανέβηκα* § 255	—	*ανεβασμένος*

---

* Κανονικά αναγράφονται στον κατάλογο αυτόν ο ενεργητικός ενεστώτας και ο αόριστος, ο παθητικός αόριστος και η μετοχή του παθητικού παρακειμένου. Από αυτά σχηματίζονται εύκολα οι υπόλοιποι ρηματικοί τύποι και χρόνοι.

Η ένδειξη Κ με αριθμό (Κ1, Κ2 κτλ.) δηλώνει την κατηγορία στην οποία ανήκει το ρήμα (Κ1=1η Κατηγορία κτλ.).

| Ενεστώτας | Αόριστος | | Μετοχή |
	Ενεργητικός	Παθητικός	Παθητική
αποθαρρύνω (Κ10)	αποθάρρυνα	αποθαρρύνθηκα	αποθαρρημένος
απονέμω (Κ3)	απόνειμα	απονεμήθηκα	—
αποσταίνω (Κ4)	απόστασα	—	αποσταμένος
αρέσω Παρατατικός άρεσα και άρεζα	άρεσα	—	—
αρκώ (Κ9)	άρκεσα	αρκέστηκα	—
αρταίνω (Κ4)	άρτυσα	αρτύθηκα	αρτυμένος
αυξάνω (Κ4)	αύξησα	αυξήθηκα	αυξημένος
αφαιρώ βλ. -αιρώ			
αφήνω	άφησα (αφήκα)	αφέθηκα	αφημένος
βάζω (Κ2) -βάλλω (Κ5) προ-, προσ-, ανα- κ.ά.	έβαλα -έβαλα	βάλθηκα -βλήθηκα	βαλμένος -βλημένος
βαραίνω (Κ3)	βάρυνα	—	βαρεμένος (Κ10)
βαρώ (Κ9)	βάρεσα	βαρέθηκα	βαρεμένος
βαστώ (Κ9)	βάσταξα βάστηξα	βαστάχτηκα βαστήχτηκα	βασταγμένος βαστηγμένος

235

| Ενεστώτας | Αόριστος | | Μετοχή Παθητική |
	Ενεργητικός	Παθητικός	
βγάζω (Κ2)	έβγαλα	βγάλθηκα	βγαλμένος
βγαίνω	βγήκα § 255	—	βγαλμένος
βλασταίνω (Κ4)	βλάστησα	—	βλαστημένος
βλέπω (Κ1)	είδα § 255 αλλά και ανάβλεψα πρόβλεψα	ειδώθηκα Υποτακτική ιδωθώ	ιδωμένος
βόσκω (Κ8)	βόσκησα	βοσκήθηκα	βοσκημένος
βρέχω (Κ3)	έβρεξα	βράχηκα (κατα)βρέχτηκα § 259	βρε(γ)μένος
βρίσκω	βρήκα § 255 ήβρα	βρέθηκα	—
βυζαίνω (Κ4)	βύζαξα	βυζάχτηκα	βυζαγμένος
γδέρνω (Κ6)	έγδαρα	γδάρθηκα	γδαρμένος
γελώ (Κ9)	γέλασα	γελάστηκα	γελασμένος
γέρνω (Κ6)	έγειρα	—	γερμένος
γερνώ (Κ9)	γέρασα	—	γερασμένος
γίνομαι	έγινα	γίνηκα Υποτακτική γενώ	γινωμένος
δέομαι (Κ8)	—	δεήθηκα	—
δέρνω (Κ6)	έδειρα	δάρθηκα	δαρμένος

236

| Ενεστώτας | Αόριστος | | Μετοχή |
	Ενεργητικός	Παθητικός	Παθητική
διαθλώ (Κ9)	*διάθλασα*	*διαθλάστηκα*	*διαθλασμένος*
διαβαίνω	*διάβηκα* § 255	—	—
διαιρώ βλ. *-αιρώ*			
διαμαρτύρομαι (Κ8)˙	—	*διαμαρτυρήθηκα*	*διαμαρτυρημένος*
διαρρέω	*διέρρευσα*	—	—
διδάσκω	*δίδαξα*	*διδάχτηκα*	*διδαγμένος*
δίνω (Κ3) *	*έδωσα* *έδωκα* Προστακτική *δώσε*	*δόθηκα*	*δο(σ)μένος*
διψώ (Κ9)	*δίψασα*	—	*διψασμένος*
δρω (Κ9)	*έδρασα*	—	—
δυστυχώ (Κ10)	*δυστύχησα*	—	*δυστυχισμένος*
εγκατασταίνω (Κ4) - *εγκαθιστώ*	*εγκατάστησα*	*εγκαταστάθηκα*	*εγκατασταμένος*
εξαιρώ βλ. *-αιρώ*			
(ε)παινώ (Κ9) *(παινεύω)*	*(ε)παίνεσα* *παίνεψα*	*(ε)παινέθηκα* *παινεύτηκα*	*παινεμένος* *παινεμένος*
επιβαρύνω (Κ10)	*επιβάρυνα*	*επιβαρύνθηκα*	*επιβαρημένος*

| Ενεστώτας | Αόριστος | | Μετοχή |
	Ενεργητικός	Παθητικός	Παθητική
επιδρώ βλ. δρω			
έρχομαι	ήρθα § 255	—	—
ευτυχώ (Κ10)	ευτύχησα	—	ευτυχισμένος
εύχομαι (Κ8)	—	ευχήθηκα	—
θαρρώ (Κ9)	θάρρεψα θάρρησα	—	—
θέλω (Κ8)	θέλησα	—	θελημένος
θέτω	έθεσα	(τέθηκα)	-θεμένος, (απο-, κατα-, αποσυν- κ.ά.)
καθαιρώ βλ. -αιρώ			
κάθομαι (καθίζω)	κάθισα κάθισα	—	καθισμένος καθισμένος
καίω § 252,1	έκαψα	κάηκα § 259	καμένος
καλώ (Κ9)	κάλεσα	καλέστηκα	καλεσμένος
κάνω (Κ2) Παρατατικός έκανα	έκαμα (έκανα)	—	καμωμένος
καταγγέλλω βλ. -αγγέλλω			
καταλαβαίνω (Κ7)	κατάλαβα	—	—

238

| Ενεστώτας | Αόριστος | | Μετοχή |
	Ενεργητικός	Παθητικός	Παθητική
καταφρονώ (Κ9)	καταφρόνησα καταφρόνεσα	καταφρονήθηκα καταφρονέθηκα	καταφρονημένος καταφρονεμένος
κατεβαίνω	κατέβηκα § 255	—	κατεβασμένος
κερνώ (Κ9)	κέρασα	κεράστηκα	κερασμένος
κλαίω § 252,1	έκλαψα	κλαύτηκα	κλαμένος
κοιμούμαι (Κ10)	—	κοιμήθηκα	κοιμισμένος
κρεμ(ν)ώ (Κ9)	κρέμασα	κρεμάστηκα	κρεμασμένος
λαβαίνω (Κ7)	έλαβα	—	—
λαχαίνω (Κ7)	έλαχα	—	—
λέ(γ)ω (Κ1)	είπα § 255	ειπώθηκα	ειπωμένος
λεπταίνω (Κ3) (λεπτύνω)	λέπτυνα	λεπτύνθηκα	(εκ)λεπτυσμένος (Κ10)
μαθαίνω (Κ7)	έμαθα	μαθεύτηκα	μαθημένος (Κ10)
μακραίνω (Κ3)	μάκρυνα	απομακρύνθηκα	μακρεμένος(Κ10) απομακρυσμένος
μεθώ (Κ9)	μέθυσα	—	μεθυσμένος
μένω (Κ3)	έμεινα	—	—
μηνώ (Κ9)	μήνυσα	μηνύθηκα	μηνυμένος
μολύνω (Κ10)	μόλυνα	μολύνθηκα	μολυσμένος
μπαίνω	μπήκα § 255	—	μπασμένος

239

| Ενεστώτας | Αόριστος | | Μετοχή |
	Ενεργητικός	Παθητικός	Παθητική
μπορώ (Κ9)	μπόρεσα	—	—
ντρέπομαι (Κ3)	—	ντράπηκα § 259	—
ξεδιαλύνω	ξεδιάλυνα	ξεδιαλύθηκα § 257,3	ξεδιαλυμένος
ξεχνώ (Κ9)	ξέχασα	ξεχάστηκα	ξεχασμένος
ξεψυχώ (Κ10)	ξεψύχησα	—	ξεψυχισμένος
παθαίνω (Κ7)	έπαθα	—	(κακο)παθημένος
παίρνω (Κ6)	πήρα § 255	πάρθηκα	παρμένος
παραγγέλλω παραγγέλνω βλ. -αγγέλλω			
παρασταίνω (Κ4)	παράστησα	παραστάθηκα	παραστημένος
πάω βλ. πηγαίνω			
πεινώ (Κ9)	πείνασα	—	πεινασμένος
περνώ (Κ9)	πέρασα	περάστηκα	περασμένος
πετυχαίνω (Κ7)	πέτυχα	—	πετυχημένος
πετώ (Κ9)	πέταξα	πετάχτηκα	πετα(γ)μένος
πέφτω	έπεσα	—	πεσμένος
πηγαίνω (Κ7) πάω	πήγα § 255	—	πηγεμένος (Κ10)
πίνω	ήπια § 255	πιώθηκα	πιωμένος

240

| Ενεστώτας | Αόριστος | | Μετοχή Παθητική |
	Ενεργητικός	Παθητικός	
πλανώ (Κ9)	πλάνεσα	πλανήθηκα	πλανημένος
(πλανεύω)	πλάνεψα	πλανεύτηκα	πλανεμένος
πλένω (Κ3)	έπλυνα	πλύθηκα	πλυμένος
πλέω	έπλευσα	—	—
πνέω	έπνευσα	-πνεύστηκα (εμ-)	-πνευσμένος (εμ-)
πονώ (Κ9)	πόνεσα	-πονέθηκα (παρα- κ.ά.)	πονεμένος
ρουφώ (Κ9)	ρούφηξα	ρουφήχτηκα	ρουφηγμένος
σέβομαι	—	σεβάστηκα	—
σέρνω (Κ6)	έσυρα	σύρθηκα	συρμένος
σπω (Κ9) σπάζω, σπάνω, σπάω	έσπασα	-σπάστηκα (απο- κ.ά.)	σπασμένος
σπέρνω (Κ6)	έσπειρα	σπάρθηκα	σπαρμένος
στέκομαι (Κ3) στέκω		στάθηκα Προστακτική στάσου σταθείτε	—
στέλνω (Κ6) -στέλλω	έστειλα	στάλθηκα	σταλμένος
στενοχωρώ (Κ9)	στενοχώρησα στενοχώρεσα	στενοχωρήθηκα στενοχωρέθηκα	στενοχωρημένος στενοχωρεμένος

Ενεστώτας	Αόριστος		Μετοχή
	Ενεργητικός	Παθητικός	Παθητική
στρέφω (Κ3)	έστρεψα	στράφηκα § 259	στραμμένος -στρεμμένος (κατα-)
συ(γ)χωρώ (Κ9)	συ(γ)χώρησα συ(γ)χώρεσα	συ(γ)χωρήθηκα συ(γ)χωρέθηκα	συ(γ)χωρημένος συ(γ)χωρεμένος
συναιρώ βλ. -αιρώ			
συνωμοτώ	συνωμότησα συνώμοσα	—	—
σφάλλω (Κ5)	έσφαλα	—	εσφαλμένος
σχολνώ (Κ9)	σχόλασα	—	σχολασμένος
σωπαίνω (Κ4)	σώπασα	—	σωπασμένος
σιωπώ	σιώπησα	-σιωπήθηκα (απο- κ.ά.)	-σιωπημένος
τείνω (Κ3)	έτεινα	-τάθηκα (απο- κ.ά.)	—
τελώ (Κ9) (σύν-θετο συνήθως)	τέλεσα	τελέστηκα	-τελεσμένος (συν- κ.ά.)
τραβώ (Κ9)	τράβηξα	τραβήχτηκα	τραβηγμένος
τρέπω (Κ3)	έτρεψα	τράπηκα § 259	-τραμμένος
τρέφω (Κ3) (θρέφω)	έθρεψα	τράφηκα θράφηκα § 259	θρεμμένος

242

| Ενεστώτας | Αόριστος | | Μετοχή |
	Ενεργητικός	Παθητικός	Παθητική
τρέχω (Κ8) Προστακτική τρέχα τρεχάτε	έτρεξα	—	—
τρώ(γ)ω (Κ1)	έφαγα § 255	φαγώθηκα	φαγωμένος
τυχαίνω (Κ7)	έτυχα	—	(αποτυχημένος)
υπόσχομαι	υποσχέθηκα	—	υποσχεμένος
φαίνομαι (Κ3)		φάνηκα § 259	(κακοφανισμένος)
φεύγω (Κ3) Προστακτική φεύγε φεύγα	έφυγα	—	—
φθείρω (Κ3)	έφθειρα	φθάρηκα § 267	φθαρμένος
φοβούμαι (Κ10)	—	φοβήθηκα	φοβισμένος
φορώ (Κ9)	φόρεσα	φορέθηκα	φορεμένος
φταίω § 252,1	έφταιξα	—	—
χαίρομαι (Κ3) Μετοχή χαρούμενος	—	χάρηκα § 259	—
χορταίνω (Κ4)	χόρτασα	—	χορτασμένος
ψέλνω (Κ6) (ψάλλω)(Κ5)	έψαλα	(ψάλθηκα)	ψαλμένος

Γ. Ρήματα σε -αίνω

Ενεστώτας	Ενεργητικός Αόριστος	Παθητικός Αόριστος	Παθητική Μετοχή

α΄. Με αόριστο σε -ανα
(-αίνω, -ανα, -νθηκα, -σμένος)

Ενεστώτας	Ενεργητικός Αόριστος	Παθητικός Αόριστος	Παθητική Μετοχή
ανασαίνω	ανάσανα	—	—
απολυμαίνω	απολύμανα	απολυμάνθηκα	απολυμασμένος
θερμαίνω	θέρμανα	θερμάνθηκα	θερμασμένος
λευκαίνω	λεύκανα	λευκάνθηκα	λευκασμένος
λιπαίνω	λίπανα	λιπάνθηκα	λιπασμένος
μιαίνω	μίανα	μιάνθηκα	μιασμένος
ξεθυμαίνω	ξεθύμανα	—	ξεθυμασμένος
ραίνω	έρανα	—	—
ρυπαίνω	ρύπανα	ρυπάνθηκα	—
σημαίνω	σήμανα	σημάνθηκα	(σε)σημασμένος
συμπεραίνω	συμπέρανα	—	—
υγραίνω	(ύγρανα)	υγρά(ν)θηκα	—
υφαίνω	ύφανα	υφάνθηκα	υφασμένος

β΄. Με αόριστο σε -ανα
(-αίνω, -ανα, -θηκα, -μένος)

Ενεστώτας	Ενεργητικός Αόριστος	Παθητικός Αόριστος	Παθητική Μετοχή
βασκαίνω	βάσκανα	βασκάθηκα	βασκαμένος
βουβαίνω	βούβανα	βουβάθηκα	βουβαμένος
γλυκαίνω	γλύκανα	γλυκάθηκα	γλυκαμένος
ζεσταίνω	ζέστανα	ζεστάθηκα	ζεσταμένος
κουφαίνω	κούφανα	κουφάθηκα	κουφαμένος
μαραίνω	μάρανα	μαράθηκα	μαραμένος
μοιραίνω	μοίρανα	μοιράθηκα	μοιραμένος
-μωραίνω	-μώρανα	(ξε)μωράθηκα	(ξε)μωραμένος
ξεραίνω	ξέρανα	ξεράθηκα	ξεραμένος

Ενεστώτας	Ενεργητικός Αόριστος	Παθητικός Αόριστος	Παθητική Μετοχή
πεθαίνω	πέθανα	—	πεθαμένος
πικραίνω	πίκρανα	πικράθηκα	πικραμένος
τρελαίνω	τρέλανα	τρελάθηκα	(ξε)τρελαμένος
φυραίνω	φύρανα	—	(φυραμένος)
ψυχραίνω	ψύχρανα	ψυχράθηκα	ψυχραμένος

γ΄. Με αόριστο σε -υνα

ακριβαίνω	ακρίβυνα	—	—
απαλαίνω	απάλυνα	—	—
βαραίνω	βάρυνα	—	βαρεμένος
βαθαίνω	βάθυνα	—	—
κονταίνω	κόντυνα	—	—
λεπταίνω	λέπτυνα	λεπτύνθηκα	(εκ)λεπτυσμένος
μακραίνω	μάκρυνα	απομακρύνθηκα	απομακρυσμένος μακρεμένος
μικραίνω	μίκρυνα	—	—
ξανθαίνω	ξάνθυνα	—	—
ομορφαίνω	ομόρφυνα	—	—
παχαίνω	πάχυνα	—	—
πλαταίνω	πλάτυνα	—	—
πληθαίνω	πλήθυνα	—	—
σγουραίνω	σγούρυνα	—	—
σκληραίνω	σκλήρυνα	—	—
σκουραίνω	σκούρυνα	—	—
φαρδαίνω	φάρδυνα	—	—
φτωχαίνω	φτώχυνα	—	—
χοντραίνω	χόντρυνα	—	—

245

ΑΠΟ ΤΗΝ ΙΣΤΟΡΙΑ
ΤΗΣ ΕΛΛΗΝΙΚΗΣ ΓΛΩΣΣΑΣ

Η ιστορία της γλώσσας που μιλάς είναι χαραγμένη πάνω στις ίδιες τις λέξεις της που, μιλημένες και τραγουδισμένες χιλιάδες χρόνια τώρα από εκατομμύρια χείλη, φέρνουν ως εμάς την ίδια την ιστορία του έθνους.

Η αρχαία ελληνική γλώσσα

Οι αρχαίοι Έλληνες μιλούσαν από τόπο σε τόπο διαφορετικά. Από τόπο σε τόπο δηλαδή η γλώσσα έπαιρνε και άλλη μορφή, αποκτούσε έναν ιδιαίτερο τύπο, που λεγόταν **διάλεκτος**. Στη Σπάρτη είχαν τη **δωρική διάλεκτο**, στην Αθήνα την **αττική** και αλλού άλλη. Αυτό όμως δεν τους εμπόδιζε καθόλου να επικοινωνούν και να συνεννοούνται άνετα, γιατί οι διαφορές ανάμεσα στις διαλέκτους δεν ήταν μεγάλες. Η γλώσσα τους δεν άλλαζε. *Η μητέρα* λ.χ. από τους Αθηναίους λεγόταν *μήτηρ*, ενώ από τους Σπαρτιάτες λεγόταν *μάτηρ*. Τη σπαρτιατική λέξη *τάν* οι Αθηναίοι την έλεγαν *τήν*. Τον ξέρεις το λόγο της αρχαίας Σπαρτιάτισσας *«ἤ τάν ἤ ἐπί τᾶς»·* η Αθηναία θα έλεγε στη δική της διάλεκτο: *«ἤ τήν ἤ ἐπί τῆς»* (ή να φέρεις πίσω την ασπίδα ή να σε φέρουν πάνω σ' αυτή νεκρό). Όπως διαπιστώνεις, οι διαφορές τους δεν ήταν τόσο μεγάλες, ώστε να δημιουργούν άλλη γλώσσα. Δημιουργούσαν απλώς άλλη διάλεκτο.

Η ελληνιστική ή αλεξανδρινή κοινή

Ωστόσο **κοινή γλώσσα** διαμορφώθηκε αργότερα, μετά την κλασική εποχή, μέσα στους αιώνες που αρχίζουν το 300 π.Χ. και τελειώνουν το 300 μ.Χ. περίπου. Η γλώσσα αυτή, που γίνεται σιγά σιγά κοινή όλων των Ελλήνων, προήλθε από την αττική διάλεκτο και μάλιστα από αυτήν που μιλούσαν στην Αθήνα γύρω στα 500 - 400 π.Χ., τον καιρό δηλαδή που οι Αθηναίοι είχαν φτάσει στην πιο μεγάλη τους ακμή. Για να

246

γίνει όμως η αττική διάλεκτος κοινή, χρειάστηκε να πάρει λέξεις και από άλλες διαλέκτους, τότε που ο Μέγας Αλέξανδρος κατακτούσε την Ανατολή. Έτσι η κοινή αυτή γλώσσα έγινε με τον καιρό και γλώσσα των κατοίκων της Ανατολής. Τη μιλούσαν και την έγραφαν παντού: στη Συρία, στη Μικρασία, στην Περσία, στην Αίγυπτο και αλλού. Έγινε δηλαδή, όπως θα λέγαμε σήμερα, **η διεθνής γλώσσα** της εποχής.

Η γλώσσα αυτή με τον καιρό και με το άπλωμα έχασε την παλιά της μορφή και παρουσίασε νεωτερισμούς που προμηνούσαν τη γλώσσα που μιλούμε σήμερα. Η γλώσσα του 3ου μ.Χ. αιώνα έχει πολλά στοιχεία της σημερινής μας γλώσσας. Δε λένε τώρα *ὕει, ἐρυθρός, ἰχθύς,* λένε *βρέχει, κόκκινος, (ο)ψάρι(ον),* όπως περίπου λέμε και σήμερα. Τέτοια δείγματα βρίσκουμε πολλά στα Ευαγγέλια: *Βρέχει ἐπί δικαίους καί ἀδίκους,* οι Ιουδαίοι έντυσαν το Χριστό με *χλαμύδα κοκκίνην·* για να φάνε τα πλήθη στα οποία δίδασκε ο Χριστός, δεν υπήρχαν παρά *πέντε ἄρτοι κρίθινοι καί δύο ὀψάρια.*

Σίγουρα στα παραδείγματα αυτά αναγνωρίζεις λέξεις που χρησιμοποιείς και συ στον καθημερινό σου λόγο. Δίκαια λοιπόν είπαν ότι η **κοινή** της εποχής του Χριστού αποτελεί μεγάλο σταθμό της γλωσσικής μας ιστορίας και αρχή και πρώτη εμφάνιση της νεοελληνικής μας γλώσσας.

Η σχέση της κοινής με την αρχαία και τη νέα ελληνική

Οι αλλαγές συνεχίστηκαν και στα χρόνια **τα βυζαντινά.** Τότε μάλιστα γενικεύτηκαν περισσότερο. Έτσι βρίσκουμε πάρα πολλές λέξεις στη σημερινή τους μορφή: *παιδί(ν), αλώνι(ν), πατέρας, πόλη, ας, να* και πολλές άλλες. Αργότερα, όταν σβήνει το Βυζάντιο, η γλώσσα η ζωντανή δε διαφέρει σχεδόν καθόλου από τη σημερινή, τη **νεοελληνική γλώσσα,** όπως την ξέρουμε από τα δημοτικά μας τραγούδια.

Η γλώσσα κατά τα βυζαντινά χρόνια

Η σημερινή μας γλώσσα έχει μοναδικές αρετές: εκφραστικότητα, ευλυγισία, δύναμη συνθετική, ικανότητα παραγωγική, που σημαίνει ότι ανάλογα με τις ανάγκες συνθέτει και παράγει λέξεις, που εκφράζουν το καθετί.

Η νεοελληνική γλώσσα

247

Η ελληνική γλώσσα έχει, όπως είδες, μεγάλη ιστορία. Έχει τη μεγαλύτερη ιστορία από όλες τις ευρωπαϊκές γλώσσες. Γραπτά της μνημεία μαρτυρούνται από τη 2η χιλιετία π.Χ., λογοτεχνικά πριν από 2500 χρόνια. Σ' αυτή γράφτηκαν έργα που δε θα γεράσουν ποτέ: η αρχαία λογοτεχνία, τα Ευαγγέλια, η βυζαντινή και η νέα μας λογοτεχνία. Μ' αυτήν εκφράστηκε ο λαός μας και έστησε τα δικά του μνημεία: τα παραμύθια, τις παροιμίες, τις παραδόσεις του, τα δημοτικά μας τραγούδια.

Είναι θησαυρός. Όμως το γλωσσικό μας αυτό θησαυρό έχουμε χρέος να τον κατακτήσουμε. Και για να επιτύχουμε, χρειαζόμαστε μερικά βοηθήματα. Ένα από αυτά είναι και η Γραμματική, το βιβλίο αυτό που με αγάπη προσφέρεται στον Έλληνα μαθητή και στο Έθνος γενικότερα.

ΕΞΩΦΥΛΛΟ ΚΑΙ ΚΟΣΜΗΜΑΤΑ
ΤΑΣΟΥ ΜΟΥΣΤΑΦΕΛΛΟΥ

ΠΕΡΙΕΧΟΜΕΝΑ

II. Ο ΣΧΗΜΑΤΙΣΜΟΣ ΤΩΝ ΛΕΞΕΩΝ
ΠΑΡΑΓΩΓΙΚΟ

III. Η ΣΗΜΑΣΙΑ ΤΩΝ ΛΕΞΕΩΝ

ΤΡΙΤΟ ΜΕΡΟΣ
ΟΙ ΤΥΠΟΙ
ΤΑ ΜΕΡΗ ΤΟΥ ΛΟΓΟΥ

Ι. ΤΑ ΚΛΙΤΑ ΜΕΡΗ ΤΟΥ ΛΟΓΟΥ

ΤΑ ΟΥΣΙΑΣΤΙΚΑ

ΤΑ ΕΠΙΘΕΤΑ

ΤΑ ΡΗΜΑΤΑ

ΙΙ. ΤΑ ΑΚΛΙΤΑ ΜΕΡΗ ΤΟΥ ΛΟΓΟΥ

ΕΠΙΜΕΤΡΟ

Ι. ΟΡΘΟΓΡΑΦΙΚΟΣ ΟΔΗΓΟΣ

251

Στα αντίτυπα του βιβλίου που δεν υπάρχει η ένδειξη «δωρεάν», υπάρχει το παρακάτω βιβλιόσημο για απόδειξη της γνησιότητάς τους. Κάθε αντίτυπο που δεν έχει το βιβλιόσημο αυτό θεωρείται κλεψίτυπο και όποιος το διαθέτει, το πουλά ή το χρησιμοποιεί θα διώκεται σύμφωνα με τις διατάξεις του άρθρου 7 του Νόμου 1129 της 15)21 Μαρτίου 1946 (Εφ. Κυβ. 1946, Α΄ 108).

ΕΚΔΟΣΗ 2004 - ΑΝΤΙΤΥΠΑ 155.000 - ΑΡ. ΣΥΜΒ. 1814/22-12-03

ΕΚΤΥΠΩΣΗ: Α. ΚΕΦΑΛΟΠΟΥΛΟΣ & ΣΙΑ Ο.Ε. ΒΙΒΛΙΟΔΕΣΙΑ: Δ. ΚΩΝΣΤΑΝΤΙΝΟΥ & ΣΙΑ ΟΕ